História da psicologia moderna

Dados Internacionais de Catalogação na Publicação (CIP)
(Câmara Brasileira do Livro, SP, Brasil)

Jung, Carl Gustav, 1875-1961
  História da psicologia moderna : palestras realizadas no ETH de Zurique : vol. 1, 1933-1934 / C.G. Jung ; editado por Ernst Falzeder ; prefácio de Ulrich Hoerni ; tradução de Caio Liudvik. – Petrópolis, RJ : Vozes, 2020.
  Título original: History of modern psychology : lectures delivered at ETH Zurich : volume I, 1933-1934
  Bibliografia.
  ISBN 978-85-326-6471-6
  1. Psicologia – História I. Falzeder, Ernst. II. Hoerni, Ulrich. III. Título.

20-33999   CDD-150.9

Índices para catálogo sistemático:
1. Psicologia : História   150.9

Cibele Maria Dias – Bibliotecária – CRB-8/9427

C.G. Jung

Editado por Ernst Falzeder

História da psicologia moderna

Prefácio de Ulrich Hoerni

Tradução de Caio Liudvik

Petrópolis

© 2019 Princeton University Press
© 2007 Foundation of the Works of C.G. Jung, Zürich
Edição original publicada em 2018 com o apoio da Fundação Philemon. Este livro
pertence às Philemon Series da Fundação Philemon.

Ⓟ PHILEMON SERIES

Título do original em inglês: *History of Modern Psychology – Lectures Delivered at
ETH Zurich* – Volume I, 1933-1934. Editado por Ernst Falzeder by C.G. Jung, autor.

Direitos de publicação em língua portuguesa:
2020, Editora Vozes Ltda.
Rua Frei Luís, 100
25689-900 Petrópolis, RJ
www.vozes.com.br
Brasil

Todos os direitos reservados. Nenhuma parte desta obra poderá ser reproduzida ou
transmitida por qualquer forma e/ou quaisquer meios (eletrônico ou mecânico,
incluindo fotocópia e gravação) ou arquivada em qualquer sistema ou banco de dados
sem permissão escrita da editora.

CONSELHO EDITORIAL

Diretor
Gilberto Gonçalves Garcia

Editores
Aline dos Santos Carneiro
Edrian Josué Pasini
Marilac Loraine Oleniki
Welder Lancieri Marchini

Conselheiros
Francisco Morás
Ludovico Garmus
Teobaldo Heidemann
Volney J. Berkenbrock

Secretário executivo
João Batista Kreuch

Editoração: Maria da Conceição B. de Sousa
Diagramação: Sheilandre Desenv. Gráfico
Revisão gráfica: Nilton Braz da Rocha
Capa e ilustração de capa: WM design

ISBN 978-85-326-6471-6 (Brasil)
ISBN 978-0-691-18169-1 (Estados Unidos)

Editado conforme o novo acordo ortográfico.

Este livro foi composto e impresso pela Editora Vozes Ltda.

Sumário

Prefácio – As atividades de C.G. Jung no ETH de Zurique, 7
Ulrich Hoerni

Introdução geral, 23
Ernst Falzeder, Martin Liebscher e Sonu Shamdasani

Diretrizes editoriais, 35

Introdução ao volume 1, 41
Ernst Falzeder

Agradecimentos, 65

Abreviações, 69

Cronologia, 1933-1941, 71

As palestras sobre psicologia moderna, 99

Palestra 1, 101

Palestra 2, 114

Palestra 3, 124

Palestra 4, 136

Palestra 5, 151

Palestra 6, 161

Palestra 7, 170

Palestra 8, 181

Palestra 9, 192

Palestra 10, 211

Palestra 11, 218

Palestra 12, 230

Palestra 13, 240

Palestra 14, 252

Palestra 15, 263

Palestra 16, 273

Referências, 285

Índice, 307

Prefácio
As atividades de C.G. Jung no ETH de Zurique

Ulrich Hoerni
Traduzido para o inglês por Heather McCartney

Panorama geral

Em maio de 1933, C.G. Jung se candidatou no conselho de educação da Suíça para ser aceito como palestrante no campo da psicologia moderna no Instituto Federal Suíço de Tecnologia (*Eidgenössische Technische Hochschule*; doravante: ETH)[1]. Jung escreveu que queria resumir seu ensinamento público, e que gostaria de palestrar sobre a psicologia moderna, e estava se candidatando no ETH pois esse tema não podia ser confinado à faculdade de medicina. Ele requereu ao ETH que reconhecesse seu *status*, conquistado na Universidade de Zurique em 1904, como conferencista universitário (*Privatdocent*). Respaldado por referências evidentemente favoráveis dos professores do ETH, Fritz Medicus (filosofia e pedagogia) e Eugen Böhler (economia), em 24 de junho de 1933, o conselho de educação decidiu

---

1. Carta de Jung ao Prof.-Dr. Arthur Rohn, presidente do Conselho Suíço de Educação, datada de 2 de maio de 1933 (arquivo da família). O Prof.-Dr. H.K. Fierz estimulou a candidatura de Jung (comunicação pessoal do Prof.-Dr. C.A. Meier, 10 de fevereiro de 1994). Jung e Fierz haviam viajado juntos ao Oriente Médio em março de 1933.

"garantir ao Dr. Jung permissão para divulgar e realizar palestras de psicologia na condição de conferencista particular no departamento geral para matérias eletivas no ETH", e lhe conceder licença para lecionar por oito semestres[2]. Em 20 de outubro de 1933, Jung começou suas atividades docentes, que prosseguiram até o verão de 1941. Em 1935, lhe foi concedido o título de professor "titular" (*Titularprofessor*) pelo governo suíço (o Conselho Federal)[3]. Ele fez palestras ao longo de um total de treze semestres (estando em licença sabática por outros três)[4]. Durante esse período, introduziu a totalidade de suas teorias, hipóteses e métodos ao seu público; de fato, apresentou a obra de sua vida até então, algo que não pode ser encontrado em nenhum outro lugar em seus escritos. Ao lado das *palestras* para uma plateia mais ampla, desde a primavera de 1935 Jung também deu *seminários* para um pequeno círculo de participantes. Diferentemente de uma parte dos Seminários do ETH[5], as palestras não tinham sido ainda publicadas. Esta omissão é agora retificada com esta nova publicação.

---

2. Atas da Reunião do Conselho Suíço de Educação a 24 de junho de 1933 (arquivo da família Jung) e carta a Jung do Conselho Suíço de Educação, datada de 24 de junho de 1933 (arquivo do ETH). Para a correspondência de Jung com Böhler, cf. *C.G. Jung und Eugen Böhler: eine Begegnung in Briefen* [Zurique: Hochschulverlag an der ETH, 1996 [com introdução de Gerhard Wehr].

3. Carta do Conselho Suíço de Educação a Jung, datada de 26 de janeiro de 1935.

4. Prospecto de Curso do ETH (arquivo do ETH).

5. JUNG, L. & MEYER-GRASS, M. (orgs.). *C.G. Jung, Seminare*: Kinderträume. Olten: Walter, 1987 [Ed. em inglês: *Children's Dreams*: Notes from the Seminar Given in 1936-1940. Trad. de Ernst Falzeder com a colaboração de Tony Woolfson. Princeton, NJ: Princeton University Press, 2010 (Philemon Series)] [Ed. em português: *Seminários sobre sonhos de crianças*. Trad. de Lorena Kim Richter. Petrópolis: Vozes, 2011]. • PECK, J.; MEYER-GRASS, M . & JUNG, L. (orgs.) *Dream Interpretation: Ancient and Modern* – Notes from the Seminar Given in 1936-1940. Trad. de Ernst Falzeder com a colaboração de Tony Woolfson. Princeton, NJ: Princeton University Press, 2014 [Philemon Series). Outros seminários sobre experimentos de associação, do mesmo período, não foram ainda publicados devido à documentação insuficiente.

O contexto do ETH

O ETH[6] de Zurique é uma fundação da Confederação Suíça[7]. Desde a Baixa Idade Média, a Suíça tinha sido uma federação informal de pequenos estados soberanos sem quaisquer instituições estatais supraordenadas (ou seja, sem nenhum governo, capital, moeda ou língua oficial em comum). No bojo da Reforma, as diferenças religiosas começaram a inviabilizar a coexistência harmoniosa. Após a crise política de 1847[8], prevaleceram forças que buscaram transformar este estado de coisas através da criação de um Estado federal moderno. A Constituição de 1848 continha uma cláusula que afirmava que o Estado federal estava autorizado a estabelecer uma universidade nacional, incluindo uma politécnica. O desenvolvimento da tecnologia (a estrada de ferro, a industrialização etc.) criou a necessidade de tal instituição, cujos moldes existiam, na França, em Paris (desde 1794) e, na Alemanha, em Karlsruhe (desde 1826). Em 1851, o Parlamento suíço começou e esboçar um projeto de lei com esta finalidade. Contudo, interesses políticos em conflito impuseram dificuldades. Havia preocupação de que o cantão em que esta instituição fosse erigida adquiriria poder excessivo no Estado. Argumentou-se que a universidade nacional não deveria se localizar na cidade que mais tarde

---

6. Eidgenössische Technische Hochschule Zürich / École Polytechnique Fédérale de Zurich / Politecnico Federale di Zurigo / Swiss Federal Institute of Technology Zurich.

7. As seções seguintes sobre a história do ETH se baseiam principalmente em duas publicações do ETH: a) VV.AA. *Eidgenössische Technische Hochschule 1855-1955.* Zurique: Neue Zürcher Zeitung Press, 1955. b) BERGIER, J.-F. & TOBLER, H.W. (orgs.), *Eidgenössische Technische Hochschule 1955-1980* – Festschrift zum 125-jährigen Bestehen. Zurique: Neue Zürcher Zeitung Press, 1980. Os desenvolvimentos do ETH após a aposentadoria de Jung em 1941 e do ETH de Lausanne em 1969 não são abrangidos por esta sinopse.

8. A "Guerra de Sonderbund". O Sonderbund era uma liga separada de cantões dentro da Federação Suíça.

viria a ser designada como a capital[9]. Também se julgou importante considerar as diferentes Constituições no país, e assim se alegou que a universidade deveria ser construída na área de fala alemã do país, enquanto que a politécnica deveria ser situada onde se falava francês. Cantões francófonos alertaram contra as influências culturais negativas de uma instituição de caráter germano-suíço (contra a "germanização"), enquanto que os cantões católicos temiam as consequências negativas de um instituto numa área protestante. Além disso, havia considerações financeiras: o novo Estado tinha até então escassas rendas à disposição. Os cantões em questão seriam obrigados a fornecer edifícios para as respectivas instituições. Já havia várias universidades no país (na Basileia, em Zurique, Berna, Lausanne e Genebra). O Conselho Nacional (grande câmara) finalmente aprovou o projeto conjunto em 1854. O Conselho de Estados (pequena câmara) não conseguiu ratificar a proposta da universidade, autorizando apenas uma politécnica. Aparentemente ele não considerou importante tal instituição. O cantão de Zurique manifestou interesse em adotar o projeto; em breve uma politécnica federal foi finalmente criada na cidade de Zurique.

Cursos no ETH

Os Cursos começaram já no outono de 1855. Havia seis departamentos: I – Arquitetura; II – Engenharia; III – Engenharia mecânica; IV – Engenharia química; V – Silvicultura; VI – Departamento de Filosofia e Economia pública (= matérias eletivas), incluindo a) Ciências; b) Matemática; c) Literatura e Economia pública; d) as Artes. O currículo deveria ser desenvolvido em uma das línguas nacionais: alemão, francês ou italiano. Mesmo hoje, no ETH, temas-chave são ensinados em duas ou três das línguas nacionais. Os Departamentos I-V ofereciam cursos sólidos levando a diplomas em disciplinas técnicas. A admissão aos cursos exigia

---

9. Berna foi nomeada como a capital.

uma qualificação específica em nível superior ou um exame de ingresso. O Departamento deveria estimular uma fundamentação em valores culturais gerais, sem uma qualificação final específica. Os subdepartamentos c) e d) eram abertos também ao interesse público em assistir a palestras avulsas, sem nenhum pré-requisito especial de acesso. Com o tempo, os departamentos do ETH aumentaram, sendo alguns deles reorganizados ou renomeados, embora a estrutura básica permanecesse a mesma. Disciplinas universitárias tradicionais como teologia, medicina, estudos clássicos e assim por diante não foram oferecidas.

O Departamento de Matérias Eletivas

O Departamento VI c) era particularmente importante: Ele oferecia um amplo espectro de palestras de formação filosófica, literária, histórica e política. O conceito de universidade era vigente nesse departamento, e desse modo os alunos eram introduzidos à cultura de seus conterrâneos de outras comunidades linguísticas. Era obrigatório participar de pelo menos uma palestra por semana. Esses temas eram ensinados apenas para um nível de relevância de aspirantes a engenheiros e cientistas. O ensino de assuntos com um baixo requisito de horas de frequência era realizado não por professores com emprego fixo, mas por professores associados particulares. O conselho de educação buscava uma alta qualidade de ensino e anunciou nomeações para assistentes de cátedra internacionalmente. O escritor e filósofo alemão Friedrich Theodor Vischer e o historiador da arte suíço Jacob Burckhardt estiveram entre os nomeados para o departamento VI c).

O prédio

Em sua inauguração em 1855, a politécnica não estava hospedada em seu próprio prédio. Porque o cantão de Zurique foi solicitado a oferecer instalações, os cursos inicialmente aconteceram em alas pertencentes à universidade próxima da atual Bahnhofstrasse e da escola primária do cantão. Contudo, o sucesso do novo instituto logo gerou uma escassez de espaço. O notável arquiteto alemão Gottfried Semper (recomendado por Richard Wagner, que vivia em Zurique na época) tinha chefiado o departamento I desde 1855. Ele foi encarregado de projetar um novo prédio para o ETH. A Suíça tinha na época uma população de cerca de 2,5 milhões de pessoas, o cantão de Zurique, cerca de 270.000, e a cidade de Zurique, cerca de 20.000[10]. A nova politécnica[11] ficou localizada em uma área onde os antigos muros da cidade tinham sido recentemente demolidos. Custou caro para os padrões da época e foi um dos maiores prédios da Suíça. Foi inaugurada em 1864 e incluía um observatório astronômico, ficava à beira dos campos e prados das aldeias periféricas, que mais tarde se tornariam áreas residenciais da cidade. A universidade (de Zurique) também demandou mais espaço, e assim ela ocupou toda a ala sul do novo prédio. (O atual prédio principal da universidade foi inaugurado em 1914.) O principal prédio do ETH gradualmente adquiriu seu atual formato externo através de grandes extensões e renovações que aconteceram entre 1915 e 1924. A fachada da ala norte ostenta paredes com pinturas alegóricas, concebidas para proclamar tanto a autoridade do Estado federal suíço, representado pelos brasões dos cantões, quanto as ambições acadêmicas do instituto:

> NON FUERAT NASCI NISI AD HAS SCIENTIAE ARTES. HARUM PALMAM FERETIS
> *Ter nascido não valeria nada se não fosse por essas ciências e artes. Através delas você alcançará a palma da vitória[12].*

---

10. *Manual estatístico do cantão de Zurique.* Zurique: Office of Statistics of the Canton of Zurich, 1949.

11. Sobre a história do edifício, cf. FRÖHLICH, M. "Semper's Main Building of the ETH Zurich". In: *Swiss Art Guide.* Berna: Society for Swiss Art History, 1990.

12. Esta citação se refere a um grupo de figuras alegóricas femininas na fachada, representando várias ciências e artes.

NUMINE, INDOLE, COGNOSCENDO, INTUENDO, MEDITATIONE, EXPERIMENTO, CONSTANTIA, IMPETU, EXEMPLO, INVENTIONE, ACUMINE, LABORE, DISCIPLINA, LIBERTATE, AUDACIA, CURA

Por meio da divina providência, talento, conhecimento, contemplação, reflexão, experimento, constância, zelo, exemplo, invenção, engenho, labor, disciplina, liberdade, ousadia, diligência

SIMON LAPLACE, GEORGES CUVIER, CONRAD GESSNER, ALEXANDER VON HUMBOLDT, ISAAC NEWTON, LEONARDO DA VINCI, ARISTÓTELES, PERIKLES, MICHELANGELO, ALBRECHT DÜRER, DANIEL BERNOULLI, GALILEO GALILEI, RAFAEL SANZIO, JACOB BERZELIUS, JAMES WATT

O desenvolvimento da politécnica

Embora iniciada originalmente através de uma política de "Estado pequeno", a politécnica foi um sucesso internacional. Os cursos começaram em 1855 com 71 alunos. A coleção de bens da atual Biblioteca do ETH começou na mesma época. Em 1870, a coleção de gravuras de cobre (hoje, a coleção de estampas e desenhos), originalmente sob a curadoria dos cursos de história da arte, foi aberta ao público. Mulheres foram admitidas como estudantes desde 1871. Em 1900, havia aproximadamente 1.000[13] estudantes matriculados na politécnica. Deles, cerca de dois terços vinham da Suíça e um terço do exterior, especificamente da Áustria-Hungria, Rússia e Alemanha. Até Albert Einstein estudou no que era então o Instituto para Pesquisadores Especialistas em Matemática e Ciência entre 1898 e 1902. Em1905, a politécnica foi rebatizada como o Instituto Federal Suíço de Tecnologia (ETH).

---

13. Fonte de dados estatísticos: prospectos dos cursos do ETH 1855-1932 (arquivo do ETH).

Na época da candidatura de Jung, ele incluía doze departamentos com um total de aproximadamente 1.700 estudantes e centenas de estudantes visitantes. O Departamento de Filosofia e de Economia Pública era agora chamado de Departamento XII para Matérias Eletivas e incluía seções de filosofia/economia e matemática/ciência e técnica. A primeira foi posteriormente dividida nas áreas de 1) literatura, línguas, filosofia (em que Jung atuou); e 2) ciências históricas e políticas.

A psicologia no ETH

A matéria de psicologia já havia sido implantada algum tempo antes da chegada de Jung ao ETH[14]. Entre 1893/1894 e 1906, o Professor August Stadler (1850-1910), um filósofo kantiano que havia estudado com Hermann von Helmholtz, tinha dado palestras sobre psicologia, alternando com temas filosóficos. Desde 1904, em parceria com a universidade e em seu campus, o ETH ofereceu palestras do Dr. Arthur Wreschner (1866-1932), chefe do laboratório de psicologia na faculdade de filosofia e pedagogia. Wreschner se formou em filosofia e medicina. Ele conduziu experimentos sobre a memória, a associação de ideias e aquisição da linguagem pela criança. Juntamente com uma permanente "Introdução à Psicologia Experimental", os programas de palestras naqueles anos incluíam cursos que não se poderia esperar de um instituto técnico, tais como "A psicologia do sentimento", "Os fatos básicos da vida da psique", "A psique da criança", "Sentimento e intelecto" e "Psicologia e educação". Além de seus interesses experimentais, Wreschner promoveu a psicologia aplicada. Wreschner morreu em 1932. A candidatura de Jung em 1933 pode ser vista no contexto da vacância surgida de sua morte. Nada se sabe

---

14. Prospectos dos cursos do ETH Course 1855-1932 (arquivo do ETH).

sobre as diretrizes do ETH com relação ao conteúdo das atividades docentes de Jung. Em sua candidatura, ele havia afirmado querer palestrar sobre o tema geral da psicologia moderna. Uma vez que ele trabalharia como professor-assistente particular, em 1934 ele estabeleceu um fundo, "O fundo psicológico", concebido para apoiar um cargo de professor-assistente particular ou de palestrante em psicologia geral. Nos estatutos do Fundo[15] há uma declaração de propósito que se pode considerar uma descrição geral das intenções de Jung:

> *A abordagem desta psicologia deve em geral ser determinada pelo princípio da universalidade, isto é, nenhuma teoria ou tópico em particular devem ser representados, antes a psicologia deve ser ensinada em seus aspectos biológicos, étnicos, médicos, filosóficos, histórico-culturais e religiosos. É o propósito desta política liberar o ensino da psique humana dos limites estreitos da disciplina e dar ao estudante, sobrecarregado por seus estudos profissionais, um panorama e sinopse que facilitem um engajamento naquelas áreas da vida que seus estudos profissionais não abrangem. As palestras dentro dos moldes da psicologia geral devem comunicar ao estudante a possibilidade de uma cultura da psique.*

Esta afirmação dá evidências do escopo da empreitada de Jung. Vale também notar que ele não via o fundo como simplesmente um veículo para promover sua própria escola de psicologia. A agenda de Jung no ETH compreendia uma palestra de uma hora de duração por semana (às sextas-feiras, entre as 18h e as 19h) e, a partir de 1935, um seminário de duas horas[16], em parceria com seu assistente, o Dr. C.A. Meier (que mais tarde se tornaria ele próprio professor de Psicologia no ETH). O idioma do curso foi o alemão. Em média cerca de 250 pessoas se inscreveram

---

15. "Fundo para a Promoção da Psicologia Analítica e Temas Correlatos (Fundo Psicológico)", escritura de doação, 15 de setembro de 1934 (arquivo do ETH).

16. Prospectos dos cursos do ETH 1933-1941 (arquivo do ETH).

para as palestras no semestre de inverno [17], cerca de 150 no verão[18], e cerca de 30 para os seminários. As palestras eram abertas para o público geral; os seminários (*"privatissime"*), para participantes com o conhecimento especializado adequado: "Pupilos (ou seja, analisandos de Jung em formação), médicos, educadores"[19].

O ETH e a universidade

Entre 1905 e 1913, Jung tinha dado palestras na Universidade de Zurique sobre psiquiatria, histeria e psicopatologia, bem como sobre psicanálise e a psicologia do inconsciente (a partir de 1910). Ele fez referência a esse ensino anterior em sua candidatura[20] e em sua primeira palestra no ETH[21]. Contudo, uma continuidade rigorosa dessas palestras clínicas concebidas para a formação de *médicos* não foi exigida em 1933. O ETH não formava médicos nem psicólogos. A universidade foi fundada em 1833 no cantão de Zurique. Ela inclui várias faculdades tradicionais, como a de teologia, direito e medicina. O Hospital da Universidade de Zurique e o Hospital Psiquiátrico Universitário Burghölzli estão ligados à faculdade de medicina e oferecem tratamento para pacientes, bem como ensino e pesquisa na universidade. A admissão para o estudo tem requisitos específicos. De 1901 a 1909 Jung trabalhou como médico assistente e residente na clínica Burghölzli, e ele tinha começado suas atividades docentes quando ocupava esta posição[22].

---

17. O semestre de inverno geralmente acontecia entre o fim de outubro até o começo de março; o semestre de verão, entre o fim de abril e o começo de julho.

18. Declaração de taxas pagas a C.G. Jung pelo ETH de 1933-1941 (arquivo da Família Jung).

19. Carta de Jung ao ETH, datada de 19 de julho de 1937 (arquivo da Família Jung).

20. Cf. nota 1.

21. Palestra de 20 de outubro de 1933.

22. Prospectos de cursos da Universidade de Zurique de 1905-1913 (Arquivos de Estado do cantão de Zurique).

Atualmente, algumas notas das palestras de Jung em 1912-1913, tomadas por Fanny Bowditch Katz, vieram à tona[23]. Um ponto de contato posterior surgiu quando, em 1938, Jung e um grupo de colegas de diferentes orientações planejou a fundação de um instituto de formação em psicoterapia. A universidade apoiou o plano, mas a autoridade superior, o Conselho de educação do cantão de Zurique, recusou a requisição para o uso das instalações da universidade. Após isso, Jung se voltou para o ETH com a mesma solicitação[24]. Contudo, o projeto não foi aprovado ali com a alegação de que o ETH provocaria a contrariedade da universidade se invadisse as áreas temáticas dela[25]. O instituto de formação em psicoterapia não deu em nada.

A importância do ETH para C.G. Jung

No semestre de inverno de 1941/1942, Jung obteve licença médica do ETH[26], e em seguida se aposentou totalmente de seu trabalho ali[27]. Este foi efetivamente o fim de sua carreira docente acadêmica. Em 1944, foi distinguido com uma cátedra de psicologia médica na Universidade da Basileia, mas uma séria enfermidade interrompeu sua atividade docente ali, pouco depois de iniciada. Em 1948, o Instituto C.G. Jung de Zurique foi aberto como um centro de pesquisa e formação. Foi o primeiro instituto a oferecer treinamento formal em Psicologia Analítica. Embora Jung tenha se envolvido em sua formação, não atuou mais como um palestrante. Mesmo depois de sua aposentadoria no ETH, ele manteve amizades pessoais com vários professores do ETH. Entre

---

23. Papéis de Fanny Bowdith Katz. Boston: Countway Library for the History of Medicine.

24. Carta de Jung ao ETH, datada de 6 de maio de 1939 (arquivo da Família Jung).

25. Carta do ETH a Jung, datada de 17 de maio de 1939 (arquivo da Família Jung).

26. Atas do Conselho Suíço de Educação, 2 de setembro de 1941.

27. Atas do Conselho Suíço de Educação, 11 de dezembro de 1941.

eles, H.K. Fierz, Eugen Böhler, Karl Schmid, Thadeus Reichstein e Wolfgang Pauli. O ETH laureou Jung com um doutorado honorário por ocasião de seu octogésimo aniversário em 1955[28]. Em seu testamento (1958), Jung determinou que seu espólio literário deveria ser deixado para o ETH. Contudo, um extenso trabalho preparatório foi exigido antes que seus herdeiros pudessem ratificar a transferência dos documentos ao ETH em 1977[29]. O *corpus* dos escritos – cerca de 100.000 páginas de textos manuscritos, datilografados, notas etc. e cerca de 35.000 cartas – permanece no arquivo localizado na biblioteca do ETH. O arquivo C.G. Jung também foi reforçado com outros materiais ligados a Jung de vários outros doadores. Esses materiais estão abertos ao público desde 1993 (a menos que razões legais proíbam o acesso).

Notas sobre as palestras

A partir das notas sobreviventes do próprio Jung, fica claro que, embora preparasse meticulosamente suas palestras, como um conferencista calejado ele fazia palestras improvisadas, sem um roteiro escrito. Isso significa que não há manuscritos originais de suas palestras. Inicialmente sua secretária, Marie-Jeanne Schmid, tomou notas para ele. Registros posteriores feitos por ela são, porém, desconhecidos. Muitos dos membros da plateia de Jung podem também ter feito notas. Perícia em estenografia era exigida para que se fizesse uma transcrição contínua. Entre outros participantes regulares, Rivkah Schärf, Eduard Sidler, Lucie Stutz-Meyer e Otto Karthaus, ao lado de Louise Tanner, tinham essa habilidade e fizeram notas das palestras. Não é inteiramente claro em que medida Jung estava ciente destas notas

---

28. Cf. nota 7.

29. Penhor de doação pelos herdeiros de C.G. Jung para a Confederação Suíça, março de 1977.

estenográficas. Ao mesmo tempo que as palestras no ETH, ele deu seminários em inglês[30] para uma plateia internacional no Clube Psicológico em Zurique. Esses seminários eram transpostos em atas por um pequeno grupo de trabalho e reproduzidos para uso dos participantes. Uma equipe em torno de Barbara Hannah, uma pupila inglesa de Jung, compilou (sucessivas) traduções em inglês resumidas[31] das palestras de Jung no ETH para a mesma plateia e na mesma linha. Contudo, essas transcrições não se pretendem uma reprodução fidedigna do texto. Embora registros estenográficos em alemão tenham sido, em parte, transcritos na época, não foram editados para publicação. Não foi documentado se Jung em algum momento teve qualquer intenção séria de publicar suas palestras no ETH. Em 1959, *printings* particulares das transcrições de Hannah surgiram com a permissão de Jung no Instituto C.G. Jung, para serem distribuídos (com restrições) para grupos interessados.

A publicação das palestras

O contrato de publicação com a Fundação Bollingen (sigla em inglês, BF, EUA) de 1948[32] estipulou que as *Collected Works* (*CW*) só poderiam incluir textos escritos pelo autor. Por esta razão, a

---

30. Os seguintes seminários foram publicados entre 1984 e 1997 pela Princeton University Press (Bollingen Series), e Routledge (Londres): *Analytical Psychology, given in 1925*; *Dream Analysis* (1928-1930); *The Interpretation of Visions* (1930-1934); *The Psychology of Kundalini Yoga* (1932); *Nietzsche's Zarathustra* (1934-1939).

31. HANNAH, B. (org.). "Notes on Lectures Given at the Eidgenössische Technische Hochschule (ETH) Zürich by Prof.-Dr. C.G. Jung". In: *Modern Psychology*, vols. 1 e 2, outubro de 1933-julho de 1935. • *Modern Psychology*, vols. 3 e 4, outubro de 1938-março de 1940. • *Alchemy*, vols. 1 e 2, novembro de 1940-julho de 1941. • Excertos das palestras de 1939-1940 sobre aspectos psicológicos dos *Exercícios Espirituais* de Santo Inácio de Loyola foram publicados em 1977/1978 em *Spring*: A Journal for Archetypal Psychology and Jungian Thought, 1977, p. 183-200; 1978, p. 28-36. Essas palestras foram citadas em várias obras de literatura secundária.

32. Contrato de publicação datado de 15 de agosto de 1948 entre C.G. Jung e a Fundação Bollingen. Washington DC.

maioria dos seminários e palestras não se qualificaram para integrar as *CW*. Em 1957, Jung concordou em princípio com a intenção da Fundação Bollingen de também publicar seus seminários[33]. Não antes de 1965 um plano provisório de publicação pôde ser esboçado. Ele incluía uma seleção de seminários em língua inglesa, bem como uma "possível seleção de palestras do ETH", ou seja, as notas de Hannah. Uma vez que a publicação das *CW* não estava ainda finalizada, o trabalho editorial com os seminários não pôde começar propriamente até 1980. Ele prosseguiu até 1996[34]. Nesse meio-tempo, as transcrições originais em alemão tinham ficado praticamente esquecidas. Em 1993, conforme se aproximou a conclusão das *Gesammelte Werke* (*GW*, edição alemã), o comitê de trabalho dos herdeiros de C.G. Jung começou a considerar novamente o material inédito. Como parte deste processo, textos das palestras do ETH gradualmente apareceram na biblioteca de C.G. Jung em Kusnacht, no Clube Psicológico em Zurique e no ETH. Em parte, eram datilografias não identificadas, em parte registros estenográficos, bem como notas e diagramas. O ex-chefe do arquivo C.G. Jung no ETH, Dr. B. Glaus, percebeu que a estenografia era uma arte em extinção e por isso convocou duas ex-secretárias para que interrompessem sua aposentadoria e as encarregou de traduzir essas notas, que podiam agora ser lidas apenas por especialistas. Entre 1993 e 1998, foi então possível reunir esses fragmentos numa ordem coerente por referência a antigos programas de palestras. Uma série de conversações então foi iniciada com Sonu Shamdasani, que tinha acabado de completar a edição do seminário de Jung sobre a Kundalini. Uma importante questão persistia: a qualidade das notas da plateia era suficiente para publicação? Jung evidentemente

---

33. Carta de Jung a John D. Barrett da Fundação Bolingen, datada de 19 de agosto de 1957 (arquivo Bollingen, Biblioteca do Congresso).

34. Sobre a publicação dos seminários, cf. *Seminários sobre análise de sonhos*. Prefácio de William McGuire (JUNG, 1984).

não as tinha revisado. Em relação com os seminários no Clube Psicológico, sabemos que ele tinha sugerido que cada publicação fosse prefaciada com uma nota de advertência de que o texto continha vários erros e outras imperfeições[35]. Esta instrução deve também ser aplicada às palestras do ETH. Aqui, não houve notas revisadas, diferentemente dos seminários do Clube, mas houve também várias versões, que só em parte são congruentes entre si. Evidentemente as pessoas que registraram as notas das falas de Jung fizeram propositalmente apenas notas seletivas ou experimentaram inconscientemente uma percepção seletiva. Contudo, versões divergentes da mesma palestra frequentemente se complementavam muito bem. Assim, ficou evidente que, se possível, pelo menos duas séries de notas deveriam estar disponíveis para uma reconstrução razoavelmente confiável. Ficou claro que a reconstrução dos textos originais seria um desafio editorial enormemente exigente, embora não existisse nenhuma organização do projeto para realizar esta tarefa. Em 2004, a Fundação Philemon (Estados Unidos) assumiu este projeto, tendo sido fundada com o objetivo de completar a publicação das obras inéditas de Jung. Desde 2004, primeiramente a Dra. Angela Graf-Nold, depois Dr. Ernst Falzeder e Dr. Martin Liebscher foram incumbidos da restauração das palestras do ETH. As palestras do ETH são – se consideradas um *corpus* único – o trabalho mais abrangente de Jung, e merecem ser documentadas adequadamente. Em suas obras escritas, Jung às vezes usava um modo acadêmico de expressão que alguns leitores contemporâneos não acham fácil de entender. Contudo, testemunhas contemporâneas elogiavam as qualidades de Jung como *orador*.

Os seminários em língua inglesa publicados até agora foram recebidos positivamente, não só devido ao seu conteúdo, mas também graças a sua linguagem acessível. Agora, nas palestras do ETH, um trabalho em língua alemã igualmente importante fica

---

35. McGuire. In: Jung, 1984, p. xiv.

à disposição pela primeira vez. A lista daqueles que contribuíram para o êxito desta publicação é longa. Nem todos podem testemunhar sua entrada, mas os agradecimentos da Fundação das Obras de C.G. Jung são expressos para todos.

Introdução geral

*Ernst Falzeder, Martin Liebscher
e Sonu Shamdasani*

Entre 1933 e 1941, C.G. Jung deu palestras no Instituto Federal Suíço de Tecnologia (ETH). Ele foi nomeado professor ali em 1935. Isso representou uma retomada de sua carreira universitária após um longo hiato, pois ele tinha renunciado a seu cargo como palestrante na faculdade de medicina na Universidade de Zurique em 1914. Desde então, a atividade docente de Jung tinha consistido principalmente de uma série de seminários do Clube Psicológico em Zurique, que eram restritos a um público correspondente a seus próprios alunos ou seguidores. As palestras no ETH eram abertas, e a plateia era composta de alunos do ETH, do público geral e de seguidores de Jung. A presença em cada palestra se contava em centenas: Josef Lang, numa carta a Hermann Hesse, falou em 600 participantes no final de 1933[36], Jung contou 400 em outubro de 1935[37]. Kurt Binswanger, que assistiu às palestras, recordava que as pessoas frequentemente não achavam lugar para se sentarem, e que os ouvintes "eram de todas as idades e de todas as classes sociais: estudantes...; pessoas de meia-idade; também gente mais velha; muitas senhoras que estiveram uma vez em análise com Jung"[38]. O próprio Jung atribuía este sucesso à novidade

---

36. Josef Bernhard Lang a Hermann Hesse, fim de novembro de 1933 (HESSE, 2006, p. 299).

37. JSP, p. 87.

38. Entrevista com Gene Nameche [CLM], p. 6.

de suas palestras e esperava um declínio nos números: "Por conta da enorme multidão, minhas palestras tiveram de acontecer no *auditorium maximum*. É sem dúvida sua natureza sensacional que fascina as pessoas para que venham. Tão logo as pessoas percebam que essas palestras se ocupam de assuntos sérios, os números ficarão mais modestos"[39].

Devido a este contexto, a linguagem das palestras é bem mais acessível do que nas obras publicadas de Jung desta época. Binswanger também notou que "Jung preparava cada uma dessas palestras de modo extremamente cuidadoso. Após as palestras, uma parte da plateia sempre permanecia para fazer perguntas, em uma situação totalmente natural e descontraída. Era agradável também que Jung nunca aparecia no último minuto, como tantos outros palestrantes fazem. Ele, pelo contrário, já estava presente antes da palestra, sentado num dos bancos no corredor, e as pessoas podiam ir se sentar com ele. Ele era comunicativo e aberto"[40].

As palestras geralmente aconteciam às sextas-feiras, entre as 18h e as 19h. A plateia consistia de alunos regulares das disciplinas técnicas, de quem se esperava que assistissem a cursos adicionais de um tema das humanidades. Mas, como era possível se inscrever como ouvinte, muitos daqueles que vinham a Zurique para estudar com Jung, ou fazer terapia, participavam das palestras, como uma introdução à Psicologia Analítica. Além disso, Jung também realizava seminários no ETH com números restritos de participantes, em que ele poderia desenvolver mais os tópicos das palestras. Durante os oito anos de suas palestras – que só foram interrompidas em 1937, quando Jung viajou à Índia –, ele cobriu um amplo leque de tópicos. Essas palestras estão no centro de sua atividade intelectual nos anos de 1930, bem como forneceram as bases de seu trabalho nas décadas de 1940 e 1950. Portanto, elas

---

39. Jung a Jolande Jacobi, 9 de janeiro de 1934 [JA].
40. Entrevista com Gene Nameche [CLM], p. 6.

formam uma parte crítica da obra de Jung, parte essa que não recebeu até aqui a atenção e o estudo merecidos. Os temas que Jung abordou nas palestras no ETH são provavelmente até mais importantes para eruditos, psicólogos, psicoterapeutas e público geral de hoje em dia do que quando foram apresentados inicialmente. O passar dos anos tem mostrado uma proliferação do interesse no pensamento oriental, no hermetismo ocidental e nas tradições místicas, a ascensão da indústria dos tipos psicológicos e do movimento do trabalho com os sonhos, e a emergência de uma disciplina da história da psicologia.

Conteúdo das palestras

Volume 1: História da psicologia moderna (semestre de inverno de 1933/1934)

O primeiro semestre, de 20 de outubro de 1933 a 23 de fevereiro de 1934, consiste de 16 palestras sobre o que Jung chamou de história da "psicologia moderna", com o que ele queria dizer psicologia enquanto "uma ciência consciente", e não uma que projeta a psique nas estrelas ou em processos alquímicos, por exemplo. Seu relato começa na aurora da era do Iluminismo, e apresenta um estudo comparativo de movimentos no pensamento francês, alemão e britânico. Ele deu ênfase especial ao desenvolvimento de conceitos do inconsciente no idealismo alemão do século XIX. Voltando-se para Inglaterra e França, Jung rastreou a emergência da tradição empírica e da pesquisa psicofísica, e como elas, por sua vez, foram assumidas na Alemanha e levaram à emergência da psicologia experimental. Reconstruiu a ascensão da psicologia científica na França e nos Estados Unidos. Depois se voltou para a importância do espiritualismo e da pesquisa mediúnica na ascensão da psicologia, prestando atenção especial ao trabalho de Justinus Kerner e Théodore Flournoy. Jung devotou cinco palestras a um estudo detalhado da obra de Kerner, *A Vidente de Prevorst*

(1829)[41], e duas palestras a um estudo detalhado do livro *Da Índia ao Planeta Marte* (1899)[42], de Flournoy. Essas obras tiveram inicialmente um impacto considerável sobre Jung. Além de lhes elucidar a importância histórica, a consideração delas por Jung nos permite entender o papel que esta leitura teve no seu trabalho inicial. De modo inabitual, nesta seção Jung evitou uma abordagem convencional da história das ideias, e colocou ênfase especial no papel de pacientes e temas na constituição da psicologia. No curso de sua leitura dessas obras, Jung desenvolveu uma taxonomia detalhada do âmbito da consciência humana, que ele apresentou em uma série de diagramas. Apresentou então uma série adicional de estudos de caso ilustrativos de indivíduos históricos nos termos daquele modelo: Nicolau de Flue, Goethe, Nietzsche, Freud, John D. Rockefeller e o "assim chamado homem normal".

Entre as principais figuras da psicologia do século XX, Jung foi provavelmente aquele de espírito mais histórico e filosófico. Essas palestras têm assim uma dupla importância. Por um lado, apresentam uma contribuição seminal para a história da psicologia, e, portanto, para a atual historiografia da psicologia. Por outro lado, é claro que os desenvolvimentos que Jung reconstruiu teleologicamente culminam em sua própria "psicologia complexa" (sua designação preferida para seu trabalho), e assim apresentam sua própria compreensão da emergência dela. Este relato oferece uma correção crítica para os relatos freudocêntricos predominantes sobre o desenvolvimento da obra de Jung, que já estavam em voga nessa época. A detalhada taxonomia da consciência que ele apresentou na segunda parte desse semestre não foi documentada em nenhum dos escritos publicados. Ao apresentá-la, Jung assinalou que as dificuldades que encontrou com seu projeto de uma tipologia psicológica o levaram a empreender isso. Assim, essas

---

41. Kerner, 1829.
42. Flournoy, 1900 [1899].

palestras apresentam aspectos críticos do pensamento maduro de Jung, indisponíveis em qualquer outro lugar.

Volume 2: A psicologia da consciência e a psicologia do sonho (semestre de verão de 1934)

Este volume apresenta 12 palestras entre 20 de abril de 1934 e 13 de julho de 1934. Jung começou com palestras sobre o estatuto problemático da psicologia, e tentou dar uma explicação sobre como foram geradas as várias visões de psicologia em sua história, as quais ele tinha apresentado no primeiro semestre. Isso o levou a explicar diferenças nacionais de ideias e perspectiva, e a refletir sobre características e dificuldades específicas das línguas inglesa, francesa e alemã para expressar materiais psicológicos. Refletir sobre a importância da ambiguidade linguística levou Jung a dar uma explicação sobre o estatuto do conceito de inconsciente, que ele ilustrou com vários casos. Após essas reflexões gerais, apresentou sua concepção das funções e dos tipos psicológicos, ilustrados por exemplos práticos de sua interação. Ele então deu uma explicação do conceito do inconsciente coletivo. Preenchendo uma lacuna de suas explicações anteriores, apresentou um mapa detalhado da diferenciação e estratificação de seus conteúdos, em particular no que se refere a diferenças culturais e "raciais". Jung então passou a descrever métodos de acesso aos conteúdos do inconsciente: o experimento de associações, o método psicogalvânico e a análise de sonhos. Em sua explicação destes métodos, Jung revisou seu trabalho anterior à luz de sua compreensão atual. Em especial, ele deu uma explicação detalhada de como o estudo de associações em famílias permitiu que a estrutura psíquica de famílias e o funcionamento dos complexos fossem estudados. O semestre se encerrou com um panorama do tópico dos sonhos e o estudo de vários sonhos.

Com base na sua reconstrução da história da psicologia, Jung então dedicou o restante deste e dos semestres seguintes a uma explicação de sua "psicologia complexa". Como nos outros semestres, Jung foi confrontado por um público geral, um contexto que lhe deu a oportunidade única de apresentar uma explicação completa e geralmente acessível de seu trabalho, pois ele não podia pressupor um conhecimento prévio de psicologia. Assim nós encontramos aqui a introdução mais detalhada, e talvez a mais acessível, a sua própria teoria. Isso não é de modo algum apenas uma introdução a seu trabalho anterior, contudo, mas uma total reformulação de seu trabalho inicial em termos de sua compreensão naquele momento, e apresenta modelos da personalidade que não podem ser encontrados em nenhum outro lugar em sua obra. Assim, esse volume é o relato mais atualizado de sua teoria dos complexos, experimentos de associação, compreensão dos sonhos, estrutura da personalidade e da natureza da psicologia.

Volume 3: Psicologia moderna e sonhos (semestre de inverno de 1934/1935 e semestre de verão de 1935)

O terceiro volume apresenta palestras de dois semestres consecutivos: dezessete palestras de 26 de outubro de 1934 a 8 de março de 1935, e onze palestras de 3 de maio de 1935 a 12 de julho de 1935, aqui reunidas em um só volume, porque todas lidam primariamente com possíveis métodos de acesso ao, e tentam determinar o conteúdo do inconsciente. Jung começa com uma descrição detalhada da teoria e método de análise de sonhos da parte de Freud e, em menor extensão, de Adler, e então passa a suas próprias visões (os sonhos como "pura natureza" e de um caráter complementar/compensatório) e técnica (contexto, amplificação). Ele focaliza particularmente três séries oníricas curtas, a primeira do Prêmio Nobel Wolfgang Pauli, a segunda de um jovem homossexual e a terceira de uma pessoa psicótica, usando-as para descrever e interpretar simbolismos específicos. No semestre seguinte, ele conclui a discussão do mecanismo, função e uso dos sonhos como um método de nos esclarecer e fazer conhecer o inconsciente, e então chama a atenção para "paralelos orientais", tais como a yoga, embora advertindo contra o uso indiscriminado deles por ocidentais. Ao invés disso, ele devota o restante do semestre a um exemplo detalhado de "imaginação ativa" ou "fantasiação ativa", como ele a chama aqui, com ajuda do caso de uma senhora norte-americana, de 55 anos, o mesmo caso que ele estudou extensamente em um seminário em alemão de 1931.

Esse volume traz um relato detalhado da compreensão por Jung das teorias dos sonhos de Freud e Adler, lançando luz interessante sobre os pontos com os quais ele concordava e aqueles nos quais diferia, e sobre como desenvolveu sua própria teoria e método em contraposição àqueles. Uma vez que estava lidando com um público geral, um fato do qual estava muito ciente, ele tentou permanecer em um nível tão básico quanto possível – o que é também de grande ajuda para o leitor não especializado dos dias de hoje. Isso também é verdade para o seu método da imaginação ativa, conforme demonstrado em um longo exemplo. Embora usando um material também apresentado alhures, o presente relato é altamente interessante porque adaptado para uma plateia geral mais variada, e consequentemente difere de apresentações oferecidas aos participantes escolhidos a dedo de seus seminários "privados", ou em livros especializados.

Volume 4: Tipologia psicológica (semestre de inverno de 1935/1936 e semestre de verão de 1936)

O quarto volume também combina palestras de dois semestres: quinze palestras entre 25 de outubro de 1935 e 6 de março de 1936, e treze palestras entre 1º de maio de 1936 e 10 de julho de 1936. O semestre de inverno faz uma introdução geral à história das tipologias e à tipologia na história intelectual e religiosa, da Antiguidade ao gnosticismo e ao cristianismo, da filosofia chinesa (yin/yang) à religião e filosofia persas (Arimã/Lúcifer), da Revolução Francesa ("déesse Raison" [deusa Razão]) às *Cartas sobre a educação estética do homem*, de Schiller. Jung introduz e descreve em detalhes as duas atitudes (introversão e extroversão) e as quatro funções (pensamento e sentimento como funções racionais, sensação e intuição como funções irracionais). No semestre de verão, ele focaliza a interação entre as atitudes e as várias funções, detalhando as possíveis combinações (sentimento, pensamento, sensação e intuição extrovertidas e introvertidas), com a ajuda de muitos exemplos.

O volume oferece uma excelente introdução de primeira mão à tipologia de Jung e é *a* alternativa para leitores contemporâneos que estejam à procura de um texto básico, conquanto autêntico, em contraponto à obra magna de Jung, *Tipos psicológicos*, a qual, por assim dizer, esconde a Bela Adormecida atrás de um espesso muro de arbustos espinhosos, a saber, suas 400 e tantas páginas de "introdução", só depois das quais Jung lida com sua tipologia propriamente dita. Como nos volumes anteriores, os leitores se beneficiarão do fato de que Jung se sentiu compelido a oferecer uma introdução e panorama básicos de suas visões.

Volume 5: Psicologia do inconsciente (semestre de verão de 1937 e semestre de verão de 1938)

Jung dedicou suas palestras do verão de 1937 (23 de abril-9 de julho: onze palestras) e do verão de 1938 (29 de abril-8 de julho: dez palestras) à psicologia do inconsciente. A compreensão da dependência sociológica e histórica da psique e da relatividade da consciência forma as bases para familiarizar a plateia com diferentes manifestações do inconsciente relacionadas com estados hipnóticos e criptomnésia, afetos e motivação inconscientes, memória e esquecimento. Jung mostra as formas normais e patológicas de invasões de conteúdos inconscientes na consciência e delineia as metodologias para trazer o material inconsciente à superfície. Isso inclui métodos como o experimento de associações, a análise de sonhos, imaginação ativa, como também diferentes formas de expressão criativa, mas ainda antigas ferramentas de adivinhação como a astrologia e o *I Ching*. O semestre de verão de 1938 retorna à série de sonhos do jovem homossexual discutida em detalhe nas palestras de 1935, desta vez sublinhando o método de Jung de interpretação dos sonhos em um nível individual e simbólico.

Jung ilustra suas palestras com vários diagramas e casos clínicos para se fazer mais acessível a não psicólogos. Em alguns casos, as palestras fornecem bem-vinda informação adicional para artigos publicados, pois Jung não estava obrigado a restringir seu material a um espaço confinado. Por exemplo, Jung elaborou seu famoso caso da chamada paciente da lua, que foi tão importante para sua compreensão da realidade psíquica e da psicose, ou fez uma introdução muito pessoal ao uso do *I Ching*. As palestras também lançam uma nova luz histórica sobre suas jornadas à África, Índia e Novo México e sobre sua recepção da psicologia, filosofia e literatura.

Volume 6: Psicologia da yoga e da meditação (semestre de inverno de 1938/1939 e semestre de verão de 1939; mais as duas primeiras palestras do semestre de inverno de 1940/1941)

A série de palestras do semestre de inverno de 1938/1939 (28 de outubro-3 de março: quinze palestras) e da primeira metade do semestre de verão de 1939 (28 de abril-9 de junho: seis palestras) se preocupam com a espiritualidade oriental. Começando pelo conceito psicológico de imaginação ativa, Jung procura paralelos nas práticas meditativas orientais. Seu foco é direcionado para a meditação tal como ensinada por diferentes tradições de yoga e na prática budista. Os textos para a interpretação de Jung são os *Yoga Sûtra* de Patanjali, de acordo com a última pesquisa escrita em torno de 400 E.C. [Era Comum, d.C.][43] e vistos como uma das fontes mais importantes para o nosso conhecimento da yoga hoje. O *Amitâyur-dhyâna-sûtra* da tradição budista chinesa da Terra Pura, traduzida do sânscrito para o chinês por Kâlayasas em 424 EC[44], e o *Shrî-chakra-Sambhâra Tantra*, uma escritura relacionada à yoga tântrica, traduzida e publicada em inglês por Arthur Avalon (Sir John Woodroffe) em 1919[45].

Em nenhuma outra parte, nas obras de Jung, podemos encontrar interpretações psicológicas tão detalhadas destes três textos espirituais. Em termos de sua importância para a compreensão da retomada por Jung do misticismo oriental, as palestras de 1938/1939 só podem ser comparadas à sua leitura de *O segredo da flor de ouro*[46] ou aos seminários sobre a Yoga Kundalini[47].

No semestre de inverno de 1940/1941, Jung resume os argumentos de suas palestras sobre a meditação oriental. O resumo é publicado como um adendo no final deste volume.

Volume 7: Os Exercícios espirituais *de Santo Inácio de Loyola (semestre de verão de 1939 e semestre de inverno de 1939/1940; em acréscimo: Palestra 3, semestre de inverno de 1940/1941)*

A segunda metade do semestre de verão de 1939 (16 de junho-7 de julho: quatro palestras) e o semestre de inverno de 1939/1940 (3 de outubro-8 de março: dezesseis palestras) foram dedicados aos *Exercitia Spiritualia*[48] de Inácio de Loyola, o fundador e primeiro superior geral da Sociedade de Jesus (jesuítas). Como

---

43. Maas, 2006.
44. Müller, 1894, p. xx-xxi.
45. Avalon, 1919.
46. Jung, 1929.
47. Jung, 1932.
48. Inácio de Loyola, 1996 [1522-1524].

cavaleiro e soldado, Inácio foi ferido na batalha de Pamplona (1521), em consequência do que ele experimentou uma conversão espiritual. Subsequentemente renunciou à vida mundana e se devotou ao serviço de Deus. Em março de 1522, a Virgem Maria e o Menino Jesus lhe apareceram no santuário de Montserrat, o que o levou a procurar a solidão numa gruta perto de Manresa. Ele ali rezou durante sete horas por dia e anotou suas experiências para que outros as seguissem. Esta coleção de orações, meditações e exercícios mentais constituíram o fundamento dos *Exercitia Spiritualia* (1522-1524). Jung viu nesse texto o equivalente à prática meditativa da tradição espiritual oriental. Ele fornece uma leitura psicológica dele, comparando-a à moderna compreensão jesuíta de teólogos como Erich Przywara.

As considerações de Jung sobre os *Exercitia Spiritualia* seguem as palestras sobre a meditação oriental do ano anterior. Em nenhum outro lugar nos escritos de Jung se encontra uma comparação tão intensa entre o espiritualismo oriental e ocidental. Sua abordagem equivale ao objetivo da conferência anual Eranos, ou seja, abrir um diálogo entre o Oriente e o Ocidente. As observações críticas de Jung sobre a adesão de europeus modernos ao misticismo oriental e sua sugestão para que estes voltem a suas próprias tradições são iluminadas através destas palestras.

No semestre de inverno de 1940/1941, Jung dedicou a terceira palestra a um resumo de suas palestras sobre os *Exercitia Spiritualia*. Esse sumário é acrescentado como um adendo ao volume 7.

Volume 8: A psicologia da alquimia (semestre de inverno de 1940/1941 e semestre de verão de 1941)

As palestras do semestre de inverno de 1940/1941 (da palestra 4 em diante; 29 de novembro-28 de fevereiro: doze palestras) e o semestre de verão de 1941 (2 de maio-11 de julho: onze palestras) oferecem uma introdução à compreensão psicológica da alquimia por Jung. Ele explicou a teoria da alquimia, delineou os conceitos básicos, e fez um relato da pesquisa psicológica sobre a alquimia. Mostrou a relevância da alquimia para a compreensão do processo psicológico da individuação. Os textos alquímicos dos quais Jung falou incluíram, ao lado de exemplos famosos como a *Tabula Smaragdina* e o *Rosarium Philosophorum*, tratados alquímicos muitos menos conhecidos.

As palestras sobre alquimia constituíram um pilar no desenvolvimento da teoria psicológica de Jung. Suas conferências Eranos de 1935 e 1936 foram dedicadas ao significado psicológico da alquimia e mais tarde fundidas em *Psicologia e alquimia* (1944). As palestras do ETH sobre alquimia sublinham o modo como o pensamento de Jung sobre o tema se desenvolveram ao longo daqueles anos. Enquanto uma introdução à alquimia, elas oferecem uma ferramenta indispensável para a compreensão da complexidade de suas obras tardias, tais como *Mysterium coniunctionis*.

Diretrizes editoriais

Com exceção de umas poucas notas preparatórias, não há nenhum texto escrito por Jung. O presente texto foi reconstruído pelos organizadores através de várias notas de participantes das palestras de Jung. Por meio do uso de estenografia, as notas tomadas por Eduard Sidler, engenheiro suíço, e Rivkah Schärf – que viria a se tornar um conhecido erudito religioso, psicoterapeuta e colaborador de Jung – fornecem uma primeira base consideravelmente acurada para a compilação das palestras. (O método estenográfico usado é obsoleto e teve de ser transcrito por especialistas na área.)

Ao lado dos manuscritos recentemente descobertos por Otto Karthaus, que fez carreira como um dos primeiros conselheiros vocacionais científicos na Suíça, Bertha Bleuler e Lucie Stutz-Meyer, professora de ginástica da família Jung, essas notas nos permitem não apenas acesso aos conteúdos das palestras apresentadas oralmente por Jung, mas também nos fornecem uma amostra do fascínio do público pelo orador Jung.

Existe ainda uma série de notas mimeografadas em inglês que foram difundidas de maneira privada e circularam em números limitados. Elas foram editadas e traduzidas por um grupo anglófono em Zurique em torno de Barbara Hannah e Elizabeth Welsh, e apresentam mais um resumo do que uma tentativa de relato integral das palestras. Nos primeiros anos, a edição de Hannah se apoiou apenas nas notas de Marie-Jeanne Schmid, secretária de Jung na época; para as palestras posteriores, o manuscrito de Rivkah Schärf forneceu a única fonte para a maior parte do texto. A edição foi disseminada em impressões privadas de 1938 a 1968.

A edição de Hannah se desvia do texto falado original de Jung tal como registrado nas outras notas. Hannah e Welsh afirmaram em sua "Nota introdutória" que sua compilação "não pretende ser um relato integral ou tradução literal". Hannah estava interessada principalmente na criação de um texto legível e consistente e não se furtou a acrescentar nem omitir passagens para este propósito. Como sua edição se baseou apenas em um conjunto de notas, ela não pôde corrigir passagens em que Schmid ou Schärf apresentavam o texto de Jung equivocadamente. Mas como Hannah tinha a vantagem de falar com Jung pessoalmente, quando não estava segura sobre o conteúdo de uma determinada passagem, sua compilação em inglês é às vezes útil como informação adicional para os leitores da nossa edição.

Em contraste com uma edição crítica, não se pretendeu fornecer as diferentes variações em um aparato crítico à parte. Se tivéssemos listado estritamente todas as variantes menores ou maiores nos manuscritos, o texto teria ficado virtualmente ilegível e assim perdido a acessibilidade que é a marca da apresentação de Jung. De modo geral, porém, podemos estar razoavelmente seguros de que a compilação reflete com precisão o que Jung disse, embora ele possa ter usado diferentes palavras ou formulações. Além disso, em várias passagens-chave foi mesmo possível reconstruir o conteúdo integral, por exemplo, quando diferentes autores das notas identificaram certas passagens como citações diretas. As variações frequentemente não acrescentam ao conteúdo e à inteligibilidade, e frequentemente se originam em erros ou em falta de entendimento por parte de quem fez as anotações. Em sua compilação, os organizadores trabalharam de acordo com o princípio de que o máximo de informação possível deveria ser extraída dos manuscritos. Se há contradições óbvias que não podem ser sanadas pelo organizador, ou, como podia ser o caso, erros claros da parte de Jung ou do ouvinte, isso será esclarecido por notas do organizador.

Dentre os autores das notas, Eduard Sidler, formado em engenharia, tinha o menor entendimento da psicologia junguiana no início, embora naturalmente fosse se tornando mais familiarizado com ela ao longo do tempo. De todo modo, ele tentou ser o mais fidedigno que pôde, sendo quem fez as notas mais detalhadas. Às vezes não podia mais seguir ou claramente não compreendeu o que foi dito. Por outro lado, temos a versão de Welsh e Hannah, que em si já era uma compilação e obviamente muito editada, mas que é (pelo menos para os primeiros semestres) o manuscrito mais consistente e também contém coisas que faltam em outras notas. Além disso, elas afirmam que "o próprio Prof. Jung [...] foi gentil o bastante para nos ajudar com certas passagens", embora não saibamos quais. E ao longo dos anos, e também para as palestras individuais, a qualidade, precisão e confiabilidade dos manuscritos anotados pelos diferentes autores variam, como é natural. Em suma, o melhor que podemos fazer é tentar e encontrar uma aproximação do que Jung realmente disse. Em essência, haverá sempre uma questão de julgamento em como compilar aquelas notas.

É, portanto, impossível estabelecer princípios editoriais exatos para toda e qualquer situação, de modo que diferentes organizadores chegassem inevitavelmente às mesmas formulações. Só pudemos aderir a algumas diretrizes gerais, tais como "Interferir tão pouco quanto possível, e tanto quanto necessário", ou "Tentar estabelecer o que é mais provável que Jung tenha dito, com base em todas as fontes disponíveis (inclusive as *Collected Works* [lançadas no Brasil pela Editora Vozes com o título geral de *Obra Completa* (N.T.)], obras e entrevistas autobiográficas, outros seminários, entrevistas etc.). Se duas transcrições concordam e a terceira é diferente, geralmente é seguro optar pelas duas primeiras. Em alguns casos, contudo, fica claro, pelo contexto, que as duas estão erradas e que a terceira está certa. Ou se todas as três não estão claras, é às vezes possível "limpar" o texto recorrendo à literatura, por exemplo quando Jung resume a história de Kerner da Vidente de

Prevorst. Como em todos os trabalhos eruditos deste tipo, não há uma receita explícita que possa ser totalmente especificada: cada qual tem de se basear em seu julgamento erudito.

Estas dificuldades não concernem apenas ao estabelecimento do texto das palestras de Jung no ETH, mas também às notas de seus seminários em geral, muitos dos quais já foram publicados sem abordar este problema. Por exemplo, a introdução do Seminário sobre Análise de Sonhos menciona o número das pessoas envolvidas na preparação das notas, mas não há relato de como elas trabalharam ou de como estabeleceram o texto (JUNG, 1984, p. x-xi). Algumas notas manuscritas na biblioteca do Clube de Psicologia Analítica em Los Angeles indicam que a compilação das notas envolveu significativo "processamento por comitê". É interessante a este respeito comparar a estrutura sentencial do *Seminário de Análise de Sonhos* com o seminário de 1925, que foi checado por Jung. Em 19 de outubro de 1925, Jung escreveu a Cary Baynes, após checar as notas dela e agradecer a sua contribuição literária: "Eu trabalhei atentamente as notas, como você verá. Penso que elas estão como um todo muito precisas. Certas palestras estão até mais fluentes, isto é, aquelas em que você não pôde impedir sua libido de entrar" (documentos de Cary Baynes, arquivos médicos contemporâneos. Londres: Wellcome Library).

Nossa situação específica parece ser um problema de "luxo", por assim dizer, porque temos várias transcrições, o que frequentemente não foi o caso em outros seminários. Também temos a desvantagem de não mais podermos perguntar ao próprio Jung, como por exemplo Cary Baynes, Barbara Hannah, Marie-Jeanne Schmid ou Mary Foote puderam fazer. Só podemos realizar nosso trabalho o melhor possível, e precaver o leitor de que não há nenhuma garantia de que este é um "Jung integral", embora tenhamos tentado chegar o mais perto possível do que ele realmente disse.

Abreviações

CLM	Arquivo biográfico de Jung. Boston: Countway Library of Medicine.
JA	Coleção de Jung, History of Science Collection. Zurique: Arquivo do Instituto Federal Suíço de Tecnologia.
JSP	McGUIRE, W. & HULL, R.F.C. (orgs.) (1977). *C.G. Jung Speaking* – Interviews and Encounters. Princeton: Princeton University Press.

Referências

AVALON, A [Sir John Woodroffe] (org.) (1919). *Shrî-chakra-sambhâra Tantra*. Trad. Kazi Dawa-Samdup. Londres/Calcutá: Luzac & Co./ Thacker, Spink & Co. [Tantrik Texts, vol. 7].

FLOURNOY, T. (1900 [1899]). *Des Indes à la planète Mars* – Étude sur un cas de somnambulisme avec glossolalie. Paris/Genebra: F. Alcan/C. Eggimann [*From India to the Planet Mars* – A case of Multiple Personality with Imaginary Languages. Com prefácio de C.G. Jung e comentário de Mireille Cifali. Organizado e introduzido por Sonu Shamdasani. Princeton: Princeton University Press, 1994].

HESSE, H. (2006 [1916-1944]). *"Die dunkle und wilde Seite der Seele"*: Briefwechsel mit seinem Psychoanalytiker Josef Bernhard Lang 1916-1944. Org. de Thomas Feitknecht. Frankfurt a. Main: Suhrkamp.

(SANTO) INÁCIO DE LOYOLA (1996 [1522-1524]). "The Spiritual Exercises". In: *Personal Writings: Reminiscences, Spiritual Diary* – Selected Letters Including the Text of The Spiritual Exercises. Trad. com introduções e notas de Joseph A. Munitiz e Philip Endean. Londres: Penguin, p. 281-328.

JUNG, C.G. (1932). *The Psychology of Kundalini Yoga*: Notes of the Seminar Given in 1932 by C.G. Jung. Org. de Sonu Shamdasani. Princeton: Princeton University Press, 1996 [Bollingen Series XCIX].

_____ (1929). *Commentary on "The Secret of the Golden Flower"* – CW 13 [*Comentário a "O segredo da flor de ouro"* – OC 13. Petrópolis: Vozes, 2011].

KERNER, J.A.C. (1829). *Die Seherin von Prevorst* – Eröffnungen über das innere Leben und über das Hineinragen einer Geisterwelt in die unsere. 2 vols. Stuttgart, Tubingen: J.G. Cotta'sche Buchhandlung. 4. ed. rev. Stuttgart, Tubingen: J.G. Cotta'scher [Reimpr.: Kiel: J.F. Steinkopf, 2012]. • *The Seeress of Prevorst, Being Revelations concerning the Inner--Life of Man, and the Inter-Diffusion of a World of Spirits in the One We Inhabit.* Trad. de Catherine Crowe. Londres: J.C. Moore, 1845 [Reimpr. digital: Cambridge: Cambridge University Press, 2011].

MAAS, P.A. (2006). *Samâdhipâda*: das erste Kapitel des Pâtañjalayogaśâstra zum ersten Mal kritisch ediert. Aachen: Shaker.

MÜLLER, M. (1894). *Introduction to Buddhist Mahâyâna Texts* – The Sacred Books of The East. Vol. 49. Org. de Max Müller. Oxford: The Clarendon Press.

Introdução ao volume 1

Ernst Falzeder

Este volume apresenta a compilação de várias notas de palestras que foram feitas com base nas palestras que Jung deu durante o seu primeiro semestre como professor no *Eidgenössische Technische Hochschule* em Zurique, de 20 de outubro de 1933 a 23 de fevereiro de 1934. Ele as intitulou de "psicologia moderna", realizando parcialmente, desse modo, um programa que cerca de três anos antes, havia descrito como uma tarefa para o futuro. Há "uma corrente particular de pensamento", tinha escrito,

> que pode se fazer remontar à Reforma. Gradualmente ela se libertou de inúmeros véus e disfarces, e está agora se transformando no tipo de psicologia que Nietzsche previu com *insight* profético – a descoberta da psique como um fato novo. Algum dia poderemos ver por quais caminhos tortuosos a psicologia moderna evoluiu, a partir dos sombrios laboratórios dos alquimistas, via mesmerismo e magnetismo (Kerner, Ennemoser, Eschenmayer, Passavant e outros), até as antecipações filosóficas de Schopenhauer, Carus e von Hartmann; e como, do solo nativo da experiência cotidiana em Liébeault e, mesmo antes, em Quimby (o pai espiritual da ciência cristã), ela finalmente alcançou Freud através dos ensinamentos dos hipnotistas franceses. Esta corrente de ideias caminhou junto a partir de muitas fontes obscuras, se fortalecendo rapidamente no século XIX e conquistando muitos adeptos, entre os quais Freud não era uma figura isolada (1930a, § 748).

Seu relato nas palestras começa com a aurora da era do Iluminismo, e apresenta um estudo comparativo de movimentos no pensamento francês, alemão e britânico. Jung deu ênfase especial ao desenvolvimento de conceitos do inconsciente no idealismo alemão do século XIX. Voltando-se para Inglaterra e França, rastreou a emergência da tradição empírica e da pesquisa psicofísica, e como, por sua vez, elas foram assumidas na Alemanha e levaram à emergência da psicologia experimental. Reconstruiu a ascensão da psicologia científica na França e nos Estados Unidos. Em essência, ele descreveu isso como um desenvolvimento constante a partir de uma "psicologia" ingênua, que encontrava os conteúdos psíquicos onde os havia inconscientemente projetado de antemão no mundo exterior (como na astrologia, p. ex.) até uma psicologia "moderna", isto é, a psicologia "como uma ciência consciente", conforme diz nestas palestras.

Como ele escreveu alhures,

> as projeções recaindo sobre a alma humana causaram uma ativação tão terrível do inconsciente que nos tempos modernos o homem foi compelido a postular a existência de uma psique inconsciente. Os inícios disso podem ser vistos em Leibniz e Kant, e então, com crescente intensidade, em Schelling, Carus e von Hartmann, até que finalmente a psicologia moderna descartou as últimas pretensões metafísicas dos filósofos-psicólogos e restringiu a ideia da existência da psique à declaração psicológica, em outras palavras, a sua fenomenologia (1941, § 375).

Na segunda parte das palestras ele então se voltou para a importância do espiritualismo e da pesquisa psíquica para a ascensão da psicologia, dando particular atenção à obra de Justinus Kerner e Théodore Flournoy. Jung devotou cinco palestras só para um estudo detalhado da obra de Kerner *A Vidente de Prevorst* (1829), e outras duas para um livro de Flournoy, *Da Índia ao Planeta Marte* (1899). Essas obras tiveram inicialmente um impacto considerável sobre Jung, que não pode ser subestimado. Além de lhes elucidar a importância histórica, sua consideração por elas nos permite compreender o papel que esta leitura teve em seu trabalho inicial. De modo inabitual, nesta seção, Jung evitou uma abordagem convencional da história das ideias, e colocou ênfase especial no papel de pacientes e temas na constituição da psicologia. No curso da sua leitura dessas obras Jung desenvolveu uma taxonomia detalhada do âmbito da consciência humana, que ele apresentou em uma série de diagramas. Ele então apresentou uma série adicional de estudos de caso ilustrativos de indivíduos históricos nos termos deste modelo: Niklaus von der Flüe, Goethe, Nietzsche, Freud, John D. Rockefeller e o "assim chamado homem normal".

Entre as principais figuras da psicologia do século XX, Jung foi provavelmente a de espírito mais histórico e filosófico. Essas palestras têm assim uma dupla importância: Por um lado, apresentam uma contribuição seminal para a história da psicologia, e, portanto, para a atual historiografia da psicologia em geral. Por outro lado, é igualmente claro que os desenvolvimentos que Jung reconstruiu teleologicamente culminam em sua própria "psicologia complexa" (sua designação preferida para seu trabalho)[49], e assim apresentam a sua própria compreensão da emergência dela.

Jung de modo nenhum foi o primeiro a fazer uma história da ciência nascente da psicologia, porém. Permita-nos mencionar, pela ordem cronológica de aparição, apenas os trabalhos de Théodule Ribot (1870; 1879), Eduard von Hartmann (1901), Max Dessoir (1902; 1911), G. Stanley Hall (1912), James Mark Baldwin (1913), Pierre Janet (1919) e Edwin Boring (1929). Com relação ao desenvolvimento da chamada psicologia profunda há também o relato de Freud em *Sobre a história do movimento psicanalítico* (1914). Praticamente todos, como Jung, distinguem entre um período pré-científico e um período científico da disciplina, o qual alguns deles – como Baldwin, Dessoir, Hall e von Hartmann – também chamam expressamente de "psicologia

---

49. Em seu prólogo aos *Estudos sobre a Psicologia de C.G Jung*, de Toni Wolff, Jung deu a ela o crédito pela introdução desta designação (JUNG, 1959, § 887).

moderna", embora divirjam sobre quando esta começou. Von Hartmann (1901, p. 1) data o início da "psicologia moderna" de meados do século XIX, por exemplo. Dessoir (1911 [1912], p. 221ss.) afirma que a psicologia francesa moderna começa com Condillac, enquanto que Baldwin (1913, p. 95) sustenta que "com o desenvolvimento do dualismo entre mente e corpo até o estágio que alcançou em René Descartes [...] começa o período que pode ser chamado de 'moderno'".

Muitos desses autores enfatizam que a psicologia deveria ser modelada conforme as ciências naturais. No relato precoce de Ribot (1870, p. 19), por exemplo, "a psicologia experimental constitui por si só a totalidade da psicologia, o resto sendo questões de filosofia ou metafísica, e, portanto, externas à ciência". No de 1879 (p. ii) ele fala de "*cette séparation, qui devient chaque jour plus nette, entre l'ancienne et la nouvelle psychologie*" [desta separação, cada dia mais clara, entre a antiga e a nova psicologia] e declara: "l'ancienne psychologie est condamné" [a antiga psicologia está condenada]. Boring (1929), cinquenta e nove anos depois, concentra-se antes de tudo na psicologia experimental e tenta mostrar como a Física, enquanto uma ciência experimental, impôs o ritmo da Fisiologia, e a Fisiologia fez o mesmo com a Psicologia. Assim, Newton e Young levaram a Purkinje, Weber, e Johannes Müller, a Fechner e Helmholtz, e assim a Wundt e ao laboratório psicológico. (Boring também enfatizou que, para se sofisticar, o psicólogo experimental precisa de uma perspectiva histórica, particularmente em questões sistemáticas ou teóricas. Apesar da sua orientação teórica, aliás, ele acabou procurando ajuda pessoal em tratamento psicanalítico por um ano em 1933, com o freudiano Hanns Sachs em Boston, fazendo cinco sessões por semana, mas ambos concordaram, mais tarde, que isso não ajudou em muita coisa, se é que em alguma.)

Como no relato de Boring, a narrativa dominante que emergiu foi uma visão de que os desenvolvimentos culminaram em uma metodologia cada vez mais científico-natural, baseada na filosofia, alcançando um patamar elevado no programa experimental de Wundt.

Há, porém, algumas exceções proeminentes a esta conceitualização da psicologia e de sua história. Eduard von Hartmann, embora sustentando que a "psicologia moderna" deveria se orientar para as ciências naturais (1901, p. 1), defende que ela se tornou, graças principalmente a seu próprio trabalho, a "ciência do inconsciente": "Assim como a ciência natural lida com a matéria desprovida de consciência, a psicologia lida com material psíquico inconsciente" (p. 13). "A pura psicologia da consciência é impossível", e "a psicologia é essa ciência que investiga como os fenômenos psíquicos conscientes dependem, segundo as leis da natureza, do que está além da consciência" (p. 25). Ele reconhece, contudo, que protagonistas como Fechner, Lotze e Wundt (e mais tarde Brentano) contestaram a existência do inconsciente, de modo que o foco da psicologia moderna passou para a explicação de questões psíquicas através de disposições e processos fisiológicos (p. 14).

O relato de G. Stanley Hall (1912) pode ser de especial interesse nesse contexto, pois ele conhecia pessoalmente Jung e Freud, e foi anfitrião deles quando foram a Worcester, Massachusetts, para apresentar suas conferências na Clark University, em 1909. Ele dá a Hartmann um lugar proeminente em seus estudos de seis fundadores da psicologia moderna, além de Zeller, Lotze, Fechner, Helmholtz e Wundt (com quatro dos quais ele havia estudado pessoalmente, à exceção de Zeller e Lotze). "Homens como Hartmann", ele escreveu, "são verdadeiros representantes do espírito moderno, pois ele conserva, ao invés de ignorar, o melhor do passado" (p. 238). Assim, embora insistindo na importância das ciências naturais e dos resultados delas, pela "ereção do Inconsciente como um princípio mundial" (p. 238), ele estava "pelo menos em parte satisfazendo as necessidades metafísicas de seus contemporâneos", e "fez novamente da filosofia um entusiasmo" (p. 191). Quando Hall assinala que "a importância central de Hartmann está em sua defesa do Inconsciente e em sua oposição às 'filosofias da consciência'" (p. 239), podemos compreender por que Jung o colocava, juntamente com Kant, Schopenhauer e C.G. Carus, entre aqueles que "tinham lhe fornecido as ferramentas de pensamento" (McGUIRE & HULL, 1977, p. 207).

O livro de Janet (1919) é essencialmente um panorama completo e sistemático das formas contemporâneas de psicologia e da história delas, começando com os primeiros magnetistas, que ele havia redescoberto, e o hipnotismo, e é naturalmente matizado por suas próprias teorias sobre o "subconsciente" e a "análise psicológica", como ele a chama. Este não é o lugar para entrar na velha questão da prioridade entre Janet e Freud, mas não resta dúvida de que muitas das ideias mais antigas de Janet guardam muita semelhança com as visões de Breuer e Freud, e ele criou uma obra imensa que espera ser redescoberta. Jung repetidamente menciona o seu débito com Janet, com quem ele estudara no semestre de inverno de 1902/1903, e afirmou explicitamente: "Eu não venho de Freud, mas de Eugen Bleuler e Pierre Janet, que foram meus professores diretos" (1934 [1968], após § 1.034; trad. minha). Henri Ellenberger, que se inspirou na linha da "psicologia dinâmica" de Janet, termina assim seu longo capítulo sobre este: "A obra de Janet pode ser comparada a uma vasta cidade enterrada sob as cinzas, como Pompeia. O destino de qualquer cidade enterrada é incerto. Ela pode permanecer enterrada para sempre. Pode permanecer escondida e sendo pilhada por saqueadores. Mas também pode ser desenterrada algum dia e trazida de volta à vida". No momento, porém, "enquanto o véu de Lete (Lesmosine) [personificação do esquecimento, entre os gregos] caiu sobre Janet, o véu de Mnemosine [antítese de Lete, ou seja, deusa da memória] foi erguido para iluminar seu grande rival, Sigmund Freud" (1970, p. 409).

Este grande rival escreveu sua própria – e altamente subjetiva – visão da *História do movimento psicanalítico* (1914), a única obra abertamente polêmica de Freud que estabeleceu o tom da historiografia da psicanálise e da psicanálise analítica por muito tempo e colocou as bases para a leitura freudocêntrica das origens da psicologia analítica. Seu propósito secreto foi, como fica abundantemente claro a partir da correspondência de Freud com os membros do chamado Comitê Secreto, livrar-se de Jung e do grupo de Zurique. Em conformidade com isso, a teoria e a metodologia divergentes de Jung, então emergindo, foram fortemente criticadas como "obscuras, ininteligíveis e confusas", sugerindo que muito da sua "falta de clareza" se deve à "falta de sinceridade" (p. 60).

Os trabalhos de Jung sobre o experimento de associações e sobre a psicologia da *dementia praecox* [antiga designação da esquizofrenia (N.T.)] foram ambos anexados à psicanálise. Para Freud, eles consistiam tão somente na aplicação da teoria e dos procedimentos da psicanálise a áreas em que esta não tinha, até então, sido utilizada – psicologia experimental e psiquiatria – pela simples razão de que, anteriormente ao interesse pela psicanálise no Burghölzl, nenhum outro grande hospital psiquiátrico ou clínica universitária havia permitido amplamente tal pesquisa. A avaliação por Freud da obra de Jung, em sua história, foi de que o que havia de valor ali se devia a ser uma aplicação e extensão das descobertas do próprio Freud, enquanto que as supostas inovações de Jung representavam uma secessão. Jung não respondeu publicamente ao relato de Freud naquele momento. Contudo, em aspectos essenciais, a abrangente história intelectual que Jung apresenta nessas palestras pode, em parte, ser considerada uma tentativa de réplica e refutação.

Significativamente, todos esses autores eram, eles próprios, psicólogos (com a possível exceção de Freud, formado em neurologia), que em seus próprios trabalhos afirmavam estar estabelecendo a única verdadeira psicologia "científica". Escrever a história da psicologia tinha se tornado um meio para esse fim, através da construção das linhagens genealógicas que culminaram em suas respectivas obras próprias, e lançando ao descrédito os rivais pretendentes ao trono. Nesse aspecto, o relato de Jung segue tal padrão. Por muitas décadas, antes que a história da psicologia começasse a se tornar uma disciplina propriamente histórica, foi em grande medida a história de Edwin Boring que predominou no campo da psicologia.

Com este pano de fundo fica claro como a apresentação de Jung da história da psicologia "moderna" é um esforço para ele e sua teoria se situarem nesta tradição – seja se distanciando de certas tendências, seja se apresentando como alguém que levou a cabo e desenvolveu outras e, finalmente – nos semestres subsequentes – como alguém em cujos novos achados este desenvolvimento culminou.

No início, ele deixou claro que iria "tentar transmitir [...] uma ideia do campo conhecido como 'psicologia'", traçando um caminho através do "inacreditável caos de opiniões" que caracterizara este campo. Ele propositalmente escolheu um título bem geral – "psicologia moderna" –, como prosseguiu dizendo, "porque as matérias em questão são de uma natureza muito geral. Ao invés de me enredar em doutrinas específicas, meu objetivo é pintar um quadro baseado na experiência imediata para descrever o desenvolvimento das ideias psicológicas modernas". Quando, por duas vezes, ele recebeu reações de alunos, para quem as palestras não atenderam às expectativas e, especificamente, por considerarem os tópicos e as histórias de caso inverossímeis e históricas demais, e quando esses alunos quiseram que Jung falasse mais sobre problemas contemporâneos e sobre sua própria teoria psicológica, ele enfatizou de novo: "Vocês devem ter em mente que eu me propus a dar um curso de palestras sobre a psicologia moderna, e não posso afirmar que a psicologia moderna seja idêntica a mim mesmo. Seria muito imodesto se eu avançasse minhas próprias visões e opiniões mais do que já o fiz".

Por outro lado, é bastante óbvio que sua apresentação da história da psicologia "moderna" dá um relato altamente seletivo dos vários sistemas filosóficos, focalizando o que eles tinham a dizer sobre aspectos *inconscientes* da psique humana, ou sobre "o" inconsciente em geral, e particularmente enfatizando aquelas características de motivos e conteúdos inconscientes que desempenhariam um papel crucial na sua própria teoria, por exemplo, a autonomia da alma/psique e seus conteúdos (ex., os complexos), a "objetivação" dos conteúdos inconscientes ou a importância das "imagens primordiais". De fato, essas palestras poderiam também ter sido intituladas "Uma história do inconsciente", levando a e culminando nos próprios conceitos de Jung – ou até, para dizer provocativamente, "Meus predecessores".

Falando sobre Kant, por exemplo, ele pouco aborda sua teoria sobre a cognição (afora a menção à relativização, por Kant, dos conceitos de espaço e tempo), que teve um tremendo impacto e ocasionou uma "revolução copernicana" na filosofia, mas sim seus *Sonhos de um vidente* e a opinião de Kant de que "a alma humana [...] forma uma comunhão indissolúvel com todas as naturezas imateriais do mundo dos espíritos", ou seu conceito do campo das "representações obscuras" como "o maior no ser humano". Com relação à obra de Schopenhauer, ele enfatiza acima de tudo que este foi "o primeiro a declarar que a psique humana significa sofrimento", e que ele [Schopenhauer] bem poderia ter se referido à 'vontade' como o 'inconsciente'", mas lhe negligenciou a herança kantiana e trabalhos epistemológicos, bem com o ensinamento de como escapar ao constante sofrimento, ou seja, pela negação da vontade e pelo ascetismo. Ele também omitiu as formulações de Schopenhauer do que Freud mais tarde chamaria de mecanismos de defesa, ou sua crítica do *principium individuationis*, em total contraste com a noção do próprio Jung de individuação. No caso de Nietzsche, Jung não entra em uma discussão da filosofia dele – pelo menos nas palestras desse semestre –, mas cita uma passagem como exemplo de criptomnésia, e o usa como uma história de caso com relação ao diagrama que apresenta dos campos da consciência.

Aqui caberia uma palavra sobre a atitude de Jung para com a filosofia e a epistemologia em geral. Embora considerasse a "filosofia crítica" como "a mãe da psicologia moderna" (1954 [1939], § 759)[50], repetidamente ele enfatizou, ao longo dos seus escritos, palestras, seminários e entrevistas, não ser um filósofo, mas um empirista. Eis aqui umas poucas citações: "Não sendo um filósofo, mas um empirista [...]" (1926, § 604). "Eu sou um empirista, não um filósofo" (1938 [1954], § 149). "Embora eu tenha sido frequentemente chamado de filósofo, sou um empirista" (1939 [1937], § 2). "Eu me defino como um empirista" (1962, apenas na edição alemã, p. 375). "Veja, não sou um filósofo, não sou um sociólogo – sou um médico. Lido com fatos. Isto não pode ser enfatizado" (*Jung Speaking*, 1977, p. 206). "Sou um empirista, com absolutamente nenhuma visão metafísica" (p. 414). "Você me critica como se eu fosse um filósofo. Mas você sabe muito bem que sou um empirista" (1975, carta de 25 de abril de 1955, p. 246). "Meus conceitos se baseiam em descobertas empíricas. Eu falo de fatos da psique viva e não preciso de acrobacias filosóficas (1945b, § 438). "Ocupo-me apenas da ciência natural da psique, e minha maior preocupação é estabelecer os fatos" (1946a, § 537). Em outras palavras, ele pretendia ter libertado a psicologia das acrobacias e "especulações fantasmagóricas dos filósofos" (1955/1956, § 53), ou seja, das projeções inconscientes que se fazem passar como *insights* filosóficos, e tê-la transformado em uma ciência empírica. Em resumo: "Quem quer que diga que sou um místico é apenas um idiota"! (*Jung Speaking*, 1977, p. 333).

Mas as coisas não são tão simples assim. Em muitas ocasiões, descobrimos também declarações muito positivas sobre a filosofia. Às vezes ele até admite ser no fundo um filósofo. "Sempre fui da

---

50. "O desenvolvimento da filosofia ocidental durante os últimos dois séculos foi bem-sucedido em isolar a mente em sua própria esfera e arrancá-la da unidade primordial com o universo" (JUNG, 1959, § 887).

opinião de que Hegel é um psicólogo disfarçado, assim como *eu sou um filósofo disfarçado*" (1973, p. 194; itálicos meus). Também na prática analítica "nós, psicoterapeutas, deveríamos realmente ser filósofos ou médicos filosóficos – ou antes [...] nós já o somos, embora não queiramos admiti-lo" (1943 [1942], § 181). A análise "é algo semelhante à filosofia antiga" (*Jung Speaking*, p. 255). De fato, ele criticou Freud por ser *excessivamente* empirista: Freud "procedeu muito empiricamente" (1934a, § 212), mas teria sido "um grande equívoco da parte de Freud dar as costas para a filosofia", enquanto que ele, Jung, não tinha "nunca recusado o drinque agridoce da crítica filosófica", que "me ajudou a ver que qualquer psicologia – inclusive a minha – tem o caráter de uma confissão subjetiva" (1950 [1929], § 774). Como isso se coaduna com a enfática declaração de Jung de que seus leitores "não devem nunca esquecer [...] que eu não estou fazendo uma confissão"? (1951, p. x).

Em uma ocasião Jung chega a admitir que uma abordagem puramente empírica é impossível na psicologia porque esta, assim como a filosofia, é um sistema "de opinião sobre *objetos que não podem ser completamente experimentados e que, portanto, não podem ser adequadamente abrangidos por uma abordagem puramente empírica [...]. Nenhuma disciplina pode subsistir sem a outra*" (1931a, § 659; itálicos meus).

Às vezes Jung expressava dúvidas sobre a validade global das suas conclusões:

> Eu imaginava estar trabalhando segundo as melhores bases científicas, estabelecendo fatos, observando, classificando, descrevendo relações causais e funcionais, apenas para descobrir no final que eu tinha me envolvido em uma rede de reflexões que se estendia bem além da ciência natural e se ramificava pelos campos da filosofia, teologia, religião comparada e ciências humanas em geral. Esta transgressão, tão inevitável quanto suspeita, causou-me não pouca preocupação [...]. Parecia-me que minhas re-

flexões também eram suspeitas em princípio [...]. Não há nenhum outro meio no qual a psicologia possa se refletir: ela só pode retratar-se a si mesma em si mesma, e descrever-se a si mesma. Isto, logicamente, é também o princípio do meu próprio método: ele é, no fundo, um processo puramente experiencial (1946b, § 421).

Tudo o que ele podia fazer era "comparar ocorrências psíquicas individuais com fenômenos coletivos obviamente relacionados" (1946b, § 436). "O que eu pratiquei é simplesmente uma fenomenologia comparativa da mente, nada mais [...]. *Há apenas um método: o método comparativo*" (*Jung Speaking*, 1977, p. 220; itálicos meus). Consequentemente, o "psicólogo comparativo" não pode deixar de se valer "mesmo das analogias mais óbvias e superficiais, por mais fortuitas que possam parecer, pois elas servem como pontes para associações psíquicas" (1959, § 900).

No âmago da questão está o fato de que nada do que os humanos dizem sobre si mesmos é autorreferencial, faltando, como Jung afirmou numerosas vezes, um "ponto de Arquimedes" exterior, a partir do qual conclusões objetivas pudessem ser extraídas[51]. Em outras palavras, na psicologia (assim como na filosofia), o observador e o observado coincidem. Este é um ponto central na filosofia de Schopenhauer:

> Mesmo na autoconsciência, o eu não é absolutamente simples, mas consiste de um conhecedor (o intelecto) e um conhecido (a vontade); o primeiro não é conhecido e o segundo não conhece, embora os dois confluam na consciência de um eu. Mas devido justamente a isso, o eu não é completamente íntimo de si mesmo, não transparece, por assim dizer, mas sim é opaco, e, portanto, permanece um enigma para si mesmo (1844 [1969], vol. 2, p. 196).

---

51. Cf. lista de referências em Jung e Schmid (2013, p. 15-16).

Schopenhauer compara a condição humana a uma árvore:

> A natureza humana se divide em *vontade* e *representação*; a primeira é a raiz, a segunda é a copa. *O* eu é seu ponto de indiferença[52], que unifica as duas e é parte de ambas [...]. É o ponto em que o ser-em-si e sua aparência se encontram: como um ponto indivisível, ele pertence em partes iguais ao intelecto e à vontade, e isso explica o milagre κατ' εξοχην[53], isto é, que aquilo que quer e aquilo que conhece são um só e o mesmo (1966-1975 [1985], p. 179-180).

"O eu – que questão peculiar ele é!" Jung se maravilha nestas palestras. Versado em Kant e em Schopenhauer, ele viu o problema claramente: "A psique [*Seele*] é o começo e o fim de toda cognição [*Erkennen*]. Ela não é apenas o objeto de sua ciência, mas também o sujeito. Isso dá à psicologia um lugar único entre todas as outras ciências; por um lado, há uma dúvida constante sobre a possibilidade de ela sequer ser uma ciência, enquanto que por outro lado a psicologia adquire o direito de postular um problema teórico cuja solução será uma das tarefas mais difíceis para uma futura filosofia [sic!]" (1936 [1937], § 261).

Como Schopenhauer havia colocado:

> Nós não somos apenas o sujeito cognoscente, mas [...] somos nós próprios a coisa em si. Consequentemente, um caminho a partir de dentro se nos abre para a real natureza das coisas, que não podemos penetrar de fora. É, por assim dizer, uma passagem subterrânea, uma aliança secreta que, como que por uma traição, nos coloca subitamente dentro da fortaleza que não poderia ser tomada mediante um ataque de fora. Precisamente enquanto tal, a coisa em si pode vir à consciência apenas muito diretamente, isto é, ao se tornar ela própria consciente de si; tentar conhecê-la objetivamente é desejar algo contraditório. Tudo o que é objetivo é representação, consequentemente aparência. (1844 [1969], p. 195).

---

52. Ou seja, o "rizoma, o ponto em que eles se encontram no nível do chão" (2013, p. 15-16).

53. *kat' exochen* em grego – *par excellence*.

Se substituirmos "coisa em si" por "inconsciente", isto bem poderia ter sido escrito por Jung. A psicologia como uma ciência consciente é o esforço da alma/psique para se autocompreender. É uma "ciência mediadora, e só isto é capaz de unificar a ideia e a coisa sem fazer violência a nenhuma das duas" (JUNG, 1921, § 72). Mas a própria condição humana, o "milagre κατ' εξοχην", a identidade do observador e do observado, e os próprios limites inerentes à razão pura, parecem impedir o autoconhecimento final. Existe realmente uma "passagem subterrânea" que pudesse nos colocar dentro da fortaleza de outro modo inexpugnável? A psicologia pode realmente ser uma ciência empírica "ordinária"? Como ela pode evitar se tornar uma psicologia de Munchhausen, puxando-se para fora do pântano pelos próprios cabelos, por assim dizer, ou andando em círculos infinitamente? Ou será realmente possível para a psicologia se tornar a rainha de todas as ciências, sua base, *fons et origo*, de fato "Nietzsche provará estar certo no fim das contas com sua 'scientia ancilla psychologiae'?"[54] (JUNG, 1930b, Introdução).

Por vezes, Jung parecia pensar que de fato há um ponto arquimediano externo ao nosso sistema autorreferencial, a partir do qual mover o mundo da psicologia. Existiria um "objetivo espiritual que aponta para além do homem puramente natural e de sua existência terrena". Não só este objetivo espiritual seria "uma necessidade absoluta para a saúde da alma", ele também representaria "o ponto arquimediano indispensável para que o mundo possa ser movido do seu lugar" (1926 [1924], § 159). O inconsciente é, por definição, não consciente, e como tal incognoscível. O que poderia parecer uma platitude é de fato o problema central da psicologia profunda. Será que algo como "o" inconsciente existe

---

54. "A ciência [é] a serva da psicologia": uma brincadeira em torno da frequente crítica da filosofia como a "serva da teologia" (*philosophia ancilla theologiae*). Nietzsche exigiu que "a psicologia fosse reconhecida como rainha das ciências e que o restante das ciências existe para servi-la e preparar para ela" (1886 [2002], p. 24).

mesmo? Ou é uma hipóstase [ou seja, equivocada atribuição de uma existência substancial e objetiva a uma entidade abstrata, fictícia (N.T.)] inadmissível? Mas, se existe, como podemos esperar conhecê-lo? Não é uma contradição em si?

A resposta "oficial" de Jung e a postura que ele assume nestas palestras na universidade foram sempre que ele estava simplesmente lidando com "fatos" psíquicos, e que, portanto, ele era um empirista, ponto-final. É um fato, por exemplo, que algumas pessoas experienciam fantasmas, espíritos e até conversam com eles, ou que têm visões. A dificuldade, como ele nota nestas palestras, é apenas que "a única garantia que temos de que tais coisas realmente existem é a evidência do eu. As pessoas são confrontadas com elas através do eu, como se algo existisse por trás do eu e de cuja fonte nós somos completamente ignorantes". Em outras palavras: "Eu sou a única prova, pois mais ninguém viu o evento". Contudo, segundo Jung, nós temos que tomar esses relatos, ao menos por ora, por seu valor de face. Algumas pessoas de fato têm tais experiências, Jung repete, e independentemente de essas experiências corresponderem ou não a algo que outros percebam como uma realidade observável, estas representam fatos *psíquicos* incontestáveis e devem ser considerados como tais por uma psicologia digna de seu nome.

Marilyn Nagy nota que "Jung lutou a vida toda para explicar [...] que não pretendia fazer filosofia e que 'a psique é um mundo fenomênico em si próprio, que não pode ser reduzido nem ao cérebro nem à metafísica'". "Muita confusão surgiu na tentativa [...] de compreender a descrição por Jung de si mesmo como um empirista e ao mesmo tempo sua insistência na realidade última da vida psíquica" (1991, p. 1, 20).

Sonu Shamdasani observa que a atitude de Jung em relação a uma abordagem puramente científica/empirista, como oposta a uma atitude filosófica e metafísica, *mudou* com o tempo, notadamente após ter escolhido a psiquiatria como sua profissão:

Entre as conferências de Jung na Zofíngia [grêmio estudantil de que participou nos anos de estudante de medicina, até se graduar em 1900] e suas primeiras publicações, há descontinuidades consideráveis na linguagem, concepções e epistemologia, pois as especulações de grande alcance sobre questões metafísicas, típicas das conferências na Zofíngia, em grande medida desapareceram. Após a descoberta de sua vocação para psiquiatra, ele *parece ter passado por algo como uma conversão a uma perspectiva científico-natural* [...]. [Em 1900] Jung afirmou que iria defender o ponto de vista das ciências naturais, nas quais "se é acostumado a operar apenas com conceitos firmemente definidos". Então se lançou a uma crítica da teologia, da religião e da existência de Deus, o que levou alguém a notar o fato de que ele tinha anteriormente sustentado visões tão positivas destes temas, as quais agora abandonara" (SHAMDASANI, 2003, p. 201; itálicos meus).

O ponto de virada crucial nessa "conversão" parece ter sido sua experimentação com Helene Preiswerk: "Esta foi uma grande experiência que aniquilou toda a minha filosofia anterior e me tornou possível alcançar um ponto de vista psicológico. Eu tinha descoberto alguns fatos objetivos sobre a psique humana" (*Memories*, p. 128)[55].

Pode-se questionar, porém, se essa mudança de orientação perdurou. Nas *Memórias*, Jung falara sobre sua "dicotomia interior" (p. 91), o "jogo alternado das personalidades n. 1 e n. 2 que persistiu por toda a minha vida" (p. 62). Embora ele fosse rápido em asseverar que isto "nada tinha a ver com uma 'cisão' ou dissociação no sentido médico ordinário", e que este par de opostos "se desenrola em todo indivíduo" (p. 62), parece seguro presumir que esta dicotomia era particularmente distinta no seu caso. O *Fausto*

---

55. Para um estudo detalhado do impacto das sessões com Helene Preiswerk, "que serviu como um ímpeto para a minha vida futura", conforme Jung recordou em 1925 (2012 [1925], p. 3), cf. Shamdasani, 2015.

de Goethe foi como que uma revelação: "O *Fausto* [...] me traspassou de um modo que eu não poderia considerar senão como pessoal [...]. Fausto, o filósofo inepto, obtuso, encontra o lado escuro do seu ser, sua sombra sinistra, Mefistófeles, que a despeito de sua disposição negativa representa o verdadeiro espírito da vida [...]. Minhas próprias contradições interiores apareceram aqui de uma forma dramatizada. [...] A dicotomia de Fausto – Mefistófeles se reuniu dentro de mim numa única pessoa [...]. Eu fui diretamente impactado, e reconheci que isso era meu destino" (p. 262). Na teoria de Jung, esta dicotomia se refletiu em sua postura oscilante rumo a uma abordagem filosófica e metafísica *versus* uma perspectiva científico-natural. Embora a psiquiatria, e depois a psicologia, parecessem oferecer uma saída deste dilema, ele permaneceu aprisionado nele: Queria criar uma ciência dos sonhos, mas acabou no sonho de uma ciência.

Jung se queixou repetidamente de ser constantemente malcompreendido, e que apenas uns "poucos escolhidos" eram capazes de entender o que ele estava tentando transmitir: "Há apenas uns poucos inspirados pelos céus que me entendem" (*Jung Speaking*, p. 221). Por outro lado, encontramos também pistas frequentes de que há na verdade mais coisas nesta história, que ele escondeu algo, que ele não contou tudo o que sabia, ou parecia saber, para não ser visto como "louco", ou até de que a linguagem que ele usou era deliberadamente obscura. Foi sua explícita "intenção escrever de um modo que os tolos fiquem com medo e só os verdadeiros estudiosos e buscadores gostem de lê-lo" (carta a Wilfred Lay, 20 de abril de 1946. In: SHAMDASANI, 2000). "A linguagem que eu uso deve ser ambígua ou equívoca para fazer justiça ao duplo aspecto da natureza psíquica. Eu tento deliberada e conscientemente usar formulações ambíguas, porque elas são superiores às não ambíguas, e correspondem melhor à natureza da [nossa] existência" (*Memórias*, apenas na edição alemã, p. 375).

"Tudo o que é profundo ama a máscara", Nietzsche tinha escrito (1886 [2002], p. 38), "as coisas mais profundas têm mesmo ódio a imagens e símiles. Não deveria o *oposto* ser o disfarce adequado para que o pudor de um deus se apresentasse? Jung foi um daqueles que estão "escondidos neste caminho", alguém que "*quer e solicita que uma máscara ande em seu lugar*"? (p. 38).

Mas é mesmo necessária uma linguagem obscura e ambígua para investigar e descrever a complexidade, os aspectos dúplices de um tema? Nessas palestras, por exemplo, Jung fez uma descrição lúcida e absolutamente clara do que chamou de a "tremenda tensão entre os dois polos" na condição humana.

Eis o que Jung disse sobre si mesmo e sua personalidade:

> Eu tenho intuições sobre o fator subjetivo, o mundo interior. Isso é muito difícil de entender porque o que vejo são as coisas mais incomuns, e não gosto de falar sobre elas porque não sou tolo. Eu estragaria o meu próprio jogo se dissesse o que vejo, porque as pessoas não entenderão [...]. Portanto, você vê, se eu fosse falar do que realmente percebo, praticamente ninguém me entenderia. Aprendi a guardar as coisas para mim mesmo, e você dificilmente me ouvirá falar destas coisas. Esta é uma grande desvantagem, mas por outro lado uma enorme vantagem, não falar das experiências que tenho a esse respeito e também nas minhas relações humanas. Por exemplo, eu entro na presença de alguém que não conheço, e subitamente tenho imagens interiores, e essas imagens me dão uma informação mais ou menos completa sobre a psicologia do interlocutor. Pode também acontecer de eu entrar na presença de alguém que não conheço absolutamente nada, desde o tempo de Adão, e tomo conhecimento de um aspecto importante desta pessoa, e não estou consciente disso e conto a história, e o desastre é inevitável. Portanto, eu tenho, em certo sentido, uma vida muito difícil, embora seja das mais interessantes, mas é muito difícil alguém ganhar a minha confiança. [Entrevistador: *Sim, pois você diz temer que as pessoas pensem que você é doente.*] [Jung:] As

coisas que são interessantes para mim, ou vitais para mim, são totalmente estranhas para o indivíduo comum (*Jung Speaking*, p. 309-311).

Um autodiagnóstico impressionante, poderia ser dito, se – bem, se eu não tivesse me dado a liberdade de usar uma pequena astúcia ao substituir, nesta citação, o termo "introvertido intuitivo" pela primeira pessoa do singular. Mas Jung se descreveu tantas vezes como um introvertido intuitivo que eu penso que estamos justificados em aplicar esta descrição a ele próprio, e que ele pode mesmo ter pregado uma peça maliciosa em seu entrevistador ao fornecer algum (e novamente velado!) *insight* sobre sua própria personalidade.

Estas palestras, porém, são um contraexemplo perfeito de sua intenção de espantar os tolos, e podem servir como um contraste (se não chegarmos ao ponto de vê-las como um exemplo de como Jung "instintivamente precisa(va) falar para calar e resguardar" (NIETZSCHE, 1886 [2002], p. 38]). Aqui, Jung estava muito preocupado em ser popular; isto é, inteligível a todos, falando em termos do leigo. "Você perguntou", uma mulher lhe escreveu, "se suas explicações seriam populares o bastante", e ela lhe assegurou que muitos acharam as palestras até "populares demais"! Aqui, ele foi o professor de universidade, tendo finalmente assegurado, após um longo e difícil desvio, uma posição acadêmica prestigiosa e cobiçada. Ele tentou confrontar sua plateia com "fatos" simples e observáveis, mas fatos que eram tão estranhos e peculiares que ele poderia assim prepará-la para um reconhecimento e uma discussão de um mundo muito diferente do que ela reconhecia prontamente como "real".

Para esta finalidade, Jung devotou muito tempo na segunda metade da discussão a dois estudos de caso históricos exemplares, o de Friederike Hauffe (a "Vidente de Prevorst") e a médium de Flournoy, Catherine-Elise Müller, também conhecida como "Hélène Smith". Ele se empenhou muito em enfatizar repetidamente que os mecanismos psíquicos que podiam ser estudados nesses casos não eram, de modo algum, excepcionais ou encontrados apenas em tais "casos limítrofes", mas que eram universais. Porque Hauffe e Müller exibiam certos traços e mecanismos em um grau extremo, porém, tais mecanismos podiam ser estudados isoladamente com a ajuda desses casos. Não obstante, eles existem em todo ser humano, incluindo-se os membros de sua plateia, como ele não se cansou de apontar: "Vocês simplesmente não estão cientes de que os seus próprios casos também exibem todos estes fatos básicos, apenas eles ficam escondidos no fundo escuro de sua psique [...]. As ideias que eu apresentei nas minhas palestras, com base neste caso, já foram publicadas, e não é culpa minha se elas não são conhecidas mais amplamente!" Outra razão para escolher esses casos foi que Jung não esteve envolvido neles "minimamente; de outro modo, alguém diria: 'Bem, é claro, ele simplesmente influenciou a mente da paciente!" E ele de novo enfatiza: "Não é nada mais do que um fato absolutamente básico sobre a alma humana; é conhecido em todo o mundo, e se nós não o conhecemos, os cretinos somos nós!"

É verdade que Jung intercalou suas palestras com todos os tipos de histórias de sua própria prática; por exemplo, a da paciente que "estava tão preocupada com os problemas psicológicos dela que uma vez se sentou em um banco à beira do lago para pensar neles, embora o termômetro mostrasse -6°C. Ela se sentou lá por duas horas e ficou surpresa por ter de pagar por sua loucura com um resfriado severo, inflamação da bexiga etc." Ou a da "garota" neurótica "que tinha desfrutado da melhor educação e que levava uma vida extremamente protegida", mas que, quando agitada, "para o choque de seus pais [...] proferia uma torrente dos palavrões mais inacreditáveis, pelos quais até um carroceiro poderia se orgulhar de si mesmo". Mas ele usava estas anedotas apenas para ilustrar argumentos, frequentemente de uma maneira divertida, que ele já havia apresentado com a ajuda de outro caso que não era dele.

Similarmente, nós encontramos várias anedotas sobre povos indígenas que ele chamava de "primitivos", os quais expressariam claramente certas peculiaridades da psique humana que muitas vezes estavam escondidas no homem "moderno" e educado, com sua orientação unilateral. Estas observações sobre os "primitivos" podem nos chocar como um tanto condescendentes, ou até racistas, de uma perspectiva contemporânea, e embora Jung também sublinhasse a sabedoria e perceptividade dos "primitivos" – como na observação tantas vezes citada do "Lago da Montanha" [alcunha de Ochwiay Biano, chefe pueblo que Jung conheceu em viagem ao Novo México (N.T.)] de que os norte-americanos eram loucos porque diziam pensar com suas cabeças –, isto pode ser sentido como apenas sublinhando a convicção subjacente da "primitividade" deles. Devemos ter em mente, porém, que Jung estava em boa companhia, por assim dizer, e que nossas visões contemporâneas, e também nossa terminologia, passou por mudanças radicais desde aquela era (e provavelmente não são tampouco inalteráveis).

Com sua estratégia, Jung pôde matar dois coelhos com uma só cajadada. Primeiro, ele pôde se apresentar como um professor universitário "objetivo", que tinha uma visão aparentemente isenta do campo, e um julgamento justo de várias teorias e sistemas de pensamento diferentes, assim preenchendo as exigências de uma universidade e do ensino acadêmico. Segundo, ao mesmo tempo ele pôde estabelecer o *background* de suas próprias visões e situar-se firmemente em uma linhagem de proeminentes pensadores ao longo dos séculos. Quase imperceptível a princípio, mas se tornado cada vez mais claro, isso sugeria que sua teoria era o ponto de culminância, ao menos provisoriamente, daquilo com que tantos grandes filósofos e psicólogos – de Descartes, passando por Leibniz, Locke, Hume, Kant, Hegel, Schopenhauer, Nietzsche etc., até Freud – haviam lutado, embora alcançando apenas vislumbres do grande quadro.

Este relato também oferece uma correção crítica dos relatos freudocêntricos sobre o desenvolvimento da obra de Jung, que já estavam em circulação na época. A detalhada taxonomia da consciência que ele apresenta mais ao fim destas palestras é certamente um clímax. Curiosamente, e embora afirmasse que esse diagrama era "o resultado de muita deliberação e comparação", e "o fruto de encontros com pessoas de todos os quadrantes, de muitos países e continentes", ele não está documentado em nenhuma de suas obras publicadas. A principal questão que o diagrama aborda é: Onde incide a luz da consciência? Ao apresentá-lo, Jung notou que as dificuldades que tinha encontrado com seu projeto de uma tipologia psicológica o levaram a empreendê-lo. Colocando em termos simples, trata-se de outra tentativa de explicar o fato de que as pessoas constantemente não se entendem, e de fato se desentendem, umas às outras. De acordo com sua tipologia, isto se deve, por exemplo, a uma pessoa ser do tipo pensamento introvertido e a outra, do tipo sentimento extrovertido. Nessa nova classificação, isso seria porque uma pessoa viveria na Direita III, e a outra, na Esquerda IV, por exemplo. E embora mudanças de posição nesse diagrama possam ocorrer individualmente no curso de uma vida, ou historicamente, com o advento de uma nova era, em geral tais pontos de vista estão "gravados na pedra", como Jung diz, e "é extremamente raro que alguém se disponha a abandonar a posição presente de sua consciência. Uma vez que a consciência tenha reclamado um certo ponto de repouso, ela dificilmente pode ter sua localização alterada". Além do mais, enquanto *outros* podem ver um potencial em nossa posição do qual nós mesmos não estamos conscientes, somos incapazes de lhes compreender a mensagem: "Um tipo intuitivo, é verdade, vê dezenas de possibilidades em outras esferas, mas não vai de fato até lá para experimentá-las. Por exemplo, ele vê uma pessoa vivendo na Direita IV porque ela lhe aparece a partir da posição estratégica dele na Esquerda III. Consequentemente, o intuitivo pode ver muito do que o homem na Direita IV não está ciente, mas o que ele diz é ininteligível para este homem porque ele não sabe que Esquerda III sequer existe".

Podemos nos perguntar por que Jung nunca publicou esse "resultado de muita deliberação", ainda mais porque esta nova "tipologia" não desvalorizaria nem excluiria a anterior, mas lhe seria, pelo contrário, um *complemento* perfeito. Como Jung também assinala nessas palestras, essa nova classificação "se refere exclusivamente às mudanças da consciência, à sua *localização*", enquanto que a tipologia de intro e extrovertidos e das quatro funções nos mostra "a qualidade da personalidade que é o *sustentáculo* desta consciência".

Tipos psicológicos (1921) teve um longo tempo de gestação, de cerca de uma década. Na sequência da publicação original de *Transformações [e Símbolos da libido* (N.T.)] (1911/1912), Jung tentou dar conta das "incontáveis impressões e experiências de um psiquiatra", de suas "relações pessoais com amigos e inimigos" e da "crítica da [sua] própria peculiaridade psicológica" (1921, p. xi), mas também do "dilema" no qual ele foi colocado pelas diferenças entre as teorias de Freud, de Adler e dele próprio. Agora, novamente mais de uma década depois, ele apresentava outra classificação, que também pode ser vista como uma tentativa de responder precisamente àquelas questões.

Só podemos especular sobre o porquê de Jung não ter considerado necessário apresentar em suas obras publicadas tal classificação meticulosamente pensada. Pensou que ela não era importante o bastante? Ele a concebeu para este público específico, ou seja, para iniciantes, como algo que poderia pavimentar o caminho e prepará-los para uma compreensão de sua tipologia madura? (À qual de fato dedicou dois semestres inteiros, o semestre de inverno de 1935/1936 e o semestre de verão de 1936.) Ele a considerou um fracasso? Ou seus interesses na época, de modo geral, não mais focalizavam tais tentativas classificatórias, já estando em outras coisas?

Seja como for, encontramos aqui um Jung que não conhecíamos antes. Não em seus seminários, de acesso restrito, os participantes precisavam de permissão pessoal de Jung para assistir, e alguma familiaridade básica com seus conceitos era pressuposta. Não em entrevistas dadas a jornais e revistas populares, e não em falas perante vários grupos de leigos, nos quais ele estava muito mais limitado em seu tempo e possibilidades. Aqui, porém, diante de uma plateia de centenas de pessoas de todos os quadrantes, em encontros semanais durante vários anos, ele pôde desenvolver e expor, em detalhes e em termos "populares", os temas e conceitos que lhe eram caros. Só posso esperar que os leitores deste volume desfrutem deste "Jung desconhecido" tanto quanto eu desfrutei ao preparar este texto para publicação.

Agradecimentos

A preparação para publicação destas palestras, a partir de milhares de páginas de notas de ouvintes, teve uma longa gestação. Como um complexo quebra-cabeça reunido por numerosas mãos ao longo de muitos anos, este trabalho não teria sido possível sem as contribuições de muitos indivíduos merecedores de agradecimento. A Fundação Philemon sob seus ex-presidentes Steve Martin e Judith Harris, ex-copresidente, Nancy Furlotti, e atual presidente, Richard Skues, foi responsável por este projeto desde 2004. Sem a contribuição de seus doadores, nenhum trabalho editorial teria sido possível nem se concretizado. A partir de 2012 o projeto foi e continua sendo apoiado por Judith Harris na UCL. De 2004 a 2011, o projeto foi apoiado principalmente por Carolyn Fay, pelo C.G. Jung Educational Center de Houston, pela MSST Foundation e pela Furlotti Family Foundation. O projeto também foi apoiado por bolsas de pesquisa da International Association for Analytical Psychology em 2006, 2007, 2008 e 2009.

Esta publicação foi iniciada pela antiga Sociedade dos Herdeiros de C.G. Jung (agora a Fundação das Obras de C.G. Jung), entre 1993 e 1998. Desde o início, Ulrich Hoerni esteve envolvido em quase todas as fases do projeto, ativamente apoiado, entre 1993 e 1998, por Peter Jung. O comitê executivo da Sociedade dos Herdeiros de C.G. Jung liberou os manuscritos para publicação. No ETH de Zurique, o ex-responsável pelos arquivos Beat Glaus disponibilizou manuscritos e transcrições supervisionadas. Ida Baumgartner e Silvia Bandel transcreveram notas estenográficas das palestras; C.A. Meier forneceu informações gerais sobre as palestras; Marie-Louise von Franz forneceu informações sobre a edição dos manuscritos por Barbara Hannah; Helga Egner e Sonu Shamdasani deram orientação editorial; nos Arquivos da Família Jung, Franz Jung e Andreas Jung disponibilizaram manuscritos e materiais correlatos; nos Arquivos do Clube Psicológico, o ex-presidente, Alfred Ribi, e a bibliotecária, Gudrun Seel, disponibilizaram as notas das palestras; Sonu Shamdasani encontrou notas de Lucy Stutz-Meyer. Rolf Auf der Maur e Leo La Rosa forneceram orientação legal e administraram contratos.

Em 2004, a Fundação Philemon assumiu o projeto, em colaboração com a Sociedade dos Herdeiros de C.G. Jung e, desde 2007, com a organização sucessora desta, a Fundação das Obras de C.G. Jung, e com os Arquivos do ETH de Zurique. Na Fundação das Obras de C.G. Jung, Ulrich Hoerni, ex-presidente e diretor-executivo, Daniel Niehus, presidente, e Thomas Fischer, diretor-executivo, supervisionaram o projeto, e Ulrich Hoerni, Thomas Fischer e Bettina Kaufmann, assistente editorial, revisaram o manuscrito. Desde 2007, Peter Fritz, da Paul & Peter Fritz Agency, tem sido o responsável pela gestão dos contratos. Nos Arquivos do ETH de Zurique, Rudolf Mumenthaler, Michael Gasser, ex-diretores, Christian Huber, diretor, e Yvonne Voegeli disponibilizaram manuscritos e documentos correlatos. Nomi Kluger-Nash forneceu as notas estenográficas de Rivkah Schärf de algumas das palestras, que foram então transcritas por Silvia Bandel. Steve Martin forneceu as notas estenográficas de Bertha Bleuler de algumas das palestras.

O trabalho editorial foi supervisionado por Sonu Shamdasani, diretor-geral da Fundação Philemon. Entre 2004 e 2011, a fase preparatória da compilação dos manuscritos e do trabalho editorial foi empreendida por Angela Graf-Nold, no antigo Instituto para a História da Medicina, na Universidade de Zurique. A partir de 2012, a compilação e o trabalho editorial foram empreendidos por Ernst Falzeder e Martin Liebscher no Health Humanities Centre e no Departamento de Alemão da UCL.

O organizador deste volume, Ernst Falzeder, agradece aos membros do conselho da Fundação Philemon, com particular gratidão a Judith Harris; a Angela Graf-Nold, por fornecer o terreno preparatório onde ele pôde construir; a Mark Kyburz e John Peck, que estabeleceram uma primeira tradução com base na versão preliminar de Graf-Nold; à equipe da Princeton University Press, que sempre foi prestativa e presente na construção por vezes difícil e atrasada deste livro, em particular a Fred Appel, diretor-executivo, Jay Boggis, revisor, Karen Carter, gestora de projetos, que dedicaram muito tempo a este projeto, a Virginia Ling, que criou o índice; a Gertrude Enderle-Burcel, sociedade austríaca pela pesquisa histórica; Erika Gonsa; Thomas Fischer; Ulrich Hoerni; Martin Liebscher; Christine Maillard, Universidade de Estrasburgo; Sonu Shamdasani; Tony Woolfson; Gemmo Kosumi; Gerhard Laber; Marina Leitner; aos membros do grupo Phanês (https://phanes.live/): Anna Dadaian, Alessio De Fiori, Gaia Domenici, Matei Iagher, Armelle Line-Peltier, Tommaso A. Priviero, Quentin Schaller, Florent Serina, Josh Torabi, e Dangwei Zhou; e à comunidade do fórum de tradutores de http://dict.leo.org/forum/.305938ONA_

Abreviações

Principais referências bibliográficas

CW = *The Collected Works of C.G. Jung*. Org. Sir Herbert Read, Michael Fordham, Gerhard Adler. Trad. R.F.C. Hull. Princeton: Bollingen Series, Princeton University Press, 1953-1983. 21 vols. [*Obra Completa de C.G. Jung*. Petrópolis: Vozes, 2011].

Hannah = *Barbara Hannah (1938 [1959])*. *Modern Psychology*. Vols. 1 e 2: *Notes on Lectures Given at the Eidgenössische Technische Hochschule, Zürich, by Prof. Dr. C.G. Jung. October 1933-July 1935* [2. ed., 1959. Zurique: mimeografia datolografada].

Jung Speaking = *C.G. Jung Speaking: Interviews and Encounters*. Org. William McGuire e R.F.C. Hull. Bollingen Series XCVII. Princeton: Princeton University Press, 1977.

Memories = *C.G. Jung Memories, Dreams, Reflections* [*Memórias, Sonhos, Reflexões*]. Registradas e editadas por Aniela Jaffé, 1962. Trad. Richard e Clara Winston. Londres: Fontana Press, 1995.

Planet Mars = Théodore Flournoy (1900 [1899]). *Des Indes à la planète Mars* – Étude sur un cas de somnambulisme avec glossolalie. Paris/Genebra: F. Alcan, C. Eggimann. • *From India to the Planet Mars, a Study of Somnambulism with Glossolalia* – Die Seherin von Genf. Prefácio de Max Dessoir. Tradução autorizada. Leipzig: Felix Meiner Verlag, 1914. • *From India to the Planet Mars*: A case of Multiple Personality with Imaginary Languages. Prefácio de C.G. Jung e Comentário de Mireille Cifali.

Trad. Daniel B. Vermilye. Com edição e introdução por Sonu Shamdasani. Princeton: Princeton University Press, 1994.

Protocols = Protocolos das entrevistas de Aniela Jaffé, com Jung para *Memórias, sonhos, reflexões*. Washington DC: Library of Congress [em alemão].

Seeress = Justinus Andreas Christian Kerner (1829). *Die Seherin von Prevorst* – Eröffnungen über das innere Leben und über das Hineinragen einer Geisterwelt in die unsere. 2 vols. Stuttgart/Tubingen: J.G. Cotta'sche Buchhandlung, 1829 [4. ed. revista e ampliada. Stuttgart/Tubingen: J.G. Cotta'scher Verlag, 1846. • Reimpressão: Kiel: J.F. Steinkopf Verlag, 2012. • *The Seeress of Prevorst, Being Revelations concerning the Inner-Life of Man, and the Inter-Diffusion of a World of Spirits in the One We Inhabit*. Trad. Catherine Crowe. Londres: J.C. Moore, 1845. Reimpressão digital: Cambridge: Cambridge University Press, 2011].

Transformations = JUNG, C.G. (1911/1912). "Wandlungen und Symbole der Libido". *Jahrbuch für psychoanalytische und psychopathologische Forschungen*, 3(1), 1911, p. 120-227; 1912, 4 (1), p. 162-464. Em forma de livro: Leipzig: Deuticke, 1912. Reimpressão: Munique: Deutscher Taschenbuch Verlag, 1991. Em forma revisada (1950) e sob novo título: *Symbole der Wandlung* – GW 5 [*Símbolos da transformação*, OC 5].

Types = JUNG, C.G. *Psychologische Typen* (1921) – GW 6 [*Tipos psicológicos* – OC 6].

Cronologia, 1933-1941

Compilada por Ernst Falzeder, Martin Liebscher e Sonu Shamdasani

Data	Eventos na carreira de Jung	Eventos mundiais
1933		
Janeiro	Jung prossegue seu seminário em inglês, nas manhãs de quarta-feira.	
30 de janeiro		Hitler é nomeado chanceler do Reich na Alemanha pelo Presidente Paul von Hindenburg.
Fevereiro	Jung faz palestras na Alemanha (Colônia e Essen) sobre "A importância da psicologia para o homem atual" (OC 10/3).	
27 de fevereiro		Incêndio do Reichstag em Berlim. O incêndio, possivelmente uma "operação de bandeira falsa", foi usada como evidência pelos nazistas de que os comunistas estavam conspirando contra o governo alemão, e o evento é considerado um pivô no estabelecimento da Alemanha nazista. Muitas prisões de esquerdistas. Em 28 de fevereiro, os direitos básicos mais importantes da República de Weimar foram suspensos.

Data	Eventos na carreira de Jung	Eventos mundiais
4 de março		"Autodissolução" do Parlamento Austríaco, e regime autoritário sob o chanceler Engelbert Dollfuss.
5 de março		Nas eleições federais alemãs, os Nacional-socialistas se tornam o partido mais forte com 43,9% dos votos.
13 de março a 6 de abril	Jung aceita o convite de Hans Eduard Fierz para acompanhá-lo em um cruzeiro pelo Mediterrâneo, incluindo uma visita à Palestina.	
18/19 de março	Atenas. Visita o Partenon e o teatro de Dionísio.	
23 de março		O Parlamento alemão aprova a *Ermächtigungsgesetz* (Lei de Concessão de Plenos Poderes), segundo a qual o governo está autorizado a impor leis sem o consentimento do Parlamento ou do presidente do Reich – um autodesempoderamento do Parlamento.
25-27 de março	Jung e Fierz visitam Jerusalém, Belém e o Mar Morto.	
28-31 de março	Egito, com visitas a Gizé e Luxor.	
Março a junho		Franklin D. Roosevelt inicia o New Deal.
1º de abril		Boicote nacional a lojas judias na Alemanha.

5 de abril	Via Corfu e Ragusa o *General von Steuben* chega a Veneza, onde Jung e Fierz pegam o trem para Zurique.	
6 de abril	Ernst Kretschmer renuncia à presidência da Sociedade Médica Geral Internacional de Psicoterapia (IGMSP) em protesto contra "influências políticas". Jung, como vice-presidente, aceita a presidência e o cargo de editor interinos da revista da entidade, a *Zentralblatt für Psychotherapie*.	
7 de abril		O Parlamento alemão aprova uma lei que exclui judeus e dissidentes da administração pública.
22 de abril		Professores "não arianos" são excluídos de suas organizações profissionais, médicos "não arianos" e "marxistas" são descredenciados do seguro de saúde nacional.
26 de abril		Formação da Gestapo.
1-10 de maio		Proibição de sindicatos na Alemanha.
10 de maio		Queima pública de livros em Berlim e em outras cidades, inclusive livros de Freud.
14 de maio	O Berliner *Börsen-Zeitung*, berlinense, publica "Contra a psicanálise", descrevendo Jung como o reformador da psicoterapia.	

Data	Eventos na carreira de Jung	Eventos mundiais
22 de maio		Sándor Ferenczi morre em Budapeste.
27 de maio-1º junho		O governo alemão impõe a chamada Taxa de Mil Marcos, uma sanção econômica contra a Áustria. Cidadãos alemães têm de pagar uma taxa de 1.000 Reichsmark (ou o equivalente a U$ 5.000 em 2015) para entrar na Áustria.
21 de junho	Jung aceita a presidência da IGMSP.	
26 de junho	Entrevista com Jung na Rádio Berlim, conduzida por Adolf Weizsäcker.	
26 de junho-1º de julho	Jung faz o "Seminário de Berlim" aberto por uma palestra de Heinrich Zimmer em 25 de junho.	
14 de julho		"Lei para prevenir a disseminação de doenças hereditárias", que permite a esterilização compulsória de qualquer cidadão supostamente portador de doença hereditária.
14 de julho		Na Alemanha, todos os partidos, com exceção do NSDAP, são banidos ou se autodissolvem.
Agosto	Primeira participação de Jung no encontro de Eranos em Ascona, fazendo uma palestra "Sobre o conhecimento empírico do processo da individuação" (com novo título, OC 9/1).	

15 de setembro	Fundação de uma nova seção alemã da IGMSP, cujos estatutos exigem lealdade incondicional a Hitler. Matthias H. Göring, primo de Hermann Göring [um dos maiores líderes nazistas], é nomeado presidente dela.	
22 de setembro		Lei sobre a "Câmara de cultura do Reich" reforçou a conformidade [*Gleichschaltung*] da cultura em geral, acarretando o banimento ocupacional de judeus e artistas que produzissem arte "degenerada".
7/8 de outubro	Encontro da Academia Suíça de Ciência Médica em Prangins. Jung apresenta uma contribuição sobre a alucinação (*OC* 18/2).	
20 de outubro	Primeira palestra de Jung sobre a "Psicologia Moderna" no ETH.	
5 de dezembro		Revogação da proibição [fim da Lei Seca] nos Estados Unidos com a aprovação da 21ª emenda.
10 de dezembro		Prêmio Nobel de Física para Erwin Schrödinger e Paul A. M. Dirac "pela descoberta de novas formas produtivas da teoria atômica".

Data	Eventos na carreira de Jung	Eventos mundiais
Dezembro	Jung publica um editorial na *Zentralblatt* da IGMSP, no qual contrasta a psicologia "germânica" e a "judaica" (*OC* 10). O mesmo número contém um manifesto de princípios nazistas por Matthias Göring que, por descuido ou de propósito, também aparece na edição internacional, não apenas na alemã, contrariando a vontade de Jung, que ameaça renunciar à presidência, mas acaba ficando.	

Outras publicações em 1933
• "Um exame da psique do criminoso". *OC* 18/1.
• "Sobre a psicologia". Versão revisada em *OC* 8.
• "Bruder Klaus". *OC* 11/6.
• Prefácio a Esther Harding. *The Way of All Women*. *OC* 18/2.
• Resenha do livro de Gustav Richard Heyer *Der Organismus der Seele*. *OC* 18/2.

1934		
20 de janeiro		A "Lei sobre a Ordem do Trabalho" e do "Princípio Führer" na economia da Alemanha.
12-16 de fevereiro		Guerra civil na Áustria, resultando no banimento de todos os partidos e organizações social-democratas, prisões em massa e execuções sumárias.
23 de fevereiro	Última palestra de Jung no ETH no semestre de inverno de 1933/1934.	

27 de fevereiro	Gustav Bally publica uma carta ao editor em *Neue Zürcher Zeitung* ("Psicoterapia de origem alemã?"), na qual critica fortemente Jung por suas supostas inclinações nazistas e visões antissemitas.
Primavera	Começo do estudo sério e detalhado por Jung da alquimia, auxiliado por Marie-Louise von Franz.
13-14 de março	Jung publica uma réplica a Bally em *NZZ* ("Atualidades", *OC* 11/6).
16 de março	Publicação de B. Cohen. "Is C.G. Jung 'Conformed'?" In: *Israelitisches Wochenblatt für die Schweiz*.
21 de março	Último seminário de Jung sobre as visões de Christiana Morgan. Os participantes escolhem prosseguir os seminários em inglês das quartas-feiras de manhã, tendo agora por tema o *Zaratustra* de Nietzsche.
Março/ abril	JUNG, C.G. *The Reality of the Soul*: Applications and Advances of Modern Psychology. Com contribuições de Hugo Rosenthal, Emma Jung e W. M. Kranefeldt.
Abril	Jung publica "A alma e a morte" (*OC* 8/2).

Data	Eventos na carreira de Jung	Eventos mundiais
Abril	Entrevista com Jung: "Does the World Stand on the Verge of Spiritual Rebirth?" [O mundo está à beira de um renascimento espiritual?] (*Hearst's International-cosmopolitan*. Nova York).	
Abril	Jung publica "A situação atual da psicoterapia" na *Zentralblatt* (*OC* 10/3).	
20 de abril	Primeira palestra de Jung no ETH no semestre de verão.	
2 de maio	Jung começa o seminário em inglês sobre o Zaratustra de Nietzsche (até 15 de fevereiro de 1939).	
5 de maio	Aula inaugural de Jung no ETH: "Considerações gerais sobre a teoria dos complexos" (*OC* 8/2).	
10-13 de maio	Jung preside o 7º Congresso de Psicoterapia em Bad Nauheim, Alemanha, e repete sua fala sobre a Teoria dos Complexos. Fundação de uma sociedade guarda-chuva para a IGMSP, organizada em grupos nacionais que ficam livres para fazer seus próprios regulamentos. Com base na proposta de Jung, aprovam-se estatutos. Estes (1) providenciam que nenhuma sociedade nacional particular possa reunir mais de 40% dos votos e (2) permitem que indivíduos (ou seja, judeus, que estão banidos da seção alemã) possam se juntar à sociedade internacional como "membros individuais". Jung é confirmado como presidente e editor da *Zentralblatt*.	

29 de maio	James Kirsch, "The Jewish Question in Psychotherapy: A Few Remarks on an Essay by C.G. Jung", no jornal *Jüdische Rundschau*.	
31 de maio		A "Declaração de Barmen", instigada principalmente por Karl Barth [membro da Igreja Reformada da Suíça], repudia abertamente a ideologia nazista. Ela se torna um dos documentos fundadores da Igreja confessante, a resistência espiritual contra o nacional-socialismo.
15 de junho	Erich Neumann, carta ao *Jüdische Rundschau* sobre "The Jewish Question in Psychotherapy", de Kirsch.	
30 de junho-1º de julho		O chamado *putsch* de Röhm. O líder da SA, Ernst Röhm, e outros membros do alto escalão da SA, e supostos oponentes políticos, são executados sob ordens diretas de Hitler. Entre eles, o médico de Röhm, Karl-Günther Heimsoth, membro de longa data da IGMSP e um conhecido pessoal de Jung.
13 de julho	Última palestra de Jung no ETH no semestre de verão.	
25 de julho		Tentativa malograda de *putsch* [golpe] pelos nazistas na Áustria, na qual o chanceler austríaco Engelbert Dollfuss é assassinado.

Data	Eventos na carreira de Jung	Eventos mundiais
29 de julho		Novo governo na Áustria sob o chanceler Kurt Schuschnigg, que tenta controlar o movimento nazista com seu próprio regime autoritário de direita.
2 de agosto		Morte do presidente do Reich, Paul von Hindenburg. Hitler funde sob seu poder a chancelaria e a presidência, bem como assume o comando supremo da Wehrmacht [conjunto das Forças Armadas Alemãs].
3 de agosto	Gerhard Adler. "Is Jung an Antisemite?" In: *Jüdische Rundschau.*	.
Agosto	Encontro de Eranos em Ascona. Jung fala sobre "Os arquétipos e o inconsciente coletivo" (*OC* 9/1).	
1-7 de outubro	Jung dá um seminário na *Société de Psychologie* na Basileia.	
26 de outubro	Primeira palestra no ETH do semestre de inverno de 1934/1935.	

Outras publicações em 1934
• Com M.H. Göring. "Geheimrat Sommer em 70° Aniversário".
Zentralblatt VII.
• Carta circular. *Zentralblatt. OC* 11/6.
• "Um aditamento" a "Atualidades" [réplica a Bally]. *OC* 11/6.
• Prefácio a Carl Ludwig Schleich. *Die Wunder der Seele. OC* 18/2.
• Prefácio a Gerhard Adler. *Entdeckung der Seele. OC* 18/2.
• Resenha de Hermann Keyserling. *La Révolution Mondiale. OC* 10/2.

1935		
	Jung torna-se professor titular no ETH. Jung completa sua torre em Bollingen, acrescentando um átrio e uma logia.	
19 de janeiro	Jung aceita convite para uma palestra na Holanda.	
22 de janeiro	Fundação da seção suíça da IGMSP.	
24 de fevereiro		Suíços estendem o período de treinamento militar.
1º de março		Reintegração do território do Sarre à Alemanha, marcando o começo da expansão alemã sob os nacional-socialistas.
8 de março	Última palestra no semestre de inverno de 1934/1935 no ETH.	
16 de março		O governo alemão viola abertamente pela primeira vez as cláusulas desarmamentistas do Tratado de Versalhes.
26 de março		A Suíça proíbe críticas caluniosas a instituições estatais na imprensa.
27-30 de março	8º Congresso da IGMSP em Bad Nauheim (*OC* 11/6).	
2 de maio		Aliança franco-russa.
3 de maio	Primeira palestra no ETH no semestre de verão de 1935.	
Maio	Jung assiste e fala em um simpósio da IGMSP sobre a psicoterapia na Suíça.	

Data	Eventos na carreira de Jung	Eventos mundiais
5 de junho		O governo suíço introduz um extenso programa de expansão armamentista.
11 de junho		A conferência sobre desarmamento em Genebra se encerra com fracasso.
28 de junho	Publicação da contribuição de Jung no simpósio de maio da IGMSP, "O que é psicoterapia?" In: *Schweizerische Ärztezeitung für Standesfragen* (*OC* 16/1).	
12 de julho	Última palestra de Jung no ETH no semestre de verão.	
Agosto	Palestra em Eranos sobre "Símbolos oníricos do processo de individuação" (In: *OC* 12).	
15 de setembro		Aprovação das chamadas Leis de Nuremberg na Alemanha. Essas leis proíbem o direito de cidadania alemã aos judeus (definidos como todos aqueles que têm 1/4 ou mais de sangue judeu) e a outros "não arianos", e proíbem relações sexuais e conjugais entre alemães e judeus.
30 de setembro a 4 de outubro	Jung faz cinco conferências no Institute of Medical Psychology em Londres, para uma plateia de cerca de cem pessoas (*OC* 18/1).	
Outubro		Conclusão da "Longa Marcha" na China.

2 de outubro	Publicação de "A psicologia do morrer", uma versão reduzida de "A alma e a morte". In: *Münchner Neueste Nachrichten* (*OC* 8/2).	
2-3 de outubro		Invasão italiana da Etiópia.
25 de outubro	Primeira palestra no ETH no semestre de inverno de 1935/1936.	
6 de outubro	Entrevista com Jung. "Man's immortal mind" [A mente imortal do homem]. In: *The Observer*.	
8 de novembro		A Suíça torna mais rigorosas as leis do sigilo bancário (o que leva às contas bancárias numeradas).
Dezembro		Prêmio Nobel da Paz para o jornalista e editor de esquerda alemão Carl von Ossietzky. Hitler proíbe alemães de aceitarem Prêmios Nobel.
15 de outubro	O grupo nacional holandês da IGMSP retira o convite para hospedar o próximo congresso internacional da entidade devido aos eventos na Alemanha nazista. Em sua resposta, Jung afirma que isto "compromete o propósito último de nossa associação internacional" e declara que irá renunciar à presidência, o que, porém, ele não chega a concretizar.	

Data	Eventos na carreira de Jung	Eventos mundiais
Outras publicações em 1935 • *O eu e o inconsciente. OC* 7/2. 7. ed. • Introdução e comentário psicológico a *O livro tibetano dos mortos. OC* 11/5. • "Votum C.G. Jung". *OC* 11/6. • "Editorial" (*Zentralblatt* VIII). *OC* 11/6. • "Nota do editor" (*Zentralblatt* VIII). *OC* 11/6. • "Princípios básicos da prática da psicoterapia". *OC* 16/1. • Prefácio a Olga von Koenig-Fachsenfeld. *Wandlungen des Traumproblems von der Romantik bis zur Gegenwart. OC* 18/2. • Prefácio a Rose Mehlich. *J.H. Fichtes Seelenlehre und ihre Beziehung zur Gegenwart. OC* 18/2.		
1936		
Fevereiro	"A Yoga e o Ocidente" (*OC* 11/5).	
Fevereiro	"Tipologia psicológica" (anexo em *OC* 6).	
27 de fevereiro		Morte de Ivan Pavlov.
Primavera	Formação do Clube Psicológico em Nova York.	
Março	Jung publica "Wotan" no *Neue Schweizer Rundschau* (*OC* 10/2).	
6 de março	Última palestra no ETH no semestre de inverno de 1935/1936.	
7 de março		Forças militares alemãs entram na Renânia, violando os termos do Tratado de Versalhes e dos Tratados de Locarno. Esta remilitarização altera a correlação de forças na Europa da França para a Alemanha.

28 de março		A propriedade da Internationaler Psychoanalytischer Verlag [Editora Psicanalítica Internacional], e todo o seu estoque de livros e revistas é confiscado.
Maio		Fundação do Deutsches Institut für Psychologische Forschung und Psychotherapie em Berlim, encabeçado por M.H. Göring ("Instituto Göring"), com grupos de trabalho de orientação junguiana, adleriana e freudiana. A psicanálise foi tolerada, sob a condição de que sua terminologia fosse alterada.
Maio	"O arquétipo, com referência especial ao conceito de *anima*" no *Zentralblatt* (*OC* 9/1).	
1º de maio	Primeira palestra no ETH no semestre de verão de 1936.	
Julho		Começo da guerra civil espanhola.
10 de julho	Última palestra no ETH no semestre de verão de 1936.	
19 de julho	Jung e Göring participam de um encontro de psicoterapeutas na Basileia com representantes de diferentes escolas de psicologia profunda, entre eles Ernest Jones, pela International Psycho-Analytical Association (IPA).	

Data	Eventos na carreira de Jung	Eventos mundiais
Agosto	Encontro de Eranos; Jung fala sobre "As ideias de salvação na Alquimia" (*OC* 12).	
1-16 de agosto		Jogos Olímpicos em Berlim. Alemães que são judeus ou de etnia romana [vulgarmente chamados de "ciganos"] são virtualmente impedidos de participar.
21-30 de agosto	Jung viaja a bordo do Georgic do Havre a Nova York. Na chegada a Nova York ele divulga um "Comunicado à imprensa sobre a visita aos Estados Unidos", em que apresenta sua posição política – ou, como insiste, apolítica.	
Setembro	Jung faz palestra na *Harvard Tercentenary Conference on Arts and Sciences*, sobre as "Determinantes psicológicas do comportamento humano" (*OC* 8/2), e recebe um grau honorário. Seu convite havia gerado controvérsia.	
12-15 de setembro	Jung é hóspede do bispo anglicano James De Wolf Perry em Providence, Rhode Island. Dirige-se à organização "The American Way", e então vai para Milton, Mass., onde é hóspede de G. Stanley Cobb.	

ca. 19 de setembro	Jung começa um seminário em Bailey Island, com base em sonhos de Wolfgang Pauli.
2 de outubro	Jung faz uma conferência no Plaza Hotel em NYC. A fala é publicada privadamente pelo *New York Analytical Psychology Club* com o título de "O conceito de inconsciente coletivo" (*OC* 9/1).
3 de outubro	Jung deixa Nova York.
4 de outubro	Entrevista com Jung. "Roosevelt 'Great', Is Jung's Analysis". In: *New York Times* (mais tarde publicado sob o título de "O homem de dois milhões de anos").
14 de outubro	Jung faz palestra no Institute of Medical Psychology, Londres, sobre "Psicologia e problemas nacionais" (*OC* 18/2).
15 de outubro	Entrevista com Jung, "Why the World is in a Mess. Dr. Jung Tells Us how Nature Is Changing Modern Woman" [Por que o mundo está uma bagunça. O Dr. Jung nos conta como a natureza está mudando a mulher moderna]. In: *Daily Sketch*.
18 de outubro	Entrevista com Jung, "The Psychology of Dictatorship" [A psicologia da ditadura]. In: *The Observer*.

Data	Eventos na carreira de Jung	Eventos mundiais
19 de outubro	Jung faz palestra na *Abernethian Society*, St. Bartholomew's Hospital, Londres, sobre o conceito de inconsciente coletivo (*OC* 9/1).	
25 de outubro		Tratado secreto de paz entre Alemanha e Itália.
27 de outubro	Jung começa seus seminários no ETH sobre sonhos de crianças com velhos livros sobre a interpretação dos sonhos.	
3 de novembro		Franklin D. Roosevelt é reeleito para seu segundo mandato.
25 de novembro		Pacto anti-Comintern entre Alemanha e o Império do Japão, contra a Terceira Internacional (Comunista).
10 de dezembro		Abdicação de Edward VIII na Inglaterra.
Outras publicações em 1936 • Resenha de Gustav Richard Heyer. *Praktische Seelenheilkunde.* *OC* 18/2.		
1937		
3-5 de janeiro	Jung participa do *workshop* do Köngener Kreis (1-6 de janeiro) em Königsfeld (Floresta Negra, Alemanha), sobre "Grundfragen der Seelenkunde und Seelenführung" [Questões fundamentais do estudo e da condução da alma].	

30 de janeiro		Hitler retira formalmente a Alemanha do Tratado de Versalhes. Isto inclui a Alemanha não mais fazer pagamentos de reparação. Ele exige a devolução das colônias da Alemanha.
23 de abril de 1937	Após um intervalo no semestre de inverno, as palestras de Jung no ETH começam.	
26 de abril		Alemanha e Itália se aliam com Franco e os fascistas na Espanha. Aviões alemães e italianos bombardeiam a cidade de Guernica, matando mais de 1.600 pessoas.
23 de maio		Morte de John D. Rockefeller.
28 de maio		Morte de Alfred Adler em Aberdeen, Escócia.
9 de julho	Última palestra no ETH no semestre de verão de 1937.	
19 de julho		Exibição nazista "Arte degenerada" é inaugurada no Instituto de Arqueologia, em Munique.
Agosto	Conferência em Eranos sobre "As visões de Zósimo" (*OC* 13).	
2-4 de outubro	9º Congresso Médico Internacional de Psicoterapia em Copenhague, sob a presidência de Jung (*OC* 11/6).	

Data	Eventos na carreira de Jung	Eventos mundiais
Outubro	Jung é convidado pela Yale University para apresentar a 15ª série de "Palestras sobre religião à luz da ciência e da filosofia", sob os auspícios da Dwight Harrington Terry Foundation (publicado como *Psicologia e religião. OC* 11/1). • Seminário sobre sonhos (continuação dos seminários em Bailey Island), Clube de Psicologia Analítica. Nova York.	
Dezembro	Jung é convidado pelo governo britânico para participar das comemorações do 25º aniversário da fundação do Indian Science Congress Association na Universidade de Calcutá. Ele é acompanhado por Harold Fowler McCormick Jr. (1898-1973) e viaja pela Índia por três meses.	
13 de dezembro		Nanjing [na China] é tomada pelos japoneses. Nas seis semanas seguintes, as tropas japonesas cometem crimes de guerra contra a população civil, conhecidos como o Massacre de Nanjing.
17 de dezembro	Chegada em Bombaim pelo P & O Cathay.	
19 de dezembro	Jung chega a Hyderabad, onde lhe é outorgado um doutorado honorário pela Universidade Osmania em Hyderabad. Trem noturno para Aurangabad.	

20 de dezembro	Aurangabad: visita a Templo Kailash em Ellora, e Daulatabad.	
21 de dezembro	Visita as cavernas em Ajanta.	
22 de dezembro	Sanchi, Bhopal, visita a Grande Stupa.	
23 de dezembro	Taj Mahal, Agra.	
27 de dezembro	Benares; Jung visita Sarnath.	
28 de dezembro	Jung é laureado com o D. Litt. (Doctor of Letters) Honoris Causa pela Benares Hindu University. • Apresentação do Departamento de Filosofia: "Concepções fundamentais da psicologia analítica". • Hóspede de Alice Boner, intérprete suíça da arte indiana. • Visita o Templo Vishvanatha Śiva Temple.	
29 de dezembro	Calcutá.	
31 de dezembro	Jung viaja a Darjeeling.	

Outras publicações em 1937
"Sobre o diagnóstico psicológico da ocorrência: o experimento da ocorrência no Caso Näf no Tribunal do Júri". *OC* 2.

1938		
1º de janeiro	Conversa por três horas com Rimpotche Lingdam Gomchen no Monastério Bhutia Busty.	
3 de janeiro	Abertura do 25º aniversário da fundação da Indian Science Congress Association na Universidade de Calcutá. • Jung é tratado no hospital de Calcutá.	

Data	Eventos na carreira de Jung	Eventos mundiais
7 de janeiro	Jung é laureado (*in absentia*) com o Doutorado em Direito (*Honoris Causa*) pela Universidade de Calcutá.	
10 de janeiro	Palestra no College of Science, Universidade de Calcutá: "Arquétipos do inconsciente coletivo".	
11 de janeiro	Palestra no Ashutosh College, Universidade de Calcutá: "As concepções da psicologia analítica".	
13 de janeiro	Visita o Templo de Konark ("Pagode Negro").	
21 de janeiro	Visita o Templo Chennakesava (também chamado Templo Kesava) e o Templo de Somanathapur (Mysore).	
26 de janeiro	Jung em Trivandrum. • Palestra na Universidade de Travancore: "O inconsciente coletivo".	
27 de janeiro	Universidade de Travancore: "Desenvolvimentos históricos da ideia do inconsciente".	
28 de janeiro	De balsa ao Ceilão.	
29 de janeiro	Colombo.	
30 de janeiro	De trem para Kandy.	
1º de fevereiro	Retorno a Colombo.	

2 de fevereiro	Embarca no S.S. Korfu para voltar para a Europa.	
12 de março		Anexação da Áustria pela Alemanha nazista.
27 de abril		Edmund Husserl, o filósofo fundador da fenomenologia, morre em Friburgo, Alemanha.
Maio		A Liga das Nações reconhece o *status* neutro da Suíça.
29 de abril	Após seu retorno da Índia, a série de palestras de Jung no ETH recomeça.	
4 de junho		Sigmund Freud deixa Viena. Após uma parada em Paris, ele chega a Londres dois dias depois.
8 de julho	Última palestra no ETH no semestre de verão de 1938.	
29 de julho-2 de agosto	10º Congresso Médico Internacional de Psicoterapia em Balliol College, Oxford, sob a presidência de Jung. • Doutorado honorário da Universidade de Oxford. • "Discurso presidencial" (*OC* 11/6).	
Agosto	Conferência em Eranos sobre "Aspectos psicológicos do arquétipo materno" (*OC* 9/1).	
29 de setembro		Acordo de Munique permite à Alemanha nazista a ocupação imediata dos Sudetos. • Acordo entre Suíça e Alemanha sobre o carimbo dos passaportes de judeus alemães com a letra "J".

Data	Eventos na carreira de Jung	Eventos mundiais
28 de outubro	Primeira palestra no ETH no semestre de inverno de 1938/1939.	
Outubro	O seminário de Jung no ETH sobre a interpretação psicológica de sonhos de crianças começa no período de inverno de 1938/1939.	
9 de novembro		Um estudante suíço de teologia, Maurice Bauvaud, fracassa na tentativa de assassinar Hitler em uma parada nazista em Munique, e é guilhotinado.
9/10 de novembro		Pogrom contra judeus na Alemanha nazista ("Noite dos cristais").
23 de novembro	Jung presta seu testemunho no novo julgamento do caso de assassinato de Hans Näf.	

Outras publicações em 1938
Com Richard Wilhelm. *O Segredo da flor de ouro. OC* 13. 2. ed.
• "Sobre o *Rosarium Philosophorum". OC* 18/2.
• Prefácio a Gertrud Gilli. *Der dunkle Bruder. OC* 18/2.

1939		
Janeiro	"Diagnosticando os ditadores", entrevista com H.L. Knickerbocker. In: *Hearst's International-cosmopolitan.*	
15 de fevereiro	O último dos seminários de Jung sobre o *Zaratustra* de Nietzsche, e, portanto, dos seus seminários regulares em inglês.	
3 de março	Última palestra no ETH no semestre de inverno de 1938/1939.	

28 de março		Madri se rende aos nacionalistas. • Franco declara vitória em 1º de abril.
Abril	Visita o sudoeste da Inglaterra, em conexão com a pesquisa de Emma Jung sobre o Graal.	
4 de abril	Conferência na Royal Society of Medicine em Londres: "A psicogênese da esquizofrenia" (*OC* 3).	
5 de abril	Conferência na Guild of Pastoral Psychology, Londres, sobre "A vida simbólica".	
28 de abril	Primeira palestra no ETH no semestre de verão de 1939.	
Maio	Palestras de Surendranath Dasgupta sobre os *Yoga Sutras* de Patanjali no Clube Psicológico de Zurique. • Entrevista com Howard Philp, "Jung diagnostica os ditadores". In: *Psychologist*.	
Julho	Em um encontro de delegados da Sociedade Médica Geral Internacional de Psicoterapia Jung oferece sua renúncia.	
7 de julho	Última palestra do semestre de verão de 1939.	
Agosto	Conferência de Eranos "Sobre o renascimento" (*OC* 9/1).	
1º de setembro		As tropas da Alemanha nazista invadem a Polônia. • Grã-Bretanha e França declaram guerra à Alemanha dois dias depois. • Início da Segunda Guerra Mundial. • A Suíça proclama neutralidade.

Data	Eventos na carreira de Jung	Eventos mundiais
23 de setembro	Transfere, por segurança, sua família para Saanen, em Oberland Bernês.	Sigmund Freud morre em Londres aos 83 anos.
1º de outubro	O obituário de Jung para Freud é publicado em *Sonntagsblatt der Basler Nachrichten* (*OC* 15).	
3 de outubro	Primeira palestra no ETH no semestre de inverno de 1939/1940.	
Outubro	Começa, no período do inverno de 1939/1940, a série de seminários de Jung no ETH sobre a interpretação psicológica de sonhos de crianças.	

Outras publicações em 1939
• "Consciência, inconsciente e individuação". *OC* 9/1.
• "A Índia: um mundo de sonhos" e "O que a Índia nos pode ensinar". *OC* 10/3.
• Prefácio à *Introdução ao zen-budismo*, de Daisetz Teitaro Suzuki. *OC* 11/5.

1940		
8 de março	Última palestra no ETH no semestre de inverno de 1939/1940.	
9 de abril		Tropas alemãs invadem a Noruega e a Dinamarca.
10 de maio		Invasão alemã na Bélgica, Países Baixos e Luxemburgo.
12 de maio		A França é invadida pela Alemanha.
14 de junho		Tropas alemãs ocupam Paris.
20 de junho	Em uma carta a Matthias Göring, Jung oferece sua renúncia à presidência da Sociedade Médica Geral Internacional de Psicoterapia.	

12 de julho	Jung envia sua carta de renúncia definitiva a M. Göring.	
19 de julho		Hermann Göring é nomeado Reichsmarschall [cargo mais elevado entre todos os oficiais da *Wehrmacht*].
Agosto	Conferência Eranos sobre "Uma interpretação psicológica do dogma da Trindade" (*OC* 11/2).	
7 de setembro-21 de maio de 1941		Ataques aéreos alemães contra Londres ("a Blitz").
29 de outubro	A série de seminários de Jung no ETH sobre sonhos de crianças começa no semestre de inverno de 1940/1941.	
8 de novembro	Primeira palestra no ETH no semestre de inverno de 1940/1941.	

Outras publicações em 1940
Prefácio a Jolande Jacobi. *Die Psychologie von C.G. Jung. OC* 18/2.

1941		
13 de janeiro		Morte de James Joyce em Zurique.
28 de fevereiro	Última palestra no semestre de inverno de 1940/1941.	
2 de maio	Primeira palestra no ETH no semestre de verão de 1941.	
11 de julho	Última palestra de Jung na ETH.	
Agosto	Conferência em Eranos sobre "O símbolo da transformação na missa" (*OC* 11/3).	

Data	Eventos na carreira de Jung	Eventos mundiais
7 de setembro	Apresenta uma conferência sobre "Paracelso como médico" na Sociedade Suíça para a História da Medicina, na Basileia (*OC* 15).	
5 de outubro	Apresenta uma palestra sobre "Paracelso como um fenômeno espiritual", Einsiedeln, no 400° aniversário da morte de Paracelso (*OC* 13).	

Outras publicações em 1941
• *Ensaios sobre uma ciência da mitologia – O Mito da Criança Divina e os Mistérios de Elêusis, em parceria com Karl Kerényi. OC* 9/1.
• "Retorno à vida simples". *OC* 18/2.

Palestra 1

20 de outubro de 1933

Vinte anos atrás, eu renunciei ao meu cargo docente na universidade. Na época, tinha feito palestras por oito anos, claro que com resultados melhores e piores. Por fim, percebi que antes de mais nada é preciso entender alguma coisa de psicologia para ser capaz de dar palestras sobre ela[56]. Eu então me retirei, e viajei pelo mundo, uma vez que nossa esfera cultural simplesmente não consegue nos suprir com um ponto de Arquimedes[57].

Agora, após vinte anos de experiência profissional, estou de volta a um salão de conferências, e tentarei transmitir a vocês uma ideia do campo conhecido como "psicologia". Essa não é de modo algum uma empreitada simples, estou certo de que vocês concordarão. É muito difícil apresentar um campo tão abrangente de uma maneira acessível e concentrada, especialmente porque ela ocupa uma área tão vasta. A alma humana é enormemente complicada, e quase tantas psicologias poderiam ser escritas quantas são as mentes existentes. Algumas psicologias abordam problemas

---

56. Como *Privatdocent* na Universidade de Zurique, Jung dera palestras ali entre 1905 e 1913. Ele renunciara "conscientemente, deliberadamente", sentindo que tinha de fazer uma "escolha entre continuar minha carreira acadêmica [...] ou seguir as leis da minha personalidade interior". Teria sido "injusto continuar ensinando jovens estudantes quando minha própria situação intelectual não era senão uma massa de dúvidas" (*Memories*, p. 218-219).

57. Ou seja, um ponto fixo exterior à nossa própria esfera, oferecendo "a possibilidade de mensuração objetiva" (JUNG, 1926 [1924], § 163). Jung repetidamente enfatizou que em psicologia não existe essa perspectiva externa. Para mais referências a isso, cf. Jung e Schmid, 2013, p. 15-16.

altamente especializados, como aqueles concernentes à biologia ou ao indivíduo.

A cada ano, a Clark University em Worcester, Massachusetts, publica um pesado tomo, com cinco centímetros de espessura, e intitulado *Psychologies of 1933* etc.[58] Devo então traçar um caminho em meio a este inacreditável caos de opiniões. Não falei à geração mais jovem por cerca de vinte anos. Consequentemente, receio que por vezes possa me equivocar. Se isso ocorrer, pediria que vocês me mandassem suas questões por carta. Mas, por favor: dentro do escopo destas palestras, ao invés de abordar o futuro das moedas europeias, por exemplo, ou as perspectivas do nacional-socialismo etc.

Chamei a psicologia que me proponho a discutir nessas palestras de "Psicologia moderna". Escolhi esse título geral porque as questões em foco são de natureza muito geral. Ao invés de tratar de doutrinas específicas, meu objetivo é pintar um quadro baseado na experiência imediata para descrever o desenvolvimento de ideias psicológicas modernas.

A psicologia não passou a existir de uma hora para outra; pode-se dizer que ela é tão velha quanto a própria civilização. Obviamente, a psicologia sempre esteve entre nós, desde que a vida humana, mentes, personagens e manifestações psicológicas extraordinárias existem. Em tempos antigos, houve uma ciência da astrologia, que sempre apareceu no rastro da cultura em todo o mundo. É um tipo de psicologia, e a alquimia é outra forma inconsciente. Essa é uma forma extremamente peculiar, uma chamada psicologia projetada, na qual a psique é vista como inteiramente exterior ao homem, e é projetada nas estrelas ou na matéria[59].

---

58. Clark University, claro, sendo a universidade em que Jung e Freud deram palestras em 1909 e receberam o doutorado *honoris causa* em Direito (cf. ROSENZWEIG, 1992; BURNHAM, 2012). A série foi organizada por Carl Murchison e publicada pela Clark University Press. Worcester, MA. O primeiro volume de que se tem registro é de 1925.

59. Cf. Jung, 1988 [1934-1939], p. 1.496: "Toda a nossa vida mental, nossa consciência, começaram com projeções [...] e é interessante que aqueles conteúdos interiores, que fizeram o fundamento da consciência real, foram projetados o mais longe possível no espaço – nas estrelas. Portanto, a primeira ciência foi a Astrologia".

Mas eu não pretendo no momento falar daqueles tempos. Nessa curta introdução à "Psicologia moderna", vou recuar apenas a seus inícios como uma ciência consciente[60]. A psicologia propriamente dita aparece apenas na aurora da era do Iluminismo no final do século XVII, e nós acompanharemos seu desenvolvimento através de uma longa linhagem de filósofos e cientistas que fizeram das manifestações da psique seu campo de estudo.

Ainda para Descartes (1596-1650)[61], a alma é bem simplesmente pensamento dirigido pela vontade. Em sua época, o interesse científico como um todo ainda não estava focado na alma humana, mas fluía para fora, para objetos concretos. A era da ciência coincidiu com a era da descoberta, isto é, a descoberta da superfície do mundo. Portanto, a ciência só estava interessada no que pudesse ser tocado. O mundo externo foi intensamente explorado, mas ninguém olhava para dentro. Embora todos os tipos de fenômenos psíquicos existissem, é claro, eles caíam no domínio do símbolo dogmático. Supunha-se que a alma era conhecida, e tudo o que se refere a ela era deixado aos cuidados da Igreja. Os fenômenos da alma ocorriam exclusivamente sob o enquadramento da Igreja, na forma de experiências religiosas, místicas e metafísicas, e eram submetidos ao julgamento do sacerdote. Enquanto esse símbolo dogmático foi algo vivo, no qual o homem se sentia contido, não existiram quaisquer problemas psicológicos.

---

60. MS [Manuscrito]: *bewusste Wissenschaft*; ou seja, uma psicologia que é consciente, ciente de ser uma "psicologia".

61. René Descartes (1596-1650), o famoso filósofo e matemático francês, mais conhecido pela sua máxima *"Cogito ergo sum* [Penso, logo existo]" e sua visão dualista muito influente (e controversa) do problema mente-corpo (*res cogitans* x *res extensa* – a mente é essencialmente pensamento e o corpo é essencialmente extensão). Seu livro *Meditationes de prima philosophia* (1641) é considerado uma contribuição clássica ao racionalismo. Em sua teoria, a alma é, em contraste com o corpo, uma substância imaterial, unitária e indestrutível. É sempre pensamento, porque o pensamento (*cogitatio*) é parte da sua essência. O pensamento é guiado pela vontade, que tem de dar assentimento (*assensus*) ao julgamento (*actus iudicandi*).

Esse estranho fato – a saber, que os fenômenos da alma ainda estivessem contidos dentro da esfera religiosa – se mantém em vigor onde quer que a religião ainda esteja viva. Ali, a vida da alma encontra expressão válida em símbolos, e o que permanece com o indivíduo é essencialmente a consciência dele, uma vez que tudo o mais já está expresso em formas religiosas. Por exemplo, um católico muito escolarizado veio a mim após uma palestra e observou: "Dr. Jung, estou surpreso pelo senhor envidar tantos esforços com a psicologia. Por que o senhor lida com tais problemas? Esses não são problemas, certamente! Sempre que sou tomado por dúvidas, consulto meu bispo, que pode perguntar a seu cardeal e por fim recorrer a Roma. Afinal, eles devem ter conquistado mais experiência ao longo de 2.000 anos do que o senhor!"

Para pessoas assim, problemas psicológicos simplesmente não existem. Esse era o caso da Europa como um todo até a primeira metade do século XIX, e tal condição ainda permanece intacta para aqueles que se sentem seguros em uma forma viva e eficaz. No budismo, no Islã, no confucionismo e assim por diante, a vida da alma igualmente é expressa em símbolos.

Essencialmente, a ciência incidia não em qualquer dúvida fundamental, mas sim na dúvida sobre manifestações secundárias de uma verdade já revelada. Não devemos negligenciar este fato. Assim, por exemplo, onde as pessoas ainda vivem dentro da moldura de símbolos vivos, não existe absolutamente qualquer ponto de ataque para a nossa psicologia. Para tais pessoas, esses problemas efetivamente inexistem. Mas uma vez que a dúvida se introduz sorrateiramente, a vida do símbolo desvanece, e uma efetiva psicologia começa.

Como mencionei, na época em que os grandes navegadores estavam descobrindo novos continentes, alguma coisa se desgarrou, alguma coisa que não poderia mais ser contida no símbolo dogmático. A princípio, não se sabia o quê. Isto se mostrou em uma súbita aspiração por algo, do qual o Renascimento subsequentemente emergiu. O Renascimento surgiu do que, através da dúvida, se libertara do cristianismo. Esta foi realmente a primeira vez que um problema psicológico se manifestou.

Aqueles de vocês que leram o estudo de Jakob Burckhardt do Renascimento podem ter encontrado uma pequena referência a um livro intitulado *Hypnerotomachia Poliphili*[62], escrito por um monge, Francesco Colonna. O título significa "conflito de amor em sonho", ou seja, é altamente simbólico. Foi traduzido como *Le songe de Poliphile*[63] por um francês desconhecido antes deste trabalho.

O título se refere a Polia[64], ou Madame Polia, a heroína do conflito. A história começa com um herói – ou seja, o sonhador de um longo sonho – se perdendo na Floresta Negra, que os italianos consideravam uma *última Thule*[65] na época, e onde se dizia que os unicórnios ainda perambulavam. Um lobo lhe aparece e o leva às ruínas de uma cidade, com templos, soterrada. Sua arquitetura é a do Renascimento – a psicologia como um todo

---

62. Jacob Burckhardt (1818-1897), célebre historiador suíço da arte e da cultura e um dos maiores progenitores da história cultural. Sua obra mais conhecida é sobre o Renascimento, citada aqui por Jung (BURCKHARDT, 1860, a referência está na p. 186 da ed. inglesa). Jung usou a segunda edição alemã de 1869 (*Transformations*, § 21[23]). Com relação a Burckhardt e à *Hypnerotomachia*, Jung observou: "Talvez seja significativo que este livro, tão importante para a psicologia do Renascimento, tenha sido cuidadosamente evitado pelo celibatário Jacob Burckhardt" (1963, § 1.279[2]; trad. minha. Apenas em *GW*, não em CW; cf. tb. nota 67). Como um historiador cultural, porém, Burckhardt estava mais interessado em outros aspectos – p. ex., os arquitetônicos – deste livro do que na psicologia do romance. Jung repetidamente citou a noção de Burckhardt de "imagens primordiais" (ex., 1917-1942, § 101; *Types*, definições: imagem), em conexão com a sua própria noção dos "arquétipos".

63. Colonna, 1499. A tradução de Béroalde de Verville apareceu em 1600. A primeira versão completa em inglês foi publicada em 1999, 500 anos após o original (cf. Referências). Nesse livro, Francesco Colonna descreve seu sonho de uma jornada aventurosa na qual ele (como um monge) busca Sra. Alma. A identidade de Colonna é controversa. Ele pode ter sido um dominicano veneziano ou um nobre romano.

64. φιλία (*philia*) = grego para amor; *Poliphilus* = aquele que ama Polia.

65. Um lugar mítico para além das fronteiras do mundo conhecido.

foi expressa na forma da arquitetura no Renascimento. Ele passa pela entrada escura de um dos templos. Depois de um tempo, quer deixar o templo de novo. Mas um grande dragão aparece na porta e bloqueia o caminho. Como só pode seguir adiante, é compelido então a experienciar tudo o que acontece a esta cidade soterrada. Através de infindáveis aventuras, ele incessantemente procura Madame Polia. Embora não saibamos que figura é esta, podemos arriscar um palpite: A Sra. Alma. Por fim, ele alcança a corte real. Prometem-lhe que será escoltado à Ilha dos Bem-aventurados, onde será casado com sua amada Polia. Ao chegar à ilha, ele ouve o som de uma campainha e acorda. É a manhã do dia 1º de maio. *Hélas!*[66]

Na época, a história foi tida como particularmente profunda e misteriosa, e até mesmo uma revelação divina. Mais tarde, veio a ser considerada tão banal que Jacob Burckhardt nem mesmo a leu. A propósito, o livro agora é uma raridade bibliográfica. Mesmo a edição francesa tem um preço para colecionadores de cerca de quinhentos francos suíços. Me deu muito trabalho lê-lo na época[67].

A *Hypnerotomachia Poliphili* é um importante *document humain*, e verdadeiramente representa a psicologia secreta do Renascimento, isto é, a que lutou para se libertar das garras do símbolo. Significativamente, seu autor foi um monge, embora se expressasse de um modo pagão. A rigor, ele teria sido obrigado a expressar o que movia sua alma em termos marianos, ou seja, através do símbolo da Mãe de Deus, e mesmo assim escolheu não fazê-lo. Tem

---

66. Francês = infelizmente!

67. Em 1947, Linda Fierz-David (esposa de Hans Eduard Fierz, amigo de C.G. Jung e professor de Química no ETH) publicou a monografia *The Dream of Poliphilo* (1950, ed. em inglês), para a qual Jung escreveu o prefácio, no qual descreve seu primeiro encontro com o livro: "Comecei lendo o livro, mas logo me vi perdido nos labirintos de suas fantasias arquitetônicas, das quais nenhum ser humano pode gostar hoje. Provavelmente o mesmo pode ter acontecido a muitos leitores, e só podemos nos simpatizar com Jacob Burckhardt, que o abandonou com uma breve menção, embora se incomodasse um pouco com seu conteúdo" (1947 [1946], § 1.749).

uma psicologia involuntária, típica e, de certo modo, sintomática de todo um período histórico. Ela revela o que se libertou naquela época, e resume o mundo dos velhos deuses gregos para expressar isso de um modo ou outro. Sob o manto desta alegoria, ele descreve a descida ao submundo da psique. A Sra. Polia lhe representava algo que ele não poderia encontrar na Madona.

Se essa interpretação é correta, é de se esperar que quem quer que tenha se envolvido com esse novo símbolo nos séculos subsequentes não pudesse mais ser um verdadeiro católico. Quando passamos aos filósofos, que trilharam o caminho da descoberta psicológica e que se tornaram os fundadores desta ciência comparativamente moderna, constatamos que eram, quase sem exceção, protestantes. Nos primeiros tempos, a cura da psique era considerada uma prerrogativa de Cristo, a tarefa cabia à religião, pois sofríamos então apenas como parte de um sofrimento coletivo. Foi um novo ponto de vista encarar a psique individual como uma totalidade que também sofre individualmente. O protestante é o buscador natural no campo da pesquisa psicológica, pois não tem mais um símbolo no qual possa se expressar, e, portanto, seu senso de incompletude o desassossega; ele busca, ele é ativo e inquieto. Vai se empenhar em explorar cada canto do mundo em busca daquilo que lhe falta, e pode apelar à Antiguidade e aprender sobre ela, ou então, muitas vezes, buscará outras crenças, tais como a teosofia, a ciência cristã, o budismo etc., para achá-lo lá.

Acabará se dirigindo a sua alma e perguntará: Por que há algo dentro de nós que deseja outra coisa? "Por que a minha vida espiritual não me satisfaz mais?" é particularmente o problema do protestante; ele pensa que ela deveria, mas a verdade é que não o faz, e que ele é muitas vezes perturbado com sintomas neuróticos. Assim, a psicologia a princípio foi um problema inteiramente protestante, e depois se tornou assunto do homem do Iluminismo, do cético, do livre-pensador. Pois não podemos fugir do fato de que algo nos faz sofrer, nem de que somos terrivelmente nervosos. Por fim, a psicologia se torna um assunto para o médico. Ele deve cuidar daqueles que caíram em uma dúvida profunda, e fora do símbolo.

A seguir, vou discutir com mais profundidade o desenvolvimento delineado até aqui. Especificamente, vou aduzir algumas datas que nos ajudarão a rastrear o progresso gradual da psicologia ao longo dos últimos séculos.

Gottfried Wilhelm Leibniz (1646-1716)[68], um gênio enciclopédico e filósofo célebre em seus dias, deu a primeira contribuição explícita para o que chamamos hoje de psicologia. Vou mencionar apenas alguns pontos-chave que foram essenciais à emergência da psicologia moderna. Muito frequentemente, aliás, os ensinamentos dos filósofos mais antigos são verdades que então caem no esquecimento por um longo período.

O conceito central de Leibniz é o que ele chamou de as *petites perceptions* [pequenas percepções], *perceptions imperceptibles* [percepções imperceptíveis], ou *perceptions insensibles* [percepções despercebidas][69]: Ele pensa as percepções como representações na medida em que uma percepção é ao mesmo tempo uma representação.

---

68. Gottfried Wilhelm Leibniz (1646-1716), matemático e filósofo alemão, conhecido como o "último gênio universal". Deu grandes contribuições aos campos da metafísica, epistemologia, lógica e filosofia da religião, bem como à matemática (cálculo infinitesimal), física, geologia, jurisprudência e história. É considerado como um dos grandes defensores do racionalismo no século XVII. Conhecido por suas teorias das mônadas e da harmonia preestabelecida (à qual Jung se refere em seus escritos sobre a sincronicidade; cf. JUNG, 1952, § 927-928). Famosa (e malcompreendida) é a sua máxima de que o nosso é "o melhor de todos os mundos possíveis".

69. "A cada momento há em nós uma infinidade de percepções desacompanhadas de consciência ou reflexão; ou seja, de alterações na própria alma, das quais não estamos conscientes, porque estas impressões são ínfimas demais ou numerosas demais, ou ainda demasiado invariáveis, de modo que não são suficientemente distinguíveis em si mesmas" (LEIBNIZ, 1981 [1704-1706], p. 53). A infinidade de *petites perceptions* é, por assim dizer, um "ruído branco" epistemológico.

Leibniz exemplifica com o experimento envolvendo pó azul e amarelo[70]. Quando misturados insuficientemente, grãos de pó azuis e amarelos são perceptíveis distintamente. Mas quando são totalmente misturados, apenas o grão verde é perceptível, embora o pó ainda consista de grãos azuis e amarelos. Embora pareça verde, ele na verdade é amarelo e azul. Nós percebemos estas duas cores – azul e amarelo – inconscientemente, ou seja, abaixo do limiar. Elas são imperceptíveis. Leibniz tentou encontrar um significado psicológico para seus experimentos e buscou fazer analogias com processos similares que acontecem na mente humana: alguma coisa acontece em mim de que não estou ciente. Pela primeira vez nos deparamos casualmente com a concepção de uma alma que não é consciente. Descartes ainda considerava que a alma não era senão pensamento.

Para Leibniz, estas "pequenas percepções" contrastam com outro princípio psicológico: o princípio do intelecto ou da ideia. Ideias e verdades inatas não existem como efetividades em nós, mas sim como um certo tipo de disposições que a experiência deve preencher para que se tornem perceptíveis: "*c'est ainsi que les idées et les vérités nous sont innées comme des inclinations, des dispositons, des habitudes ou des virtualités*"[71]. É como um desenho que, embora já tenha sido feito, está invisível, e, não obstante, existe, porque quando o mergulhamos em um pó ele subitamente se torna visível.

As percepções são oportunidades e causas para que ideias e disposições inatas se tornem conscientes. Leibniz assim antecipou a ideia de disposições inatas, ou seja, de imagens nas quais

---

70. "Quando percebemos a cor verde em uma mistura de pó amarelo e azul, sentimos apenas o amarelo e o azul finamente misturados, embora não reparemos nisso, mas, antes, moldamos alguma coisa nova para nós mesmos [*novum aliquod ens ex nobis fingentes*]" (LEIBNIZ, 1684, p. 426).

71. Ideias e verdades são inatas dentro de nós como "inclinações, disposições, tendências ou potencialidades naturais, e não como efetividades" (LEIBNIZ, 1981 [1704-1706], p. 52).

acumulamos e moldamos a experiência. Para ele, as representações são um tipo de pó que se espalha sobre ideias inatas ou inconscientes. Estas ideias, que já chegaram muito perto da psicologia moderna, permaneceram latentes por um longo período, como é frequentemente o caso com as ideias quando o tempo ainda não está maduro para elas.

Seu contemporâneo mais jovem Christian August Wolff (1679-1754)[72] iniciou outra linha de pensamento. Wolff limitou sua discussão inteiramente à consciência, e dividiu sua psicologia em duas partes: primeiramente, a psicologia empírica, que considera em particular a faculdade cognitiva e a atividade da consciência; e, em segundo lugar, a psicologia racional ou especulativa, que se centra no desejo e nas inter-relações entre corpo e alma[73].

Wolff considera a "alma" uma substância simples, dotada de três poderes: a faculdade representativa, a faculdade apetitiva e a

---

72. Christian Wolff (1679-1754), possivelmente o mais importante filósofo alemão ao longo da primeira metade do século XVIII, entre Leibniz (que conhecia e com quem se correspondeu [LEIBNIZ & WOLFF, 1860]) e Kant. Ele queria basear verdades teológicas em evidência matemática, sendo sua filosofia um desenvolvimento sistemático do racionalismo. Acusado de ateísmo, foi destituído em 1723 de sua primeira cátedra em Halle, e o rei ordenou que ele deixasse a Prússia dentro de 48 horas, caso contrário seria enforcado, o que gerou um dos mais célebres dramas acadêmicos do século XVIII. Ele teve um grande séquito de "wolffianos", o que fez dele o fundador da primeira "escola" filosófica alemã, dominando a Alemanha até a ascensão do kantismo. Interessante notar que em conexão com Jung, sua preocupação com Confúcio e com a filosofia chinesa (cf. sua famosa conferência "Sobre a filosofia prática dos chineses" [1721]), é considerado um marco inicial do encontro entre a filosofia ocidental e a oriental. Seus escritos completos têm sido publicados desde 1962 em uma edição comentada (WOLFF, 1962ss.).

73. Wolff definiu a psicologia como a "parte da filosofia que lida com a alma" [*pars philosophiae, quae de anime agit*] (WOLFF, 1728, § 58, p. 29). Ele então distinguiu entre *psychologia empirica* e *psychologia rationalis*. Nesta segunda, "nós derivamos, tão somente a partir do conceito da alma humana *a priori*, tudo o que pode ser visto como pertencendo a ela *a posteriori* e também aquilo que é deduzido de observações [da alma]" [In: *Psychologia rationali ex unico animae humanae conceptu derivamus a priori omnia, quae eidem competere a posteriori observantur & ex quibus observatis deducuntur*] (§ 112, p. 151).

faculdade cognitiva ou cognoscitiva[74]. Contudo, ele considera o pensamento como a essência da alma[75]. Em Wolff, encontramos pela primeira vez a noção de que a psicologia poderia ser experiência e que se poderia até mesmo experimentar com ela, o que era uma ideia completamente nova. A psicologia de Wolff é a primeira psicologia experimental[76].

Johann Nikolaus Tetens (1736-1807)[77] deu um passo a mais. Ele é o verdadeiro fundador da psicologia fisiológica e experimental, que mais tarde floresceu antes da Primeira Guerra Mundial, na

---

74. Wolff foi um representante da "psicologia das faculdades" [*Vermögenspsychologie*], um ponto de vista que concebia a mente humana como consistindo de poderes ou faculdades separadas, o que foi um conceito bem disseminado durante grande parte do século XIX.

75. *Cogitatio igitur est actus animae, quo sibi sui rerumque aliarum extra se conscia est* [O pensamento é assim o ato da alma pelo qual a alma se torna consciente de si mesma e das outras coisas fora dela] (1732, § 23), citado por Jung em *Transformations*, ed. 1991, p. 25 [*OC* 5, § 11, n. 3]. Sobre as visões gerais de Wolff sobre a alma, cf. Wolff, 1719-1720, p. 1.733.

76. "A filosofia é da maior importância, e por isso é tão importante que não partamos de princípios que possam ser postos em dúvida. Só podemos basear as verdades da filosofia prática, portanto, em princípios básicos, que estejam obviamente respaldados pela experiência na psicologia" [*Philosophia practica est maximi momenti; quae igitur maximi sunt momenti, istiusmodi principiis superstruere noluimus, quae in disceptationem vocantur. Ea de causa veritates philosophiae practicae non superstruimus nisi principiis, quae per experientiam in Psychologia evidenter stabiliunter*] (WOLFF, 1728, p. 52). Sobre Wolff como um pioneiro da psicologia como uma ciência natural, cf. Jung, 1946b, § 345.

77. Johannes Nikolaus Tetens (1736-1807), filósofo alemão, matemático e cientista do Iluminismo. Na esteira de Christian Wolff, que também se valeu de John Locke, Tetens recorreu ao empirismo inglês. Em países anglófonos ele foi chamado de "o Hume alemão", tendo estudado e popularizado a obra de Hume no mundo germanófono. Sua principal obra, *Philosophische Versuche über die menschliche Natur und ihre Entwickelung* [Ensaios filosóficos sobre a natureza humana e seu desenvolvimento] (1777), procurou combinar o empirismo de Hume (cf. HUME, 1739-1740) com a filosofia de Leibniz e Wolff. Ele tentou fazer uma análise psicológica da alma com os métodos da ciência natural. Sua obra também foi importante para Immanuel Kant, a quem ele supostamente introduziu no pensamento fenomenológico e no dualismo entre empirismo e transcendência.

época de Wilhelm Wundt (1832-1920)[78]. Tetens foi influenciado pela abordagem filosófica inglesa da psicologia, conforme representada por David Hartley (1705-1757)[79]. Tetens foi o primeiro a medir as sensações de luz, escuta e tato. Ele esposava uma abordagem totalmente empírica e não considerava que as doutrinas fossem verdades eternas, mas sim, como para os ingleses, meras "hipóteses de trabalho".

Sua época culminou na grande era crítica cuja figura proeminente foi Immanuel Kant (1724-1804)[80]. A crítica kantiana do

---

78. Wilhelm Wundt (1832-1920), médico, psicólogo e fisiólogo alemão, considerado o "pai" da psicologia como uma ciência natural separada em geral, e da psicologia experimental em particular (embora, segundo Jung, o crédito na verdade pertence a Tetens). Fundador do primeiro laboratório psicológico na Europa (1879) e da primeira revista para a pesquisa psicológica (1881). Wundt desempenhou um papel central no nascente campo da psicologia, não apenas sobre Freud (através de seus escritos etnopsicológicos) e Jung (experimentos de associação). Seu legado na psicologia hoje, contudo, é tema de contínuo debate.

79. David Hartley (1705-1757), filósofo, cientista e místico inglês, também um médico praticante e vegetariano. Seu conceito central de "associação" levou à escola da "psicologia da associação" no século XIX (James Mill, John Stewart Mill, William B. Carpenter, Alexander Bain). Sua principal obra, *Observations on Man, His Frame, His Duty, and His Expectations* (1749) [Observações sobre o homem, sua estrutura, seu dever e suas expectativas] estudava os humanos como seres físicos (estrutura), seres psicológicos e morais (dever) e seres religiosos (expectativas), representando uma síntese de grande alcance de neurologia, psicologia moral e espiritualidade. Sua "abordagem fisiológica da psicologia" foi começar com as "causas corpóreas" – processos neurológicos ("vibrações" no cérebro) – e depois perguntar como tais processos geram consciência, percepções, pensamentos etc. Ele afirmou a unidade de corpo e mente e confiou na salvação universal e na superação final do abismo entre inferno e céu. Suas teorias geraram controvérsias acaloradas na época, mas foram também fortemente apoiadas por figuras influentes como Joseph Priestley. Sobre Hartley e Priestley, cf. tb. a Palestra 2 e a nota 101.

80. Immanuel Kant (1724-1804), de Königsberg/Kaliningrado (então no leste da Prússia/Alemanha, atualmente na Rússia) é figura central da filosofia moderna. O interesse de Jung por Kant vem da adolescência, quando, estudando e admirando Schopenhauer, ele "ficou cada vez mais impressionado pela relação dele [de Schopenhauer] com Kant" (*Memories*, p. 88-89) e começou a estudar a *Crítica da razão pura* (cf. tb. suas *Zofingia Lectures* (1983 [2000])), que ele achou ser "uma iluminação ainda maior do que a obra de Schopenhauer. Para um aluno do Instituto Jung nos

conhecimento também impôs fronteiras à psicologia. Em especial, Kant lhe contestou a possibilidade de ser uma ciência, argumentando que ela era, no máximo, uma "disciplina". Apesar do seu ceticismo, Kant não se opunha à psicologia, na verdade teve um profundo interesse por ela. Suas visões sobre o tema são de certo modo contraditórias e estranhas, contudo, e são constantemente descartadas pelos "verdadeiros" kantianos[81]. Na sua *Antropologia*, ele segue o pensamento de Leibniz e fala de "representações obscuras", isto é, de representações que temos sem estarmos conscientes delas[82].

anos de 1950, Jung exclamou: 'Kant é o meu filósofo', e a crítica de Kant formou as bases do seu entendimento das fronteiras do conhecimento" (SHAMDASANI, 2012, p. 22). Os anos de 1780, quando Kant publicou a *Crítica da razão pura* (1781/1787), são agora considerados uma década de transição – o que Jung chamou de "a grande era crítica" –, na qual o Iluminismo já estava em um estado de crise e a correlação de forças cultural se deslocava rumo ao Romantismo. Cf. tb. a Palestra 2, na qual as visões de Kant são tratadas com mais detalhes.

81. Em *Fundamentos metafísicos da ciência natural* (1786), Kant declarou que a "psicologia empírica [deve] ser removida do *ranking* do que pode ser propriamente chamado de ciência natural; primeiramente, porque a matemática é inaplicável aos fenômenos do sentido interno e às leis deste [...]. [Em segundo lugar] porque nela a variedade da observação interna só pode ser separada em pensamento, mas não pode ser mantida separada e ser depois reconectada ao bel-prazer; menos ainda um sujeito pensante é passível de investigações desse tipo, e inclusive a própria observação altera e distorce o estado do objeto observado. Ela não pode ser jamais senão [...] uma descrição natural da alma, mas não uma ciência da alma, nem mesmo uma doutrina experimental psicológica" (Prefácio). Sua própria *Antropologia de um ponto de vista pragmático* (1798), porém, é em grande parte uma psicologia empírica. Para uma avaliação contemporânea de Kant sobre a psicologia, cf. p. ex. Sturm, 2001.

82. Na *Antropologia*, ele define as representações obscuras como "intuições sensoriais e sensações das quais não estamos conscientes, embora possamos indubitavelmente concluir que as temos" (KANT, 1798, ed. inglesa 2006, p. 24). De modo semelhante, ele afirma em suas palestras sobre metafísica: "Nossas representações são ora obscuras, ora claras etc. Representações obscuras são aquelas de que não estou imediatamente consciente, mas de que, não obstante, posso me tornar consciente através de inferências" (KANT, 1902/1910ss., vol. 29, p. 879).

Palestra 2

27 de outubro de 1933

Questões apresentadas

A primeira questão é sobre as *perceptions insensibles*[83] de Leibniz e pede um equivalente psicológico do experimento de Leibniz com o pó azul e amarelo. Vistos a certa distância, os pós azul e amarelo parecem ser verdes.

Nossa vida cotidiana é abundante em exemplos psicológicos concretos das "percepções inconscientes" de Leibniz, como ilustradas no experimento acima. São as muitas coisas que fazemos inconscientemente. Por exemplo, nós olhamos para nosso relógio, mas temos de consultá-lo novamente se nos perguntarmos as horas um minuto depois, embora as tenhamos percebido inconscientemente. Há outros casos, como andar de bicicleta, em que o processo é quase totalmente inconsciente, mas, se, ao andar de bicicleta, subitamente nos tornamos conscientes das percepções inconscientes pelas quais mantemos nosso equilíbrio, isto poderá ser perigoso. Estas *petites perceptions* ficam visíveis e invisíveis de uma maneira análoga às partículas azuis e amarelas no pó verde.

A segunda questão diz respeito ao catolicismo. O missivista escreveu para perguntar se eu diria que o catolicismo não é uma

---

83. No começo da primeira questão, as notas da palestra dizem: "Leibniz: dispersão insensível". Muito provavelmente, esse é um equívoco auditivo em relação a "*die* [as] *perceptions insensibles*", porque a questão é precisamente sobre isso.

psicologia. "Por que o senhor argumentou em sua última palestra que a psicologia é tão moderna?"

A cura costumava ser considerada a prerrogativa de Cristo. Era um assunto religioso. Nesse sentido, é novo considerar a psique humana como um todo e nos experienciarmos como uma totalidade em sofrimento. Nunca contestei o fato, contudo, de que as pessoas tinham uma alma já naqueles tempos. Problemas psíquicos sempre existiram, mas as pessoas ainda não estavam prontas para desenvolver uma ciência sobre isso. Assim, as religiões eram o método aplicado para superar essas dificuldades. Afinal de contas, Jesus era um "salvador", um médico. Ele poderia curar doenças. Supunha-se que os sofrimentos da alma podiam ser curados deste modo. Se a fé total é possível dentro de um sistema religioso, então a cura adequada da alma sofredora pode também acontecer dentro deste sistema. Os distúrbios nervosos surgem de perturbações da vida da alma – e não, por exemplo, de um sono ruim ou do excesso de consumo de batatas. Assim, uma vez um capitão de infantaria sofrendo de dor no pé veio me ver[84]. No caso de um reparador de telhados, teria sido vertigem; no caso de um acadêmico, talvez um problema no olho. Corpo e alma são um só ser. Nós não sofremos em um pedaço isolado do todo. Se uma parte sofre, o todo sofre. Assim, a questão foi por que não existia uma psicologia na Idade Média. Este é um uso errado do termo "psicologia": as pessoas muitas vezes falam da "psicologia de fulano", quando o que realmente querem dizer é a psique de fulano[85].

***

---

84. Jung foi um oficial da reserva no Exército Suíço, e era convocado – como todo cidadão suíço do sexo masculino e apto fisicamente – para o serviço militar; no seu caso, como médico do exército.

85. De fato, ao longo de sua obra – e também nessas palestras –, Jung frequentemente usa "psicologia" tanto para a psique ou constituição mental de alguém quanto para a teoria ou a ciência da psique.

Agora, retornemos ao tópico da palestra de hoje. Como foi dito, a era da crítica do conhecimento começou por volta do final do século XVIII, com Immanuel Kant (1724-1804) como sua figura principal. Seu conceito de "representações obscuras"[86] segue a linha de pensamento de Leibniz e leva as suas ideias mais longe. No primeiro volume de sua *Antropologia*, ele fala de "representações que temos sem estarmos conscientes delas"[87]. Poderíamos também nos referir a percepções. "Representações", contudo, é o termo mais geral. A famosa afirmação de que não há nada na mente que não estivesse anteriormente nas sensações[88] não foi de fato comprovada.

Kant aduz o seguinte exemplo. De longe, alguém vê uma pessoa em um prado. O que vê, porém, é na verdade apenas uma sombra, porque não pode discernir quaisquer detalhes – membros, olhos, nariz e assim por diante. Ainda assim, se tem a ideia ou a representação de que essa figura é uma pessoa. Esta é essencialmente a ideia de Leibniz. A conclusão de Kant, porém, vai bem além, e afeta o campo da psicologia muito mais profundamente – a saber, que só "poucos lugares no vasto mapa da nossa mente estão iluminados", e que "o campo das representações *obscuras* é maior no ser humano":

> O campo das intuições sensoriais e das sensações de que não estamos conscientes, embora possamos indubitavelmente concluir que as temos, ou seja, as representações *obscuras* no ser humano (e também em animais), é imenso. Representações claras, por outro lado, contêm apenas infinitamente poucos pontos deste campo que ficam abertos à consciência; de modo que, por assim dizer, só poucos lugares no *vasto* mapa da nossa mente são *iluminados*. Isso pode nos inspirar espanto com o nosso próprio ser, porque um

---

86. Cf. a palestra anterior e a nota 82.

87. Ibid., p. 23.

88. Cf. nota 96.

ser superior precisa apenas dizer "Faça-se a luz!", e então, sem a menor cooperação da nossa parte [...] como que concebe meio mundo diante de seus olhos [...]. Assim, o campo das representações *obscuras* é o maior no ser humano[89].

Estas reflexões colocam o tema da psicologia em uma luz inteiramente diversa e o delineiam mais nitidamente. Pois se poderia argumentar que todas as psiques são psiques individuais, que não existe algo como uma psique coletiva, e a psique é nada mais do que consciência, como o Professor Krüger afirmou no último Congresso de Psicologia[90]. A consciência é, afinal de contas, um fenômeno individual. Mas se você perguntar a um primitivo se ele tem uma psique individual, se ele é distinto do seu companheiro e dos seus arredores, ele não terá nenhuma certeza. Quando você está entre primitivos, dificilmente se atreve a matar um crocodilo, pois o primitivo diz: "Eu também sou esse crocodilo". Kant assim inicialmente supõe que a nossa consciência, ou seja, que aquilo de que estamos claramente conscientes, corresponde apenas a alguns poucos pontos iluminados, e que tudo mais fica nas trevas. Assim como um acadêmico pode observar: "Se eu soubesse tudo o que já esqueci, seria o mais culto de todos os homens". A circunferência da consciência é assim muito limitada, a do inconsciente é a maior. Kant é assim o primeiro a reconhecer esta verdade fundamental na psicologia.

Depois de Kant, a época da psicologia empírica na Alemanha chegou a um fim temporário. Seguiu-se então um período de gran-

---

89. Ibid., p. 24-25.

90. Felix Krüger (1874-1948), professor de Psicologia na Universidade de Leipzig. Krüger foi um membro do "grupo de combate nacional-socialista pela cultura alemã" desde 1930, e nomeado reitor da Universidade de Leipzig em 1935. Em 1937, porém, foi suspenso por conta de sua ascendência judaica. Aposentou-se em 1938 e emigrou para a Suíça em 1944. • Jung está provavelmente se referindo ao 13º Congresso da Sociedade Psicológica Alemã em Leipzig entre 16 e 19 de outubro de 1933; ou seja, imediatamente antes de Jung ter começado suas palestras. Cf. Klemm, 1934.

de especulação metafísica, no qual o princípio da imaginação ou da fantasia reagiu contra a crítica da razão pura. Hegel e Schelling foram na realidade especuladores metafísicos, mas ao examinar os seus escritos cuidadosamente – especialmente os de Hegel –, vocês verão que eles estão repletos de psicologia projetada.

Georg Wilhelm Hegel (1770-1831)[91] permitiu que a fantasia se tornasse escandalosamente especulativa. Não há nenhuma dúvida de que hoje Hegel seria não um filósofo, mas um psicólogo. Ele próprio não estava ciente disso, porém, e se referia a sua obra como "filosofia"[92]. Mas na verdade ela consistiu em uma psicologia do inconsciente. Essencialmente, ele deduziu uma psicologia do campo escuro, e em certas teses ele realmente falou da psicologia do inconsciente.

Assim também, Schelling (1775-1854)[93] esposou uma postura positiva para com o inconsciente, enquanto que para Kant este permaneceu um conceito limítrofe negativo. Schelling sustentou que este "eternamente Inconsciente, que, como o sol eterno do reino dos espíritos, está escondido por sua própria luz imperturbável", é a base absoluta da consciência. O inconsciente assim se torna o fundamento materno primordial. Esse campo não é algum

---

91. Georg Wilhelm Friedrich Hegel (1770-1831), o famoso filósofo alemão é proeminente representante do idealismo (filosófico) alemão.

92. Uma visão que Jung também expressou alhures: "Hegel, esse grande psicólogo em traje de filósofo" (JUNG, 1935a, § 1.734); ou "Hegel foi um psicólogo disfarçado que projetou grandes verdades fora da esfera subjetiva em um cosmos que ele próprio tinha criado" (JUNG, 1946b, § 358). A Friedrich Seifert ele escreveu: "Sempre fui da opinião de que Hegel é um psicólogo disfarçado, assim como eu sou um filósofo disfarçado" (1973, p. 194). • Nas *Memórias* Jung diz que, no primeiro encontro na adolescência com seus escritos, "Hegel me desencorajou com sua linguagem, tão arrogante quanto trabalhosa; eu o encarei com total desconfiança. Ele me pareceu um homem encarcerado no edifício das suas próprias palavras e que estava gesticulando pomposamente em sua prisão" (p. 87).

93. Friedrich Wilhelm Joseph Ritter von Schelling (1775-1854), outro grande representante do Idealismo Alemão. Sua filosofia se situa entre Fichte, seu mentor antes de 1800, e Hegel, ex-colega de quarto na universidade e amigo antigo.

Hades sombrio, mas, como Schelling afirma, o sol do qual a consciência emerge sendo pouco mais que um reflexo. Ele acrescenta:

> e embora em si mesmo nunca se torne Objeto, ele imprime sua identidade em todas as ações livres, e além disso é o mesmo para todas as inteligências, a raiz invisível da qual todas as inteligências são apenas os poderes, o mediador eterno entre o subjetivo autodeterminante em nós e o objetivo ou intuído, ao mesmo tempo o fundamento da conformidade à lei na liberdade, e da liberdade em conformidade à lei[94].

Schelling assim coloca ênfase total no inconsciente. Eu gostaria de chamar a atenção de vocês especialmente para a passagem, "é o mesmo para todas as inteligências": embora as inteligências sejam singulares, a base última é a mesma em toda parte. A base última não é diferencial, mas universal. Grandes sistemas filosóficos emergiram posteriormente a partir dessa ideia de Schelling.

Enquanto a psicologia empírica estava em um estado lamentável na Alemanha por ora, ela alcançou destaque na Inglaterra, onde a ciência moderna a esposou como um modo importante de pensamento desde cedo, e especialmente depois de Kant.

George Berkeley (1685-1753)[95] é o primeiro psicólogo empírico inglês. Enquanto um empirista, ele fez das sensações seu

---

94. *Dieses ewig Unbewusste, was, gleichsam die ewige Sonne im Reich der Geister, durch sein eigenes ungetrübtes Licht sich verbirgt, und obgleich es nie Object wird, doch allen freyen Handlungen seine Identität aufdrückt, ist zugleich dasselbe für alle Intelligenzen, die unsichtbare Wurzel, wovon alle Intelligenzen nur die Potenzen sind, und das ewig Vermittelnde des sich selbst bestimmenden Subjectiven in uns, und des Objectiven, oder Anschauenden, zugleich der Grund der Gesetzmässigkeit in der Freyheit, und der Freyheit in der Gesetzmässigkeit des Objectiven* (SCHELLING, 1800, p. 434; cf. tb. em *Sämmtliche Werke*, I, 3, p. 600). Jung já havia se referido a essa passagem em uma palestra no ETH cerca de dois anos antes: "Em Schelling o 'eternamente inconsciente' é o fundamento absoluto da consciência" (JUNG, 1932, § 1.223).

95. George Berkeley (1695-1753), ou Berkeley, filósofo anglo-irlandês, conhecido por sua radicalização do sensualismo de Locke e pelo imaterialismo, conforme resumido na noção de que "ser é ser percebido" [*esse est percipi*]: "Quanto ao que é dito

ponto de partida, como Christian Wolff. Quando não se vê, ouve nem sente nada, supõe-se que não há nada tampouco na mente em consonância com o ditame latino: *Nihil est in intellectu, quod non antea fuerit in sensu*[96]. Berkeley percebeu, contudo, que as sensações não permanecem isoladas, mas se fundem em um todo, e descobriu a percepção de nossos próprios sentidos como um fator igual ao objeto percebido. A partir desta fusão de sujeito e objeto, Berkeley construiu o conceito psicológico de espaço.

David Hume (1711-1776)[97] argumentou em direção semelhante. Ele considerou pela primeira vez a relação entre representações e sensações, e derivou as primeiras das segundas. Ele abraçou a ideia de Berkeley da coalescência de suas representações e investigou a lei da coalescência. Argumentou que a associação delas ocorre por conta da semelhança, coexistência no tempo e espaço e causalidade[98]. A associação ocorre por meio de uma "força

---

da existência independente de coisas não pensantes sem nenhuma relação com seu ser percebido, isso é para mim completamente ininteligível. Seu *esse is percipi*, não é possível que tenham alguma existência fora da mente ou das coisas pensantes que as percebam" (BERKELEY, 1710, parte 1, § 3). Sua filosofia está na base do conhecido experimento de pensamento: "Se uma árvore cai em uma floresta e ninguém está perto para escutar, ela fez um som?" A propósito, a cidade de Berkeley, Califórnia, recebeu este nome em sua homenagem, embora a pronúncia tenha sido americanizada.

96. Latim, não há nada no intelecto (mente) que não estivesse anteriormente no sentido (sensações). Essa máxima da doutrina filosófica do sensualismo é encontrada em várias versões, ligeiramente diferentes (p. ex., em Tomás de Aquino, 1256-1259, quaestio 2, articulus 3, arg. 19; ou, mais celebremente, em John Locke). Jung usa a formulação citada por Schopenhauer (1819 [1887], p. 258), que atribuía esse julgamento a Aristóteles.

97. David Hume (1711-1776), filósofo, historiador e economista escocês muito influente; como John Locke e George Berkeley, um grande representante do empirismo britânico. Kant, p. ex., lhe atribui o mérito de ter sido quem "muitos anos atrás interrompeu meu sono dogmático e deu, a minhas investigações no campo da filosofia especulativa, uma direção bem diferente" (1783 [1902], p. 7).

98. "É evidente que há um princípio de conexão entre os diferentes pensamentos ou ideias da mente, e que em sua aparência para a memória ou a imaginação, eles introduzem uns nos outros um certo grau de método e regularidade. [...] Para mim, parece haver apenas três princípios de conexão entre as ideias, a saber: Semelhança, Contiguidade no tempo ou no espaço e Causa e Efeito" (HUME, 1748 [1993], seção III, p. 14).

suave"[99], similar à lei da gravidade e seus efeitos nos corpos celestes. Representações então atraem reciprocamente um ao outro.

David Hartley (1705-1757)[100], um dos contemporâneos de Hume, se aventurou na exploração de fenômenos psíquicos mais complexos nesta base. Ele aplicou seu princípio da fusão às complexidades superiores da mente, que ele também explicou em termos da fusão em um todo de sensações rapidamente recorrentes ou simultâneas.

Na obra de Joseph Priestley (1733-1804)[101], esse esforço mecanicista se deslocou para o materialismo através da identificação feita por ele destes processos psíquicos com processos no cérebro. Tal identificação obviamente teve consequências para a psicologia.

O conceito de instinto, ou o chamado senso comum, apareceu com a Escola Escocesa de Filosofia, cujos expoentes incluíam Thomas Reid (1710-1796)[102] e William Hamilton (1788-

---

99. Devemos considerar esses três princípios de associação "como uma força suave que geralmente prevalece" (HUME, 1739-1740, livro I, parte 1, seção 4).

100. Cf. Palestra 1 e nota 79.

101. Joseph Priestley (1733-1804), polímato-teólogo inglês, clérigo dissidente (unitarista), filósofo natural, químico, educador e teórico político. Ele foi o maior cientista britânico da sua época (p. ex., é-lhe atribuída a descoberta do oxigênio e de outros gases), embora ele próprio visse sua obra científica como secundária em relação à sua obra teológica. Publicou cerca de 150 livros em amplo espectro de temas, sobre ciência, filosofia, teologia, história, gramática e linguagem, política, educação etc. Priestley apoiou David Hartley e afirmou que o livro que mais o influenciou foi *Observations on Man* (1749), deste último. Priestley abandonou o dualismo e considerou a percepção e outros poderes mentais como uma extensão natural da correlação de Hartley das associações mentais com vibrações no cérebro.

102. Thomas Reid (1710-1796) foi o fundador da Escola Escocesa do Senso Comum e desempenhou um papel importante no Iluminismo escocês; crítico de John Locke, George Berkeley e David Hume. Para Reid, o senso comum ou *sensus communis* – as opiniões do "vulgo", os princípios em que não podemos deixar de acreditar, dado que somos construídos do modo como somos construídos – estão na base de toda investigação e conhecimento filosóficos.

1856)[103]. Reid definiu "senso comum" como "aquele sobre o qual todos concordam". Para ele, o senso comum é a fonte indubitável do conhecimento, através do qual nós também nos familiarizamos com processos psíquicos complexos. Consequentemente, a psicologia poderia se limitar a simplesmente descrever o que é estabelecido pelo senso comum. A ideia de olhar para tudo simplesmente e objetivamente pode parecer assustadoramente banal, à primeira vista, mas este é o ponto de vista empírico por excelência, e só pode ser alcançado por um completo sacrifício de julgamentos e opiniões. Assim, esta forma de olhar as coisas é uma contribuição inestimável para a psicologia.

Esta é a atitude de Rudyard Kipling em suas *Histórias assim* [*Just So Stories*], livro que reúne uma seleção de histórias absolutamente bobas[104]. Cai como uma luva quando aplicada às temíveis complexidades da psique humana. Se formos capazes de dizer "é assim", não há nada a ser feito a respeito, e então devemos nos restringir a simplesmente observar o todo da psicologia e esquecer nosso julgamento prévio. Isto envolve um autossacrifício bem como nossa autolimitação ao objetivo. Vocês terão a atitude certa para com a psicologia em geral e para com as coisas difíceis que escutarão ao longo destas palestras, se puderem tratá-las como "Histórias assim", como meras descrições. Portanto, o "senso comum" inglês é muito necessário.

---

103. William Hamilton (1788-1856), filósofo escocês de enorme erudição; embora hoje largamente esquecido, na época ele era considerado uma figura intelectual maior, de importância internacional. Após visitas à Alemanha, ele trouxe para as Ilhas Britânicas a filosofia alemã, sobretudo a obra de Kant. Foi um expoente entusiasta de Reid, a cujas obras reunidas ele editou e anotou (1846). Em 1854/1855, também publicou uma reedição das obras de Dugald Stewart (cf. abaixo).

104. Kipling, 1902. Rudyard Kipling (1865-1936), o muito popular escritor e poeta inglês, agora mais conhecido por suas histórias infantis (p. ex., os *Livros da selva* [1894/1895]), mas também famoso (ou de má-fama) por sua celebração do imperialismo britânico. Prêmio Nobel de Literatura em 1907.

Dugald Stewart (1753-1828)[105], aluno e seguidor de Reid, se convenceu de que este método descritivo poderia transformar a psicologia em uma ciência natural, através da sua descrição objetiva de processos psíquicos, pelo sacrifício de todas as opiniões e por não fazer conclusões taxativas. E esta é uma ideia muito boa, porque uma vez que sejamos capazes de separar uma teoria de uma opinião, ela começa a se tornar uma ciência. A confusão é abundante hoje em dia porque todo mundo acredita que a psicologia é idêntica à sua opinião sobre ela. Mas esta é apenas a sua própria psique, de modo algum a psicologia!

Stewart postulou duas leis de associação, e esta discriminação é importante para a patologia. Primeiro, há associações voluntárias e arbitrárias, que surgem da interferência ativa da consciência. Segundo, há associações involuntárias, espontâneas e simples, que seguem certas leis *a priori*, tais como semelhança, contrariedade e proximidade no espaço, ou proximidade no tempo[106]. Alguns processos da psique obedecem à vontade, outros não, mas seguem leis próprias. As pessoas estão inclinadas a se identificar com uma destas visões, mas ambas são igualmente verdadeiras. Grandes verdades, tais como a existência de ações voluntárias e involuntárias, volta e meia se perdem, apenas para serem redescobertas sempre de novo.

---

105. Dugald Stewart (1753-1828), filósofo do Iluminismo escocês e matemático. Defendeu o método psicológico de Reid e expôs a doutrina do "senso comum", mas também foi um filósofo original e influente por si mesmo, sendo corresponsável por fazer a "filosofia escocesa" predominante na Europa do início do século XIX.

106. Para essas últimas associações, Stewart listou "as relações de Semelhança e Analogia, de Contrariedade, e de Proximidade no tempo e no espaço, e aquelas que surgem de coincidências acidentais do som de diferentes palavras. Elas, em geral, conectam nossos pensamentos, quando eles têm dificuldade em seguir seu curso natural". Para as primeiras associações, "há as relações de Causa e Efeito, de Meio e Fim, de Premissas e Conclusão; e aquelas outras que regulam a corrente de pensamento na mente do filósofo" (1792, p. 213-214).

Palestra 3

3 de novembro de 1933

A sequência do desenvolvimento da psicologia que acompanhamos nos levou, na última vez, às Ilhas Britânicas. Hoje voltaremos à França, onde os primeiros psicólogos apareceram quando da ascensão do Iluminismo no início do século XVIII. Esta foi a era dos Enciclopedistas; o conhecimento estava sendo acumulado, e as ideias de filósofos, tais como Voltaire e Diderot, se disseminavam no exterior. A França era um país muito católico na época, e quando um país assim está sendo iluminado, então está sendo de fato iluminado completamente, isto é, as coisas passam de um extremo a outro.

O primeiro psicólogo com quem deparamos na França é provavelmente Julien Offray de La Mettrie (1709-1759)[107], um médico e um extraordinário homem da sua época. Em 1748, Frederico o Grande o chamou a Berlim[108], onde ele morreu 11 anos depois.

---

107. Julien Offray de La Mettrie (1709-1751), médico e filósofo francês, um primeiro materialista radical do Iluminismo.

108. De fato, os princípios materialistas, ateus e anticlericais de La Mettrie – que fizeram dele um pária mesmo entre seus colegas filósofos do Iluminismo – causaram tamanho escândalo, que ele teve de se exilar na Holanda. Mas mesmo naquele Estado relativamente tolerante, suas visões, e a publicação do seu livro *L'homme machine* [O homem máquina] (1748) suscitaram uma tempestade de protestos tão forte, que ele foi forçado a partir novamente. (Mesmo o editor desse livro se sentiu compelido a prefaciá-lo com uma declaração na qual tentou justificar a publicação de um tal *livre hardi* [livro impertinente].) Em Berlim, La Mettrie desfrutou da tolerância de Frederico II (o Grande), que lhe permitiu trabalhar como médico, e ele até foi designado como leitor da corte.

Em certo sentido, sua mente era bastante moderna; ele era um verdadeiro materialista e empirista. Sua principal afirmação foi de que toda a vida surge de matéria morta, de que o orgânico floresce do inorgânico. A alma é assim um adjunto do orgânico, por assim dizer. A descoberta das relações entre a psique e o cérebro dá frutos na medida em que o psíquico se torna dependente do cérebro. La Mettrie diz: "O cérebro tem músculos para pensar, assim como as pernas têm músculos para andar"[109]. La Mettrie concebe os seres vivos como uma máquina, uma máquina que ele compara ao mecanismo de um relógio consistindo de várias molas mestras[110]. Em seu famoso livro *L'Homme machine* (1748), ele defende abertamente a visão de que a alma não é nada mais do que uma parte material e sensível do cérebro[111]. Esta é uma visão que persistiu até os dias de hoje.

Etienne Bonnot de Condillac (1715-1780)[112], que entrou para o sacerdócio e mais tarde se tornou um abade, foi um contemporâneo de La Mettrie, mas lhe sobreviveu por vários anos. Do seu caso amoroso com certa Mademoiselle Ferrand, Condillac aprendeu que toda vida psíquica se origina na sensação. Ele foi engenhoso o bastante para transformar este *insight* em

---

109. *Le cerveau a ses muscles pour penser, comme les jambes pour marcher* (LA METTRIE, 1748, p. 77-78).

110. *Le corps n'est qu'une horloge* [O corpo não é nada mais do que um relógio] e *Je ne me trompe point, le corps humain est une horloge, mais immense, & construite avec... d'Artifice & d'Habilité* [Eu definitivamente não me engano, o corpo humano é um relógio, mas imenso, e construído com astúcia e habilidade] (p. 85, 93).

111. *L'Ame... existe, & il a son siège dans le cerveau à l'origine des nerfs, par lesquels il exerce son empire, sur tout le reste du corps. Par là s'explique tout ce qui peut s'expliquer, jusqu'aux effets surprenants des maladies de l'Imagination* [A alma existe e tem por sede o cérebro na origem dos nervos, através dos quais exerce seu reinado sobre o resto do corpo. Isso explica tudo o que pode ser explicado, até os surpreendentes efeitos das doenças da imaginação] (p. 78).

112. Étienne Bonnot de Condillac (1715-1780), filósofo, epistemólogo e economista francês. Estabeleceu sistematicamente os princípios de Locke na França. Foi um defensor do sensualismo ou sensacionismo empírico, sustentando que toda faculdade e conhecimento humanos são apenas sensações transformadas.

filosofia. Sua principal obra, *Traité des sensations* [Tratado das sensações], apareceu em 1754[113]. Foi reimpresso apenas em...[114] Significativamente, não foi traduzido para o alemão até 1870[115]. ou seja, até a era de ouro do materialismo. Contrário à crença geral da época de que certas ideias são *a priori* inatas no homem, Condillac argumentou que a alma é totalmente vazia. A mente seria uma absoluta *tabula rasa*. Se vivêssemos isolados e não falássemos com ninguém, então nada viria a existir.

Ao trabalhar suas teorias, os filósofos muitas vezes buscaram um *point de repère*, isto é, um ponto de referência, uma ideia, uma metáfora ou mesmo um objeto material, a partir dos quais desenvolvê-las. Diz-se de Kant que ele tinha um ouvinte que acompanhava fielmente suas palestras, ano após ano, ocupando o mesmo lugar no auditório. Para ajudar sua concentração, e como um *point de repère*, Kant costumava focalizar os olhos no botão superior do colete deste homem. Em certa ocasião, quando o jovem não apareceu, o grande filósofo se viu incapaz de dar sua palestra![116]

O *point de repère* de Condillac foi sua imagem de um homem que de fato não era um homem real, mas uma grande estátua morta que era, porém, dotada de uma faculdade sensorial[117]. Gradualmente, todos os sentidos da estátua despertam,

---

113. Ali Condillac afirma expressamente: *ce traité n'est... que le résultat des conversations que j'ai eues avec elle [ou seja, Mlle. Ferrand]* [Este tratado não é senão o resultado das conversas que tive com a Sra. Ferrand] (1754 [1798], p. 53).

114. Aqui as notas diferem: Hannah traz 1885, Kluger-Schärf 1785, Schmid 1785 e 1885, Sidler 1794 e 1885. Em todo caso, o livro apareceu em pelo menos três reimpressões: em 1788, 1792 e 1798 (cf. Referências).

115. Uma primeira tradução alemã apareceu, porém, já em 1791 (cf. Referências).

116. "Ele geralmente escolhia um ouvinte que se sentava perto dele e lia, em sua face, se estava sendo entendido ou não. Quando tivesse começado a desenvolver seu pensamento, a menor perturbação no auditório poderia interromper sua linha de raciocínio. Certa vez, foi distraído por um aluno que se sentou bem na sua frente com um botão a menos no casaco" (GULYGA, 1987, p. 79).

117. Condillac imagina uma estátua organizada internamente como um homem, animada por uma alma que nunca recebeu uma ideia e na qual nenhuma impressão sensorial ainda tinha penetrado. Ele então destravava seus sentidos um por um.

primeiramente o do olfato. Condillac procurou reconstruir a psique humana como um todo a partir desta estátua e das suas sensações, sem a ajuda de qualquer outra hipótese. Este procedimento é característico da atitude psicológica deste pesquisador. Ele era ansioso em aniquilar a qualidade extremamente vívida, intangível e iridescente da alma humana, este ser absolutamente inapreensível, para transformá-la em pedra, isto é, em um tipo de espécime, e então sondá-lo em um ponto singular e específico. Ele mata a matéria psíquica, por assim dizer, para poder dissecá-la e estudá-la[118].

Ocasionalmente, esse é o modo como a razão lida com a psique – isto é, matando-a para trazê-la à vida, por assim dizer. Condillac considerava que qualquer conteúdo possível da alma era uma "sensação transformada" [*sensation transformée*][119]. Aqui, um pouquinho de metafísica entra na equação, porque, segundo Condillac, a alma é uma substância senciente, mas ao mesmo tempo uma substância imaterial – embora isto seja difícil de imaginar –, isto é, uma sensação sem sujeito que perambula sem objetivo pelo universo.

Talvez vocês tenham ouvido falar de Rudolf Steiner[120]. Em um de seus livros, ele escreve que antes de o Planeta Terra ter vindo a existir, diferentes planetas existiam, inclusive planetas a gás, habitados inteiramente por seres etéreos. Ele observou também que a existência das sensações de paladar também tinha sido substanciada

---

118. Em sua palestra inaugural no ETH, em 5 de maio de 1934 (ou seja, poucos meses depois do começo de suas palestras regulares), Jung novamente se referiu a Condillac, criticando-lhe a opinião de que seria "possível investigar processos psíquicos *isolados*. Não há processos psíquicos isolados, assim como não há processos vitais isolados" (1934a, § 197).

119. P. ex.: *Le desir... les passions, l'amour, la haine, l'espérance, la crainte, la volonté. Tout cela n'est donc encore que la sensation transformée* [O desejo, as paixões, o amor, o ódio, a esperança, o temor, a vontade. Tudo isso não é senão a sensação transformada] (CONDILLAC, 1754 [1798], p. 21).

120. Rudolf Steiner (1861-1925), o conhecido e influente esotérico e filósofo austríaco, fundador da antroposofia. Sobre Jung e Steiner, cf. Wehr, 1972.

nesta esfera a gás[121]. Remeto aqui também ao poema "O joelho", de Christian Morgenstern, em que diz: "Na terra perambula um joelho solitário. É só um joelho, nada mais"[122].

Vale a pena notar que o caráter absoluto da psicologia francesa do século XVIII se baseia firmemente na tradição latina. Um exemplo remoto para Condillac foi Arnobius Africanus (350 E.C.)[123], um Padre da Igreja latina, que argumentou que a alma humana é vazia e de uma natureza material. Tudo o que entra nela se baseia na experiência sensorial. Sua crença, que ele compartilha com o cristianismo em geral, é que a alma ou não existe antes do batismo e entra no corpo com o tempo ou, se existe, então apenas em uma condição totalmente deplorável, a do pecado original,

---

121. Segundo Steiner, há na verdade sete grandes encarnações ou condições planetárias do sistema terrestre: Saturno, Sol, Lua, Terra, Júpiter, Vênus e Vulcano. Durante a chamada Evolução Solar, seres chamados de "Espíritos da Sabedoria" ou "Kyriotetes" começaram a preencher a substância etérica do corpo da humanidade, e assim a humanidade recebeu vida, i. é, o "corpo etérico". Depois, a substância planetária se condensou em um estado gasoso, que emanou luz no cosmos.

122. Das *Galgenlieder* [Canções de Gallow] (1905) de Morgenstern: *Ein Knie geht einsam durch die Welt. / Es ist ein Knie sonst nichts! / Es ist kein Baum! Es ist kein Zelt! / Es ist ein Knie, sonst nichts. // Im Kriege ward einmal ein Mann / erschossen um und um. / Das Knie allein blieb unverletzt – als wärs ein Heiligtum. // Seitdem gehts einsam durch die Welt. / Es ist ein Knie, sonst nichts. / Es ist kein Baum, es ist kein Zelt. / Es ist ein Knie, sonst nichts.* [Na terra perambula um joelho solitário. / É apenas um joelho, nada mais. / Não é uma barraca, não é uma árvore. / É apenas um joelho, nada mais. / Na batalha, há muito tempo, um homem / Foi crivado e pensou e pensou. / O joelho sozinho escapou ileso / Como se isso fosse apenas um tabu. / Desde então, perambula um joelho solitário. / É apenas um joelho, nada mais. Não é uma barraca, não é uma árvore. / É apenas um joelho, nada mais]. Christian Morgenstern (1871-1914), famoso poeta, escritor e tradutor alemão (de, entre outros, Strindberg, Hamsun e Ibsen), mais conhecido por sua poesia enganosamente humorística; a propósito, um amigo e adepto de Rudolf Steiner.

123. Arnobius da África (Africanus), cerca de 300 E.C. Em sua psicologia e teoria do conhecimento, sustentou que todo conhecimento se baseia na experiência e na sensação. Inicialmente a alma está vazia, só a ideia de Deus é inata. A alma em si é de uma natureza corpórea, e alcança a imortalidade apenas através da graça de Deus. O próprio Deus, porém, é imaterial e eterno. Cf. Francke, 1878; Röhricht, 1893.

necessitando da iluminação divina. A alma humana de fato precisa de iluminação em grande medida, mas é duvidoso se ela é tão vazia – ela poderia, afinal de contas, ser cheia de ideias! É esta visão de Arnobius que Condillac retoma, concordando que a alma precisa ser preenchida de fora.

Esta imagem primordial ou mito de que a alma é vazia e que, portanto, deve ser preenchida de fora, ainda é amplamente, e alarmantemente, prevalente hoje em dia. É por isso que as pessoas ainda estão convictas de sua total inofensividade, embora nada pudesse estar mais longe da verdade. Esta ideia de ser inofensivo tem a ver com a ideia do suposto vazio da alma: se nada de mau pode ser encontrado nela, deve ter vindo de fora! Assim, outrem deve ser considerado responsável por isso, seja mãe, pai ou professor. Mas a alma não é uma *tabula rasa*, já é preenchida com bem e mal quando vimos ao mundo. Na verdade, há todo tipo de coisa nela, embora possamos permanecer inconscientes a respeito. Senão, como poderíamos explicar o fato de que a mente da criança é cheia de ideias mitológicas?

A noção de que a alma entra no homem exclusivamente através do batismo é o conceito cristão no qual se baseia o rito do batismo. O livro *L'Île des Pingouins* [A ilha dos pinguins], de Anatole France, se baseia na mesma crença. Nele, o velho abade St. Maël, meio cego pelo reflexo do gelo polar, batizou um grupo de pinguins, assim causando um enorme problema dogmático nos círculos celestiais, sobre este ser ou não um ato blasfemo, pois só os seres humanos têm almas imortais. Um conselho foi convocado no céu, mas os ânimos se exaltaram, e nenhuma decisão foi tomada. Por fim, Santa Catarina foi chamada, e a sabedoria da mulher resolveu o problema com um julgamento salomônico: ambas as partes estavam certas. Os pinguins, sendo aves, não tinham almas imortais; mas também é verdade que através do batismo se alcança a imortalidade. Então, ela pediu ao Bom Deus que lhes desse uma alma, mas só uma pequena – *Donnez-leur une âme, mais une petite![124]*

La Mettrie e seu *O homem máquina*, e as obras de Condillac, suscitaram uma reação contra a psicologia materialista. Entre os primeiros que confrontaram o materialismo estiveram, na Suíça, Jean-Jacques Rousseau (1712-1778)[125], e também Charles Bonnet (1720-1782), em Genebra[126], Em sua obra principal, *Essai analytique sur les facultés de l'âme* [Ensaio analítico sobre as faculdades da alma] (1760), Bonnet assumiu um ponto de vista insólito, a saber, uma abordagem psicofísica da alma. Ele defendeu que ela não é nem puramente espiritual nem puramente corpórea, mas sim fica estranhamente entre ambos. Para caracterizar esta posição intermediária peculiar, ele recorre a uma imagem, qual seja, o conceito de éter, o que quer dizer, uma matéria que não é matéria e ainda assim preenche o espaço. Consequentemente, ele concebeu a alma psicológica como tendo um corpo etéreo, no qual as memórias são armazenadas[127].

---

124. No original: *[J]e vous supplie, Seigneur... de leur accorder une âme immortelle, mais une petite* [Senhor, eu vos suplico, dai-lhes uma alma imortal – mas uma pequena] (FRANCE, 1908, p. 39). Esse livro satírico do autor francês e vencedor do Nobel Anatole France (1844-1924) descreve a história desta colônia de aves, espelhando a história da França e da Europa Ocidental. Jung também cita essa passagem em seu comentário ao *Livro tibetano dos mortos* (1935b, § 835) e em *Mysterium coniunctionis* (1955/1956, § 227).

125. Jean-Jacques Rousseau (1712-1778), filósofo, escritor e compositor de Genebra. Suas visões são condensadas, não muito precisamente, nos clichês do "De volta à natureza!" e o "Bom selvagem". Seus pensamentos pedagógicos, assim como os políticos, tiveram um enorme impacto. Cf. Rousseau, 1755 [1754], 1761, 1762a, 1762b e sua autobiografia (1782-1789). Há várias referências a Rousseau nas obras de Jung; p. ex., sobre o conflito entre o indivíduo e a função social (cf. *OC* 6 § 119s., 129s.).

126. Só em 1815 a cidade e o cantão de Genebra se tornaram parte da Federação Suíça.

127. Charles Bonnet (1720-1793), cientista natural e filósofo suíço; um empirista, adepto precoce da teoria da evolução e descobridor da partenogênese em pulgões ou piolhos. No *Essai analytique*, ele desenvolveu suas visões referentes às condições fisiológicas da atividade mental; p. ex., ao escrever: *Nous ne conoissons pas de Matiere plus mobile, plus subtile, que celle du Feu, ou de l'Ether des Philosophes modernes. C'est*

Rudolf Steiner, como vocês sabem, atribui a todas as pessoas um corpo etéreo como também um corpo astral[128]. Steiner descobriu este conceito na filosofia Indiana, diferentemente de Bonnet. A filosofia indiana era desconhecida na época, pois só posteriormente, no início do século XIX, que Anquetil-Duperron trouxe as primeiras traduções dos *Upanishads* à Europa, assim abrindo um novo mundo para o Ocidente[129]. O conceito de Bonnet do corpo etéreo pode ser remetido à filosofia medieval, especificamente à sua ideia primitiva do *subtle body* [corpo sutil][130], algo semelhante à fumaça ou ar, o espírito vital[131] que habita em nós. Dentro do

---

donc une conjecture qui n'est pas dépurvue de probabilité, que l'Organe imméditat des Opérations de nôtre Ame, est un composé de Matiere analogue à celle du Feu ou de l'Ether [Nós não conhecemos uma matéria mais móvel, mais sutil do que a do fogo, ou do éter dos filósofos modernos. Portanto, não é uma conjectura improvável que o órgão imediato das operações da alma seja um composto de matéria análogo ao do fogo ou do éter] (1760, p. 236).

128. Steiner falou de três "nascimentos" dos humanos, sucedendo-se um ao outro em ciclos de sete anos. Até à idade de 7 anos, a criança está envolvida em uma cobertura etérea e astral. Após a segunda dentição da criança, nasce o corpo etéreo; aos 14 anos, o corpo astral, ou o corpo da sensação, é revelado; e aos 21 anos o "corpo do eu" é inserido na vida espiritual.

129. Abraham Hyacinthe Anquetil-Duperron (1731-1805), viajante, orientalista e tradutor francês; pioneiro nos estudos do *Avesta* [escritura sagrada do zoroastrismo (N.T.)] mas, sobretudo, tradutor (do persa para o latim) de uma coleção dos *Upanishads*, juntamente com extensos comentários (1801, 1802), despertando um amplo interesse. Arthur Schopenhauer, que teve um papel importante, pondo lenha na fogueira desse interesse, chamou-a de "a produção da sabedoria humana superior" e "a leitura mais satisfatória e edificante [...] que é possível no mundo: ela foi o consolo da minha vida, e será o consolo da minha morte" [*die belohnendeste und erhebendeste Lektüre, die [...] auf der Welt möglich ist: sie ist der Trost meines Lebens gewesen und wird der meines Sterbens sein*] (1851, vol. 2, § 184).

130. Esta expressão em inglês nas notas da palestra: "Os filósofos [...] consideraram sua *prima materia* como sendo uma parte do caos original impregnado de espírito. Por 'espírito' eles entendiam um pneuma semimaterial, uma espécie de '*subtle body*'" JUNG, 1939 [1937], § 160, p. 98-99). Jung detalhou suas visões sobre o conceito do *subtle body* um ano e meio mais tarde, no seminário sobre o *Zaratustra* (1988, p. 441-446, 449-450). Cf. Mead, 1919.

131. *Lebenshauch*, literalmente sopro de vida. A expressão usual nos textos latinos da época é *spiritus vitalis*, que foi usada como um modelo para esta tradução.

corpo material, ela afirma, existe outro, como que um sopro que preenche o primeiro e o traz à vida. Diz-se que é o sopro de vida do mensageiro celestial. No último suspiro dos moribundos, este sopro deixa o corpo. Daí o costume indiano de que o filho mais velho se incline sobre seu pai moribundo para lhe inalar o último suspiro.

Provavelmente, essa ideia também informa o canibalismo. Senhoras e senhores, o canibalismo, contudo, não é praticado só por diversão! Nem se deve à falta de carne, tampouco ao cultivo da culinária. Na verdade, é magia. Pela sua prática, adquire-se *prāna*[132], isto é, a energia vital da pessoa moribunda. Eu assim me aproprio da inteligência do inimigo, dando uma colherada no seu cérebro, ou de sua coragem, ao comer seu coração. Não havia a menor dúvida entre os indígenas americanos de que era preciso engolir o coração de um inimigo corajoso enquanto ainda se contorcia.

Estas ideias tiveram uma profunda influência também na filosofia. Assim, Bonnet, como eu assinalei, fez uso do conceito do *"subtle body"*, e também afirmou que as imagens mnemônicas são armazenadas no corpo etéreo. Há um conceito indiano muito semelhante, qual seja, um éter conhecido como *akasha*[133]. O termo designa um mundo etérico geral no qual as experiências de toda a humanidade são armazenadas e que agora são tão materiais que a teosofia afirma que talvez possam até mesmo ser fotografadas. A filosofia indiana fala dos "registros akáshicos"[134].

---

132. *Prāṇa*, sânscrito para "força vital", a noção de uma força vital, sustentadora da vida dos seres vivos e energia vital. Sua forma mais sutil é o sopro.

133. *Akasha*, sânscrito para éter (também espaço ou céu); a base e essência de todas as coisas no mundo material, o primeiro elemento material criado no mundo astral.

134. Os registros akáshicos, um conceito hindu, são descritos como contendo todo o conhecimento da experiência humana e a história do cosmos, como uma "biblioteca" universal em um plano não físico de existência. O conceito foi popularizado no Ocidente pela teosofia e pela antroposofia.

Este *revival* autônomo do imaginário indiano em Bonnet é um exemplo de palingênese[135]. Algo bastante similar pode ser encontrado na obra do filósofo francês Henri Bergson: a ideia da *durée creatrice* [duração criadora][136]. Essa ideia aparentemente deriva do material da "deliveração" filosófica e da experiência. Na realidade, porém, ela consiste do *revival* de uma antiga ideia comum entre os pensadores neoplatônicos. Um deles, Proclo, assim afirmou: "Sempre que há criação, há tempo"[137]. Mas não há razão para considerar Bergson culpado de plágio. A ideia simplesmente voltou nele à tona.

Em contraste com a palingênese, o *revival* autônomo de uma ideia em outra época, a criptomnésia[138] é uma memória escondi-

---

135. Do grego *palin* = de novo, e *genesis* = nascimento, criação.

136. Jung repetidamente se referiu ao filósofo francês Henri Bergson (1859-1941) e a suas noções do *élan vital* e da *durée créatrice* [duração criadora], esta última sendo "realmente a ideia neoplatônica de Cronos como um deus da energia, luz, fogo, poder fálico e do tempo" (1984, p. 428); portanto "um exemplo do *revival* de uma imagem primordial", que já podia ser encontrada" em Proclo [...] e Heráclito" (1919, § 278).

137. Proclo (*ca.* 412-485), chefe da academia platônica em Atenas, expoente entre os neoplatônicos. Em seu sistema, o primeiro princípio é "O Uno", que produz todo Ser, mas que em si está além do ser. O intelecto divino, segundo princípio, está fora do tempo e produz a Alma, que por sua vez produz o Corpo, o mundo material. Aquilo que *é* – ser perpétuo – é "distante de toda mutação temporal", mas aquilo que é gerado (a natureza formada corporalmente, corpo) "ou *é sempre* gerado, ou em um *certo tempo*" (Proclo, livro 2, 1234) [Outro grande expoente do neoplatonismo, Plotino, foi tema de curso de Bergson na *École Normale Supérieure*, provavelmente por volta de 1898-1899 (cf. BERGSON. *Cursos sobre filosofia grega*. Trad. de Bento Prado Neto. São Paulo: Martins Fontes, 2005 (N.T.)].

138. Termo cunhado pelo psicólogo genebrino Théodore Flournoy (1854-1920): "por *criptomnésia* eu entendo o fato de que certas lembranças esquecidas reaparecem sem serem reconhecidas pelo sujeito, que acredita ver nelas algo novo" (*Planet Mars*, p. 8). O trabalho de Flournoy teve um grande impacto sobre Jung; cf. o capítulo sobre ele em *Memórias, sonhos, reflexões* (só na edição alemã, e traduzido na edição de 1994 do livro de Flournoy), e a detalhada discussão do livro de Flournoy *Des Indes à la Planète Mars*, posteriormente nestas palestras (p. 231ss.). Tanto Bergson como Flournoy foram amigos de William James, outra referência importante para Jung (cf. ibid.)

da, o *revival* de algo que nós já conhecêramos outrora, mas que depois foi completamente esquecido conscientemente. Um exemplo disso é o romance de Benoit *L'Atlantide*[139]. Todo o seu conceito tinha aparecido muito antes em um livro de um inglês, o romance *She*, de Rider Haggard[140]. Benoit foi subsequentemente acusado de plágio, mas alegou que nunca tinha lido *She* – o que é bem possível em se tratando de um francês[141].

Eu mesmo descobri uma passagem deste tipo em Nietzsche. Ao fazer investigações junto a sua irmã, a Sra. Elisabeth Förster-Nietzsche, soube que o jovem Nietzsche tinha lido este livro aos 11 anos de idade e mais tarde repetiu uma passagem dele integralmente[142].

Após Bonnet, o desenvolvimento da filosofia francesa foi interrompido pela Revolução Francesa[143]. Esse evento impactante

---

139. Pierre Benoit (1886-1962), romancista francês. Em *L'Atlandide* [A Atlântida] (1919), dois oficiais franceses são capturados pela monstruosa Rainha Antinea. Ela tem um mausoléu subterrâneo com 120 nichos esculpidos na parede, cada qual destinado a um de seus amantes. Quando todos os 120 nichos estiverem preenchidos, Antinea se sentará no centro do mausoléu e reinará para sempre. Um dos oficiais é incapaz de resistir aos seus feitiços e mata, a pedido dela, o colega. Mas, por fim, consegue escapar.

140. Sir Henry Rider Haggard (1856-1925), escritor inglês de romances de aventura. Seu *She* [Ela] (1886-1887) é um dos romances mais vendidos de todos os tempos. Descreve a jornada de Horace Holly e do seu guarda Leo Vincey a um reino perdido na África. Ali eles encontram uma misteriosa rainha branca, Ayesha, que reina como a todo-poderosa "She", ou "Ela que deve ser obedecida" – Jung frequentemente citou *She* e *L'Atlantide* como descrições clássicas da figura da anima (cf. o Índice geral de *OC*).

141. Após ter sido acusado de plágio, Benoit entrou com um processo por difamação, afirmando, entre outras coisas, que *She* não tinha sido traduzida para o francês, e que ele não lia inglês – o que descartaria a criptomnésia, como alegado também por Jung alhures (ex., 1939a, § 516; 1964 [1961], § 457). Ele perdeu sua ação judicial (*New York Times*, 24 de julho de 1921).

142. Cf. a Palestra 6, de 24 de novembro de 1933, na qual Jung trata deste incidente com detalhes. • Friedrich Nietzsche (1844-1900) foi de enorme importância para Jung. Cf., p. ex., *Memories*, p. 123-124, e o seminário sobre o "Zaratustra de Nietzsche" que ele iniciou no semestre de verão do ano seguinte (1988 [1934-1939]).

143. Em 1789.

não foi uma súbita irrupção no mundo exterior, mas sim tinha sido longamente preparado por filósofos e psicólogos. Pois os grandes tumultos aparecem primeiramente no reino da alma. A ideia vem primeiro, e a realidade a segue. Por exemplo, levou 20 anos para que *Força e matéria*, de Ludwig Büchner[144], *Force and Matter*, consumasse sua ruptura. Ele apareceu primeiramente nos anos de 1870, e nos anos de 1890 se tornou o livro mais lido nas bibliotecas alemãs para trabalhadores[145]. Portanto, um lapso de 20 anos do nascimento de uma ideia até seu impacto generalizado. Isto mostra que não é de modo algum imaterial quais pensamentos uma universidade ou um professor incuba, pois a história bem pode se aproveitar desta ideia. No caso da Revolução Francesa, este fato foi autoevidente.

---

144. (Friedrich Karl Christian) Ludwig (Louis) Büchner (1824-1899), filósofo, fisiólogo e médico alemão; expoente do materialismo científico do século XIX e fundador da Liga de Livres-pensadores Alemães.

145. Na verdade, o livro de Büchner, *Kraft und Stoff*, apareceu primeiramente em 1855, não na década de 1870. Com suas visões abertamente materialistas sobre a indestrutibilidade da matéria e da força, e sobre a finalidade da força física, ele imediatamente suscitou uma tempestade de críticas na imprensa alemã, e lhe custou o cargo docente em Tubingen, mas foi um *best-seller* instantâneo, e traduzido em muitas línguas (p. ex. sexta edição alemã de 1859; tradução em inglês de 1864; 21 reimpressões alemãs em 50 anos).

Palestra 4

10 de novembro de 1933

Questões apresentadas

Eu recebi uma objeção do lado católico, qual seja, a de que o homem não obtém a sua alma quando é batizado, mas já quando é concebido.

As observações que fiz da última vez sobre o cristianismo e o batismo parecem ter gerado mal-entendidos. Não disse que os católicos negam a existência de uma alma até que a criança seja batizada. A doutrina católica defende que a alma humana vem a existir quando o indivíduo é criado, ou seja, no momento da concepção. Alguns Padres da Igreja supunham que a alma só entrava no embrião humano de 40 a 60 dias após o momento da concepção. Pessoalmente, estou convencido de que não só as pessoas, mas também os animais têm almas. Mas o que quis dizer é que o batismo acarreta mudanças bastante consideráveis na alma humana. A Igreja Católica sustenta que o homem nasce em uma condição lamentável, qual seja, o pecado original, que é uma condição negativa. Esta visão coincide com a doutrina sobre o dilema de crianças em tenra idade e não batizadas. Se morrerem não batizadas, estarão sujeitas a serem penalizadas por causa do pecado original[146].

---

146. Segundo o conceito (não a doutrina) católico do *limbus infantium*, as crianças não batizadas morrem em pecado original. Elas não são fadadas ao inferno dos condenados, mas ao limbo dos infantes (*limbus* = borda, fronteira, a "beira" do inferno). Esta hipótese teológica foi oficialmente abandonada pelo Papa Bento XVI.

Este pensamento deixa claro que a doutrina católica considera que a alma humana carece de salvação. Não estou discutindo a questão do dogma, que não diz respeito a estas palestras. Mas é minha convicção a mais profunda que todas estas doutrinas são de alguma maneira extraordinariamente verdadeiras. Minha visão pessoal é que nenhuma verdade religiosa é relativa, mas que cada uma é verdadeira em si. Não há nenhum padrão lógico de comparação. As experiências existem por si mesmas. Estas são experiências psicológicas verdadeiras e genuínas[147]. Para os primitivos que eu encontrei, o nascer do sol era uma experiência religiosa. Se eu criticasse estas questões, seria culpado de uma incrível estupidez desde o início!

***

Estamos trilhando nosso caminho cuidadosamente pela pré-história da psicologia. Na última palestra, concluí a minha discussão dos psicólogos franceses na época da Revolução Francesa. As revoluções são sempre sintomas de uma grande transformação mental. Vocês verão isto acontecer também na Alemanha de hoje, e verão que algo novo emergirá desta transformação.

Embora tenham se tornado agora obsoletos na França, os psicólogos continuaram a existir na Alemanha. Johann Friedrich Herbart (1776-1841), por exemplo, seguiu o trabalho dos psicólogos ingleses Hume e Hartley, e, como estes, desenvolveu uma

---

147. De modo semelhante, Jung afirmou sua crença, em *Psicologia e alquimia*, de "que Deus se exprimiu em muitas linguagens e apareceu em múltiplas formas, e que todas essas afirmações são *verdadeiras*" (1935/1936 [1943], § 18; itálico no original). Ele também enfatizou a sua convicção de que as matérias religiosas "não são uma questão de crença, mas de experiência. A experiência religiosa é absoluta; não pode ser objeto de disputa" (1939 [1937], § 167). Mais famosa é provavelmente sua resposta, na entrevista "Face to Face", 1959, à questão sobre se ele acreditava em Deus: "Eu não preciso acreditar, eu sei" (In: *Jung speaking*, p. 428).

psicologia da associação. A principal ideia de Herbart é que elementos singulares se fundem em um todo, a consciência, através da associação, seguindo os princípios da atração e repulsão de ideias[148]. Ele é o pai da mais recente psicologia fisiológica e experimental, que não discutirei aqui.

Herbart é seguido por Fechner e Wundt (1832-1920)[149]. Com este último, chega-se ao auge. Gustav Theodor Fechner (1801-1887) é o fundador de um novo ponto de vista psicológico, a saber, a chamada psicofísica, que teve um papel essencial no desenvolvimento da psicologia[150]. Fechner a princípio tocou em um aspecto da psicologia que não sugere que ele faria outra contribuição à psicologia. Sua obra *Elementos de psicofísica* (1860) envolvia não só logaritmos, mas também equações diferenciais e integrais! De todo modo, isso teve um efeito completamente depressivo sobre mim na época de estudante[151]. O estudo de Fechner se baseou na lei de Weber[152], que mais tarde se tornou conhecida como a

---

148. Johann Friedrich Herbart (1776-1841), filósofo, psicólogo e educador alemão; conhecido principalmente como o primeiro psicólogo "dinâmico" e o pai da pedagogia científica. Desenvolveu um conceito de uma mecânica das *Vorstellungen* – ideias ou representações –, que ele concebeu como forças dinâmicas que interagem e entram em contato entre si, através dos processos de mistura, fusão, enfraquecimento e combinação em uma miríade de abordagens. Ideias inconscientes, se fortes o bastante, podem romper um *limen* da consciência e entrar na mente, na "massa aperceptiva", através de associação com ideias já presentes. Para Herbart, sobre psicologia, cf. Herbart 1816, 1824-1825, 1839-1840. Cf. tb. Jung, 1946b, § 350.

149. Sobre Wundt, cf. nota 78.

150. Gustav Theodor Fechner (1801-1887), médico alemão, psicólogo experimental e filósofo natural, também autor de poemas e de peças literárias (sob o pseudônimo de Dr. Mises); fundador da psicofísica (cf. FECHNER, 1860); 1834-1839, professor de Física; de 1843 até sua morte, professor de Filosofia Natural e de Antropologia na Universidade de Leipzig. Na velhice, tornou-se um expoente do animatismo e do panpsiquismo (cf. adiante).

151. Jung tinha chamado a "psicofísica de Fechner [...] de uma tentativa acrobática de saltar por cima da própria cabeça" (1926 [1924], § 162).

152. A lei de Ernst Heinrich Weber (1795-1878) – que tinha sido professor de Fechner na Universidade de Leipzig – afirma que a diferença apenas perceptível [DAP] entre dois estímulos físicos é proporcional à magnitude dos estímulos.

lei "Fechner-Weber". Esta lei afirma que as diferenças perceptivas relativas entre dois estímulos correspondem à diferença relativa na intensidade da sensação[153]. Ela sugere que a natureza efêmera da alma pode ser penetrada, e compreendida, com o auxílio de instrumentos de mensuração física. Embora Fechner compilasse tabelas e fizesse cálculos, sua lei só é válida dentro de certos limites. Pois quando as pontuações aumentam ou diminuem um pouco, ela deixa de ser verdadeira.

Se Fechner só tivesse escrito *Elementos de psicofísica*, ele poderia tranquilamente ser ignorado, e suas obras, resolutamente engavetadas. Mas ele foi também um assim chamado filósofo e escreveu uma série de livros além dos *Elementos*, cujos títulos já mostram que eram de uma natureza muito diferente: já em 1836 apareceu *Das Büchlein vom Leben nach dem Tode* [O pequeno livro da vida após a morte], e depois, em 1848, *Nanna oder das Seelenleben der Pflanzen* [Nanna ou sobre a vida anímica das plantas], e, em 1851, *Zend-Avesta oder Über die Dinge des Himmels und des Jenseits* [Zend-Avesta, ou sobre Questões do céu e do além].

Suponho que estes títulos evocam a cambalhota mental de uma mente conflituosa e propensa a se mover abruptamente de um extremo a outro. Nesses livros, Fechner professa suas convicções metafísicas pessoais. Elas não são, porém, nada mais do que psicologia. Estas obras psicológicas avançam um paralelismo psicofísico universal: a psique nada mais é do que o interior, isto é, a "automanifestação", de eventos e processos. O corpo é a manifestação exterior, ou, como se diz, alheia, da psique[154].

---

153. Segundo este desenvolvimento posterior da lei de Weber em 1860, a magnitude da sensação é essencialmente o *logaritmo* da magnitude do estímulo físico; ou seja, para que a intensidade de uma sensação aumente em progressão aritmética, o estímulo deve crescer em progressão geométrica.

154. Mais precisamente, para o problema mente-corpo Fechner defendeu um monismo ontológico, mas um dualismo de atributos e de propriedades, dependendo da perspectiva do observador; em outras palavras, mente e corpo são duas diferentes

A grande realização de Fechner é sua distinção entre um mundo interior empírico e um mundo exterior empírico. Ele especula até mais longe ainda ao presumir que não apenas o corpo humano, mas todos os corpos vivos, ou qualquer corpo em si, possuem um "interior", isto é, "automanifestação". Por exemplo, a mãe-terra é animada e possui uma alma, que é um ser muito mais abrangente do que a alma humana. Ela se conduz como a alma de um anjo que abarca todas as almas humanas. A totalidade dos cérebros humanos constitui assim o cérebro da alma da Terra. A essência onisciente e superior da divindade é a alma do universo[155]. Embora esta linha de pensamento não seja interessante como filosofia, o é como psicologia. Fechner confessa seu sentimento de que a alma individual não é isolada, mas sim parte de um todo maior, que corresponderia mais ou menos ao todo da terra. Esta é a primeira ocorrência da noção de uma conexão psíquica supraordenada,

---

Erscheinungsweisen [modos de manifestação] de uma mesma *Grundwesen* [essência ou ser fundamental]: "O material, físico, corporal [...] o psíquico, o mental, são dois modos de manifestação de uma só e mesma essência; os primeiros sendo o modo exterior de manifestação dos outros [o *Fremderscheinung*]; os últimos sendo o interior de si mesmo [a *Selbsterscheinung* ou automanifestação]; as duas são diferentes porque uma só e mesma coisa aparece de diferentes formas quando percebida por diferentes pessoas de diferentes pontos de vista" [*Das Materielle, Körperliche, Leibliche und... [das] Psychische, Geistige sind zwei Erscheinungsweisen desselben Wesens, ersteres die äussere für andre Wesen, letztere die innere Erscheinungweise des eignen Wesens, beide deshalb verschieden, weil überhaupt ein und dasselbe verschieden erscheint, je nachdem es von verschiedenen aus verschiedenem Standpunkt aufgefasst wird*] (FECHNER, 1879, cap. XXII). Cf. Fechner, 1860, vol. 1, p. 4-6; Heidelberger, 1993, 2010.

155. Fechner defendeu que a mente permeia o universo, e postulou uma "alma do mundo" ou "mente do mundo" da qual tudo faz parte. Ele sustentou "que o universo como um todo é de caráter espiritual, o mundo fenomênico da física sendo apenas a manifestação exterior desta realidade espiritual [...]. Os átomos são apenas os elementos mais simples em uma hierarquia espiritual que leva até Deus. Cada nível dessa hierarquia inclui todos os níveis abaixo dela, de modo que Deus contém a totalidade dos espíritos. A consciência é uma característica essencial de tudo o que existe [...]. Fechner considerava a terra, 'nossa mãe', como um todo orgânico dotado de alma" (ZWEIG, 1967). Cf. Fechner, 1861.

uma conexão que não está contida dentro da alma individual e que pode apenas ser deduzida pelo intelecto.

Carl Gustav Carus (1789-1869)[156], um médico e filósofo, trabalhou quase que nas mesmas linhas de Fechner. Em alguns aspectos, o pensamento deles é notavelmente semelhante, por conta de uma lei obscura segundo a qual as coisas têm uma tendência de acontecer ao mesmo tempo, de modo completamente independente de causalidade e de espaço. Daí a simultaneidade entre eras estilísticas acontece em todo o mundo, na Europa e na China, e assim por diante. Carus difere de Fechner, contudo, por nunca ter tentado ser um psicólogo exato. Não era um empirista, mas um filósofo e um panteísta, influenciado por Schelling. Sua principal proeza foi o desenvolvimento de uma psicologia comparada. Em 1846, seu livro *Psyche, Zur Entwicklungsgeschichte der Seele* [Psique, sobre a história do desenvolvimento da alma] foi publicado, seguido, em 1866, de *Vergleichende Psychologie* [Psicologia comparada]. Suas obras foram reimpressas pela Diederichs em 1926, tendo Ludwig Klages como organizador[157].

Carus foi o primeiro a falar de "o inconsciente"[158], e seus escritos contêm pontos de vista altamente modernos a respeito. Por

---

156. Carl Gustav Carus (1789-1869), polímato alemão, médico, pintor, filósofo natural e pioneiro filosófico da psicologia do inconsciente; também se destacou por seu trabalho sobre anatomia comparada. Carus foi uma figura importante para Jung, que afirmou: "Minhas concepções são muito mais parecidas com Carus do que com Freud" (In: *Jung Speaking*, p. 207), e que mencionou Carus repetidamente em sua obra (ex.: JUNG, 1940, § 259). Cf. Hillman. In: Carus, 1846, ed. 1970; Shamdasani, 2003, p. 164-167.

157. Diederichs foi uma editora de prestígio em Jena, Alemanha, contando entre seus autores sete vencedores do Prêmio Nobel de Literatura; p. ex., Bergson, Hesse e Spitteler. Existe até hoje, pertencendo desde 2008 à Random House. *Psyche*, de Carus, realmente foi publicado pela Diederichs, mas essa edição de *Psicologia comparada* não pôde ser atestada. • Friedrich Konrad Eduard Wilhelm Ludwig Klages (1872-1956) foi um influente filósofo e psicólogo alemão, pioneiro da grafologia.

158. Na verdade, o termo "inconsciência" [*Unbewusstseyn*] já foi empregado antes de Carus; p. ex., nos *Aforismos filosóficos* de Ernst Platner (1776, § 11-19, 25,

exemplo, ele observou que "a chave para o conhecimento da natureza da vida consciente da alma está na região do inconsciente"[159]. Para Carus, a alma é o princípio formativo do corpo; a psique forma seu corpo. Para ilustrar a relação do consciente com o inconsciente, ele usa a imagem concreta da alma como uma grande e incessante correnteza sinuosa que é iluminada pelo sol, isto é, pela consciência, apenas em um único ponto[160]. Como a correnteza carrega consigo muitas coisas valiosas que permanecem não descobertas, tantos tesouros estão escondidos de nós, e a dinâmica efetiva se processa na escuridão, isto é, no inconsciente. A consciência é um feixe de luz que recai sobre certos pontos. Esta noção ecoa Kant, com a exceção de que estão ausentes as dinâmicas do pensamento deste último. A chave para a psicologia real pode ser encontrada apenas na escuridão. A doença mental e a criatividade também se originam no inconsciente. Carus considera que o inconsciente, enquanto vontade e inteligência humanas, supõem uma extensão cósmica. É uma vontade cósmica, uma inteligência cósmica, que cria as coisas e produz consciência através do inconsciente do indivíduo. Esta filosofia foi retomada mais tarde por Eduard von Hartmann[161].

---

p. 5-9). Na esteira de Leibniz e Wolff, Platner diferenciou entre ideias com consciência, como percepção, e sem consciência, como representações sombrias e obscuras; p. ex. no estado de sono. A alma, envolvida em um processo ininterrupto de geração de impressões ou ideias, vacila entre consciência e inconsciência. Também Schelling, conforme citado por Jung em uma palestra anterior, falou do "eternamente inconsciente" em 1800 (cf. p. 118-119 e notas 93 e 94). Cf. Grau, 1922, p. 63; Lütkehaus, 2005; Nicholls e Liebscher, 2010, p. 9, com agradecimentos a Martin Liebscher.

159. *Der Schlüssel zur Erkenntnis vom Wesen des bewussten Seelenlebens liegt in der Region des Unbewusstseins*. Esta é a frase programática e de abertura, em letras espaçadas, em Carus, 1846, p. 1. Ele também defendeu que "a doença pode ter sua raiz efetiva *apenas* na vida anímica inconsciente" (p. 432).

160. "[...] *dass man [...] das Leben der Seele vergleichen dürfe mit einem unablässig fortkreisenden grossen Strome, welcher nur an einer einzigen kleinen Stelle vom Sonnenlicht – d. i. eben vom Bewusstsein – erleuchtet ist*" (CARUS, 1846, p. 2).

161. Cf. adiante, e nota 171.

O próximo elo na cadeia é Arthur Schopenhauer (1788-1860), que é um grande fenômeno, e cuja mensagem para o mundo é de máxima importância[162]. Sua obra principal, *O mundo como vontade e representação*, foi publicada em 1819. Antes de Schopenhauer, supunha-se em geral que a alma consistia predominantemente de processos conscientes, e que poderia ser compreendida racionalmente. A partir de uma ideia inconsciente, o mundo foi transformado em um lugar muito belo, e o indivíduo foi considerado como organizado verdadeira e propriamente segundo diretrizes racionais. Evidentemente procuraríamos em vão conhecimento sobre a natureza do mundo tal como o experienciamos nessas filosofias. Mas o gênio de Schopenhauer trouxe ao mundo uma resposta, na busca da qual milhares tinham tateado em vão no escuro, e que permanece sem solução em todas essas filosofias empíricas: a voz do sofrimento[163]. Ele é o primeiro a declarar que a

---

162. Arthur Schopenhauer (1788-1860), o grande filósofo alemão. Em sua filosofia, o mundo tal como aparece para nós nas dimensões da causalidade, tempo e espaço, é tão somente nossa "representação" (ou ideia), mas, em sua essência, é a "vontade" que em última instância é acausal, aespacial e atemporal – vontade essa que ele equaciona à coisa em si de Kant – manifestando-se na vontade de viver e de se reproduzir. O intelecto é escravo da vontade, criado para ajudá-la a se realizar. Apenas sob condições excepcionais o intelecto pode se libertar e contrapor um espelho ao mundo e à própria vontade, ou mesmo negar a vontade, levando ao ascetismo (não estoicismo) e à santidade. Schopenhauer repetidamente evocou Kant e os *Upanishads* (que ele leu na tradução latina de Duperron a partir do persa) como influências cruciais. Jung tinha começado a ler Schopenhauer, e depois Kant, na adolescência: "Este desenvolvimento filosófico se estendeu dos meus 17 anos até o período dos meus estudos médicos" (*Memories*, p. 89). Referiu-se repetidamente, em suas conferências na fraternidade de Zofingia (JUNG, 1983), a Schopenhauer, cuja obra teve um impacto essencial para si: "Schopenhauer foi, por assim dizer, o primeiro homem que encontrei que falava a *minha* língua" (*Protocols*, p. 303). "Ele foi o primeiro a falar do sofrimento do mundo" (*Memories*, p. 87-88). Cf. tb. Jung, 2012 [1925], p. 4. Sobre Jung e Schopenhauer cf., entre outros, Falzeder, 2015; Jarrett, 1981; Liebscher, 2014; Nagy, 1991; Shamdasani, 2003, p. 173-174, 197-199.

163. *O mundo como vontade e representação* é abundante em afirmações como: "a existência em si é [...] uma tristeza constante", "o sofrimento constante é precípuo à vida", "toda biografia é a história do sofrimento", "o mundo existe [...] em sofrimento infinito", "um mundo cuja existência como um todo descobrimos ser

psique humana significa sofrimento, e não ordem nem propósito. Ao contrário de toda consciência racional, ele apontou uma fissura aberta que atravessa a alma humana – qual seja, entre o intelecto, por um lado, e uma vontade cega de existência e de criação, desprovida de inteligência, por outro lado. Ele poderia tanto ter se referido a isso como "vontade" quanto como o "inconsciente". Para ele, porém, esta vontade criadora é sempre caótica e demoníaca, enquanto que a noção de Carus da vontade criadora abrange a beleza, a doçura e o tédio. Schopenhauer concebe isso como o conflito trágico entre a nossa consciência e uma vontade obscura, profunda e insistente, cheia de sofrimento. Ele assim levanta uma questão no discurso psicológico que jamais devemos perder de vista, especialmente porque concerne ao homem moderno em uma escala especialmente grande.

Como em Carus, os últimos tratados de Schopenhauer se tornaram mais didáticos, como *Transscendente Spekulation über die anscheinende Absichtlichkeit im Schicksal des Einzelnen* [Especulação transcendental sobre a aparente intencionalidade no destino do indivíduo][164] e *Über den Willen in der Natur* [Sobre a vontade

---

sofrimento", "sofrimento incurável e miséria incessante [são] precípuos à manifestação da vontade, do mundo" etc. etc. (7. ed., p. 345, 365, 418, 426, 528, 531). Em resumo, dor e sofrimento são sempre "positivos", enquanto que a alegria e o prazer são sempre efêmeros e só podem ser definidos "negativamente" pela ausência dos primeiros.

164. Um capítulo em Schopenhauer, 1851. Assim como os eventos e figuras nos nossos sonhos – sejam agradáveis ou dolorosos – são inconscientemente compostos por nós mesmos, as nossas vidas, diz Schopenhauer, parecem ter os traços de um grande sonho de um sonhador, no qual todos os outros personagens oníricos também sonham, de modo que tudo é ligado a tudo, e cada evento aparentemente fortuito, desimportante ou desfavorável em nossas vistas, se visto em retrospectiva, parece ter feito parte de uma ordem e plano consistentes. Parece existir uma "unidade inexplicável do contingente e do necessário, que acaba por se revelar o controlador de todas as coisas humanas" (p. 200; trad. minha). Jung mais tarde escreveu que foi esse tratado "que originalmente serviu de padrinho das visões que estou agora desenvolvendo", ou seja, suas visões sobre a sincronicidade (1952, § 828).

na natureza][165]. De modo geral, contudo, ele continuou a conceber o mundo como uma criação acidental, na qual o intelecto preserva a ordem. O propósito essencial do intelecto, observa ele, é contrapor um espelho a esta vontade criadora cega e demoníaca, que perpetuamente dá origem a novos mundos, de modo que ela possa compreender sua própria natureza e negar sua própria existência[166]. Esta peculiar filosofia pessimista é fortemente influenciada pelo pensamento oriental, especialmente através de Duperron, que trouxe os ensinamentos orientais para a Europa[167].

Vemos um destronamento semelhante das visões cristãs pela primeira vez na Revolução Francesa, com a entronização da *déesse Raison* [deusa Razão] em Notre Dame[168], no lugar do Deus cristão, do que toda a *Enciclopédia*[169] e o Iluminismo se seguiram. Evidentemente, isso não foi simplesmente a vaidade de algumas mentes extravagantes, nem uma irrupção singular de uma psicologia requintada, mas usufruiu do apoio de todas as mentes esclarecidas e progressistas da Europa. Assim, disparou-se um tiro que ressoou por todo o mundo, e que abalou completamente a certeza

---

165. Nesse livro (1836; 2. ed., 1854), Schopenhauer usou as descobertas mais recentes das ciências naturais em apoio à sua teoria da vontade. O próprio autor considerou essa obra especialmente importante e tinha uma especial afeição por ela.

166. Há várias passagens em que Schopenhauer afirma que o intelecto, embora originalmente um mero escravo da vontade, pode se libertar deste jugo, e se tornar, especialmente no caso de um gênio, "o espelho claro do mundo" (1844 [1909], p. 144). Além disso, o autor sustenta que o intelecto existe também para "contrapor o espelho à nossa vontade" (1851 [2007], p. 81). Em última instância, o objetivo da filosofia de Schopenhauer é a *Verneinung* – negação ou recusa – da vontade (cf. 1844, cap. 48).

167. Cf. nota 129 e adiante.

168. Durante a Revolução Francesa, a 10 de novembro de 1793, a deusa Razão foi proclamada pela Convenção Francesa, e celebrada na Notre Dame de Paris. O altar cristão foi desmantelado, e um altar à liberdade foi instalado.

169. A *Encyclopédie*, compilada e redigida por um grupo de eminentes escritores do século XVIII – os *encyclopédistes*, entre eles Rousseau e Voltaire – e editada por Denis Diderot e Jean le Rond d'Alembert (cuja brilhante Introdução se tornou famosa por si só; 1751). Eles apoiaram o avanço da ciência e do pensamento secular, da tolerância, da racionalidade e da abertura de pensamento do Iluminismo.

do mundo do homem medieval. Nunca antes o cristianismo tinha sido publicamente denunciado, o golpe chacoalhou os fundamentos da Igreja. Libertaram-se forças que não mais puderam ser capturadas nas velhas formas e subjugadas.

Nessa hora de convulsão e de destruição, porém, o instinto humano realizou um ato compensatório: um francês, Anquetil--Duperron (1731-1805), foi ao Oriente em busca da verdade. Foi como se a Europa tivesse sido um ente psicológico que procurava uma nova esperança no lugar da que tinha perdido. Duperron se tornou um monge budista[170] e traduziu para o latim os *Upanishads*. Os primeiros raios da luz do Oriente entraram pelas rachaduras feitas pela Revolução Francesa e, assim como a França tinha destruído, assim também foi a França que primeiro trouxe algo novo e vivo para as esperanças partidas. Schopenhauer se deixou influenciar por essa mensagem, e a traduziu em uma nova linguagem, em uma filosofia, que o Ocidente pudesse entender.

Schopenhauer foi seguido por Eduard von Hartmann (1842-1906)[171]. Embora fortemente influenciado por Schopenhauer, Hegel e Schelling, sua filosofia deriva diretamente de Carus. Von Hartmann considera o inconsciente como a unidade da vontade e da ideia, bem como o fundamento intencionalmente ativo do mundo de natureza divina e absoluta. A psicologia é escassa em seus escritos; ele foi antes um filósofo e escreveu sobre a *Philosophie des Unbewussten* [A filosofia do inconsciente] (1869)[172].

---

170. Isso é improvável; não há menção a isso nas biografias de referência sobre Duperron.

171. (Karl Robert) Eduard von Hartmann (1842-1906), filósofo alemão, mais conhecido por seu livro sobre *A filosofia do inconsciente* (1869), um *best-seller* na época (10. ed., 1890). Ele argumentou que seu conceito de inconsciente reconciliava os extremos da ideia lógica (Hegel) e da vontade cega (Schopenhauer), o inconsciente sendo vontade e razão (ideia), assim como o fundamento que abarca toda a existência.

172. Há numerosas referências a von Hartmann nas obras de Jung. Em 1952, Jung afirmou que foram Kant, Schopenhauer, Carus e von Hartmann que "lhe deram as ferramentas de pensamento" (In: *Jung Speaking*, p. 207).

Nesse ínterim, um novo desenvolvimento estava em curso na França. Maine de Biran (1766-1824)[173] também reconhece a existência de uma esfera inconsciente, cujas características, porém, coincidem em grande medida com as da consciência. Dois outros pensadores seguiram suas pegadas: Ribot[174] e Binet[175]. O ponto de vista deste último sobre a unidade da alma é interessante. Suas *Alterations de la Personnalité* [Alterações da personalidade] são modernas em certo sentido, uma vez que ele procede não a partir de detalhes, mas da personalidade humana como um todo[176].

---

173. Marie François Pierre Gonthier (Maine) de Biran (1766-1824), filósofo francês, membro do Conselho dos Quinhentos [uma assembleia legislativa da França revolucionária (N.T.)] (1797) e conselheiro de Estado (1816). Originalmente influenciado pelo sensualismo, depois rejeitou a visão de Condillac e outros do conhecimento como derivado exclusivamente da sensação, substituindo-a por uma combinação de voluntarismo (*Volo ergo sum*) e espiritualismo. Sua obra foi importante para Bergson, que o considerava o maior metafísico francês desde Descartes e Malebranche (BERGSON, 1915, p. 247). A maior parte dos seus escritos só foi publicada postumamente, em várias edições (cf. MAINE DE BIRAN, 1834-1841, 1859).

174. Théodule Armand Ribot (1839-1916), psicólogo e filósofo francês. Professor de Psicologia Comparada e Experimental no Collège de France (1888); fundador da *Revue Philosophique* (1876) e organizador do primeiro Congresso Internacional sobre Psicologia (1889). Iniciou o estudo de uma psicologia de orientação positivista e fisiológica na França. A obra de Ribot foi importante por representar os inícios da psicologia patológica, inclusive da neuropsicologia. Entre seus alunos estiveram Pierre Janet, que o sucedeu no Collège de France, e Alfred Binet; mas sua obra também foi importante para pensadores como Henri Bergson.

175. Alfred Binet (1857-1911), psicólogo francês. Amplamente conhecido por inventar o primeiro teste de inteligência utilizável (1905; teste Binet-Simon), mais tarde aprimorado por Lewis Terman como o teste Stanford-Binet (1916), que é a base de um teste comumente usado ainda hoje.

176. Em seu livro (1892) – que dedicou a Théodule Ribot – Binet lida com aquelas alterações da personalidade que resultam na "divisão ou desmembramento do eu", isto é, casos em que "a unidade normal da consciência é rompida e várias consciências distintas são formadas, cada qual podendo ter seu próprio sistema de percepções, sua própria memória e até seu próprio caráter moral" (p. X). Para Binet, "a 'personalidade' é uma síntese relativa que pode se manifestar em vários graus de completude" (BALDWIN, J.M. In: ibid., p. vi). Jung citou muitos exemplos do livro de Binet em sua tese doutoral e repetidamente se referiu a ele em suas obras, embora não mencionasse a distinção de Binet entre os tipos de "introspecção" e "extrospecção" como sendo comparável à sua própria tipologia (cf. BRACHFELD, 1954; ELLENBERGER, 1970, p. 703; JUNG & SCHMID, 2012, p. 13).

Na França, Binet é seguido por Pierre Janet[177] e Liébeault[178], e, nos Estados Unidos, indiretamente por William James (1842-1910)[179]. *Princípios de psicologia* (1890a) de James o colocaram na vanguarda da psicologia, e contribuíram para o avanço dela ao afastá-la dos círculos acadêmicos rumo à pesquisa da personalidade e aos médicos.

Entramos então no campo ao qual a minha introdução vinha levando. A História, como vocês sabem, sempre registrou vidas e psicologias individuais, particularmente de pessoas extraordinárias e "grandes homens"; e, entre estes, os "homens de ação" atraíram

---

177. Pierre Janet (1859-1947), psicólogo francês, médico, filósofo e botânico nas horas vagas. Diretor do Laboratório Psicológico do Salpêtrière sob Charcot (1889) e successor de Ribot no Collège de France (1902). Muitas das suas ideias – p. ex. sobre o "subconsciente", ideias fixas, automatismos (JANET, 1889), dissociação, obsessões, partes inferior e superior da mente humana, seu método, que ele chamou de "análise psicológica", ou sua teoria do trauma nos distúrbios psíquicos, que "deu origem a toda uma teoria da neurose e da psicose pela persistência subconsciente de um trauma emocional" (JANET, 1930, p. 128) – se assemelham às de Freud (que vieram depois). Na disputa subsequente quanto à prioridade, Janet perdeu na época, mas "pesquisas históricas posteriores tenderam a respaldar as suas reivindicações" (SHAMDASANI, 2012, p. 37; cf. ELLENBERGER, 1970). Jung estudou com Janet em Paris em 1902, e extraiu muita coisa de sua obra: "Eu não parti de Freud, mas de Eugen Bleuler e Pierre Janet, que foram meus mestres imediatos" (JUNG, 1934 [1968], § 1.034). A obra de Jung é abundante em referências a noções de Janet, tais como *fonction du réel*, *abaissement du niveau mental*, *dissociation*, *sentiment d'incomplétude*, *formes inférieures et supérieures* (da vida mental), ou *idées fixes subconscientes*, e repetidamente reconheceu a dívida para com ele.

178. Ambroise-Auguste Liébeault (1823-1904), médico e hipnoterapeuta pioneiro, pai da chamada Escola de Nancy ou da Sugestão, da qual Bernheim se tornou o expoente (em contraste com a escola rival de Charcot em Paris). Cf. Ellenberger, 1970.

179. William James (1842-1910), famoso psicólogo e filósofo de Harvard, irmão mais velho do escritor Henry James. Jung o conheceu na Clark University em 1909, e o visitou no ano seguinte. Em um capítulo não publicado das *Memórias*, afirma que tiveram uma "excelente conexão", "que James foi uma das pessoas mais extraordinárias que conheceu", e que este se tornou para ele "um modelo" (apud SHAMDASANI, 2003, p. 58). "Houve apenas umas poucas mentes divinamente inspiradas que me entenderam. Nos Estados Unidos foi William James" (*Jung Speaking*, p. 221). Sobre James e Jung, cf. tb. Taylor, 1980.

predominantemente o interesse de historiadores psicológicos[180]. Mas existem outras personalidades além destes "homens de ação" – pessoas "psíquicas", pessoas marcadas por sua experiência interior. Elas se destacam muito menos, mas ainda assim possuímos fontes históricas a seu respeito, e as descobrimos em um lugar em que dificilmente pensaríamos encontrá-las: nas vidas dos santos, os *Acta sanctorum*[181], nos registros de tribunais de julgamentos de bruxas, e mais tarde nos relatos miraculosos de indivíduos estigmatizados[182] e de sonâmbulos. Em fins do século XVIII e início do XIX, uma literatura copiosa emergira sobre essas estranhas personalidades.

Um relato desses é o de Justinus Kerner (1786-1862), *Die Seherin von Prevorst* (1829) [A Vidente de Prevorst][183]. Essa não

---

180. Como Karl Gotthard Lamprecht (1856-1915), para quem a história não era "nada mais do que psicologia aplicada" (1905, p. 29); ou Wilhelm Dilthey (1833-1911), o primeiro a distinguir entre *Geistes* – e *Naturwissenschaften*, uma distinção ainda amplamente usada nos países de língua alemã, e para a qual não há um equivalente exato em inglês (*grosso modo*: humanidades ou "ciências" sociais e ciências naturais). Enquanto as ciências naturais "explicam" a natureza (*erklären*), as ciências sociais "compreendem" os humanos (*verstehen*).

181. *Acta sanctorum* [Atos dos santos], volumes *in-folio* de documentos examinando as vidas dos santos cristãos, organizados de acordo com o dia festivo de cada santo, uma empreitada colossal de 1643 até 1940, o que provavelmente faz dele o projeto editorial de maior duração.

182. Ou seja, aqueles que receberam os estigmas, como São Francisco.

183. Deve-se notar que a tradução inglesa de *Vidente*, por Catherine Crowe (1845), é uma "tradução bem livre, dando a suma e a substância do livro" (p. ix), mas deixando de fora longas passagens. • Justinus Andreas Christian Kerner (1786-1862), médico e poeta alemão, célebre por sua obra literária, por sua descoberta da toxina botulínica – a "toxina gordurosa" em linguiças azedas (hoje em dia usada no botox) – e sobretudo por seu trabalho sobre espiritismo, ocultismo e sonambulismo, como na obra citada por Jung. • É o registro do seu tratamento de Friederike Hauffe (1801-1829), uma jovem deprimida e gravemente doente. Em seus estados magnéticos, ela via fantasmas, as almas de outras pessoas etc., e descreveu o mundo dos espíritos e como ele interagia com o "nosso" mundo", isso tudo sendo anotado por Kerner com grande cuidado. • O livro – "a primeira obra em psiquiatria dedicada a um único paciente" (SHAMDASANI, 2012, p. 32) – causou sensação e também uma grande controvérsia na Alemanha, e se tornou um *best-seller*. Jung a leu em 1897 (p. 31), e ela teve um efeito importante em seus próprios experimentos com sua prima Helene Preiswerk, base para sua tese doutoral (JUNG, 1902). Após ter dado a Helene uma cópia do livro, ela ficou convencida de ser uma reencarnação de Hauffe.

é uma obra literária, mas na verdade uma história de caso, ou seja, um relato de uma personalidade "psíquica" curiosa e notável. Kerner foi um médico praticante em Württemberg. Escreveu a história de sua paciente Friederike Hauffe em 1829. Ninguém parece ter tido a ideia de relacionar essa história com a psicologia moderna, mas veremos que ela contém alguns fenômenos psíquicos altamente interessantes. O subtítulo do livro é *Eröffnungen über das innere Leben des Menschen und über das Hereinragen einer Geisterwelt in die unsere* [Revelações sobre a vida interior do homem e sobre a interdifusão de um mundo dos espíritos no nosso], que mostra o que provocou o interesse de Kerner nesse caso, isto é, o mundo substancial dos espíritos. A psicologia de Kerner, portanto, ainda tem em grande parte o caráter de projeção, pois não é o mundo dos espíritos que se interfunde com o nosso mundo, mas sim o inconsciente. Kerner atendeu essa "Vidente" por muitos anos, e ofereceu um relato afetuoso de todos os estranhos eventos em torno dela.

Palestra 5

17 de novembro de 1933

A Vidente de Prevorst, de Justinus Kerner, não é uma história de caso em um sentido moderno, mas, por assim dizer, um relato dúbio de uma das vidas mais peculiares e românticas que eram bem comuns na época. Kerner pertencia à escola dos românticos. Não era um cientista[184], e seu livro contém uma série de observações e interpretações mais ou menos ingênuas. Portanto, por favor, não pensem que eu subscrevo sem reservas tudo o que meu falecido colega Dr. Kerner conta em seu livro!

Kerner descreve o caso de sua paciente Friederike Hauffe, que nasceu em Prevorst, perto de Löwenstein, no estado alemão de Württemberg em 1801. Seu pai era um silvicultor. Ela tinha vários irmãos, que sofriam de espasmos infantis, convulsões eclâmpticas[185], que ocorrem frequentemente na idade da formação de dentes. Naqueles dias, esses espasmos já podiam ser distinguidos das convulsões epilépticas, de modo que podemos supor que não era epilepsia. Mais importante é outro detalhe do seu histórico familiar, qual seja, que seu avô possuía o que se chama de "segunda

---

184. Esta pode ser uma afirmação dura demais; porém, tendo em vista as pesquisas médico-científicas de Kerner (p. ex. a descoberta da toxina botulínica).

185. *Gichtern* = um termo em desuso para convulsões eclâmpticas; traduzido equivocadamente em Kerner (1845, p. 32), como "gota" (= *Gicht*). Esse problema era frequente nas crianças da época, também devido à comida insalubre e não higiênica, e uma causa não rara de morte. Em uma aldeia perto de Prevorst, Neuhütte, p. ex., esta "espécie de dança de São Vito" se tornou até mesmo "epidêmica, sobretudo entre os jovens" (*Vidente*, p. 31).

visão" na Escócia, isto é, uma estranha percepção de coisas que não existiam na época, mas que depois, curiosamente, realmente se tornaram verdade[186].

A Vidente era uma criança normal, saudável e feliz. Logo, porém, se notou que ela tinha um grande número de sonhos coloridos e gráficos. O que chocou as pessoas é que esses sonhos frequentemente se realizaram. Por exemplo, seu pai certa vez a repreendeu por ter perdido um objeto. A criança se sentia inocente, e viu em um sonho o lugar onde seu pai tinha deixado o item[187]. Sem dúvida esta é uma história bastante ingênua, e o caso pode nos soar como suspeita. Bem poderíamos ser tentados a suspeitar que a criança tinha, ela própria, escondido o objeto antes de se aventurar a encontrá-lo de novo. Sem dúvida, tais coisas estranhas, como muitas outras, realmente acontecem no nosso mundo! Por outro lado, também podemos estar cometendo uma injustiça com a criança ao desconfiar da sua versão. Em tais casos, é prudente darmos tempo ao tempo e esperar para ver se tais eventos se repetem. Outros estranhos eventos ocorreram, porém. A criança começou a brincar com varinhas de avelã e logo mostrou ser uma boa adivinha. A adivinhação era popular entre os fazendeiros da época, e ela provavelmente tinha observado alguns deles procurando a localização de águas subterrâneas.

Seu avô frequentemente a levava para caminhadas. Nessas ocasiões, ele observava como ela começava a se paralisar terrivelmente, tremer inteira, e ficar apavorada em certos lugares. Em alguns casos, ele pôde constatar que ela reagia assim quando estavam atravessando antigos locais de enterro. Mais tarde, a criança

---

186. Kerner menciona alguns exemplos de experiências paranormais de Johann Schmidgall, avô de Friederike, sob cujos cuidados ela foi colocada na infância (p. ex., ver espectros ou aparições; cf. ibid., p. 16-19, 34-35), mas nenhuma segunda visão. Sobre a "segunda visão", cf. ibid., p. 85-88.

187. Este e os exemplos seguintes são tirados de ibid., p. 33-35.

não pode suportar a igreja, "porque havia túmulos antigos debaixo do chão da igreja", e ela tinha de ir às galerias porque não podia suportar ficar sentada no coro, diretamente acima das sepulturas. As coisas, porém, ficaram ainda mais sérias. Ela desenvolveu um senso de lugares sinistros, e via figuras em lugares que eram considerados "assombrados".

> Assim, havia um aposento no Castelo de Löwenstein – uma velha cozinha – que ela não podia jamais ver ou ali entrar sem ficar muito perturbada. Nesse mesmo lugar, alguns anos depois, o espectro de uma mulher foi, para seu grande horror, visto por uma mulher que nunca fora informada das sensações experimentadas pela criança.

Em si mesmo, esse relato não prova nada, claro, pois poderia ter sido simplesmente um medo de fantasmas que acarretou suas visões. Seus pensamentos se corporificavam, porém, mesmo ela não os tendo pensado. E este é um fato: nenhum pensamento pode tomar uma forma corpórea uma vez que tenha sido pensado, por a essa altura já ter sido descartado, por assim dizer. Se eu me imagino pensando em um quarto escuro que poderia estar assombrado, então ele definitivamente não está assombrado, porque eu já descartei esse pensamento. Mas se não acalentamos o pensamento, então ele pode ocorrer. Há também casos de uma "dupla visão" simultânea. Kerner continua:

> Para grande pesar da família dela, esta sensibilidade a influências espirituais, imperceptíveis a outrem, logo se tornou demasiado evidente; e a primeira aparição de um espectro para a jovem foi na casa do avô. Lá, em um corredor, à meia-noite, ela contemplou uma forma alta e escura, que, passando por ela com um suspiro, ficou parada no fim de um vestíbulo, mostrando-lhe traços que anos depois ela ainda lembraria bem. A primeira aparição, como geralmente é o caso com aqueles que veem o além, não lhe causou nenhuma apreensão. Ela calmamente a encarou e então, indo para o avô, lhe disse que "havia um homem

estranho no corredor", e que ele "devia ir vê-lo"; mas o velho, alarmado pela circunstância – pois também ele tinha visto uma aparição semelhante no mesmo lugar, embora nunca a tenha mencionado –, fez tudo o que pôde para persuadi-la de que estava enganada, e, desde então, nunca mais a permitiu sair do quarto à noite.

Poder-se-ia argumentar que a influência do avô induziu a garota a ter tais visões estranhas. Mas é provavelmente mais exato supor que também ela possuía este dom da "segunda visão", ou seja, que ela também podia ver pensamentos. O avô tentou dissuadi-la da crença no que tinha visto, mas foi incapaz de abalar a convicção dela acerca da realidade dessas experiências. Kerner não duvidou que ela realmente visse fantasmas, porque ele próprio estava convencido de que eles existem.

Se vocês querem se relacionar com pessoas assim, terão, é claro, que supor que tais coisas existem. Dizer às pessoas que acreditam em fantasmas que "Fantasmas não existem!" é fútil. Temos de ir ao encontro delas em seu próprio nível; caso contrário, se imediatamente questionarmos ou até zombarmos daquilo em que acreditam, fecharemos todas as portas. E, em todo caso, não podemos fazer nenhuma declaração peremptória nesse campo, pois não há prova alguma – não sabemos se fantasmas existem ou não. Aconteceu de eu assistir a uma reunião de alguns negros altamente respeitáveis. Ingenuamente eu lhes perguntei se já tinham visto um fantasma. Eles todos desviaram o olhar e pareceu como se eu próprio tivesse evocado o espectro mais terrível[188]. Não se devem

---

188. No Monte Elgon, "na África Oriental [...] durante uma reunião, inadvertidamente pronunciei a palavra *seleteni*, que significa 'fantasmas'. Subitamente se sentiu um silêncio mortal na assembleia. Os homens se desviaram de mim, olharam para todas as direções, e alguns foram embora. Meu guia somali e chefe deles confabularam entre si e, então, o guia sussurrou no meu ouvido: 'Por que o senhor disse isso? Agora o senhor terá de fazer 'shauri tahâri (parar com a conversa)'. Isso me ensinou que não se deve mencionar os fantasmas em hipótese alguma" (JUNG, 1950, § 759).

mencionar fantasmas, eles são os indizíveis. Mesmo pronunciar a palavra é perigoso. Isso continua a ser verdade hoje em dia – há certas matérias que vocês só podem tratar com luvas de pelica.

A partir disso tudo, podemos concluir que a garota herdou a disposição do avô, e que também possuía o dom da exteriorização, isto é, era capaz de "externalizar" processos psíquicos. Tais processos se baseiam em fatos psicológicos. Do ponto de vista da ciência, a questão da existência ou não de fantasmas está longe de uma resposta. Muito possivelmente, a profecia de Kant, expressa em seus *Sonhos de um vidente de espíritos* (1766)[189], ainda se realizará:

> Será provado... que a alma humana também nesta vida forma uma comunhão indissolúvel com todas as naturezas imateriais do mundo dos espíritos, que, em outras palavras, ela atua sobre e recebe impressões deste mundo, do qual, porém, não está consciente enquanto é ainda um homem e enquanto tudo estiver na condição adequada[190].

Esta afirmação é notável e bastante otimista, pois não posso imaginar como a existência de tais coisas pode ser provada. Pois não podemos discernir se estamos observando processos do inconsciente ou algo fora de nós, a menos que tivéssemos métodos físicos exatos que fossem capazes de provar objetivamente a realidade neste campo.

Na minha opinião, a "segunda visão" não é uma doença, mas um dom que enquanto tal não é patológico – caso contrário, qualquer outro dom também seria patológico, e seríamos obrigados a falar em uma "doença da inteligência", em uma "doença da arte", e assim por diante. Todos os dons também envolvem dor, não

---

189. Logo cedo, em seus estudos na universidade, Jung não leu apenas o livro de Kerner, mas "virtualmente toda a bibliografia [espiritualista] disponível para mim naquela época", tendo o *Sonhos de um vidente de espíritos*, de Kant, "chegado na hora certa" (*Memories*, p. 120).

190. Kant, 1766, ed. 1900, p. 61. Essa passagem também foi citada em KERNER. *Vidente*, p. 82.

apenas prazer. Com relação a seus sonhos, aliás, a "Vidente de Prevorst" não é extraordinária. Incontáveis indivíduos têm sonhos proféticos, antecipatórios. Não há nada peculiar acerca desses sonhos; muitas vezes eles são surpreendentemente banais.

O primeiro sintoma verdadeiramente patológico que afligiu a Vidente foi uma estranha irritabilidade dos olhos[191]. Esta condição durou talvez um ano. Nada de externamente errado com os olhos, de modo que provavelmente se tratava de uma sensibilidade psiquicamente induzida para com a luz. Tal sensibilidade simbólica à luz é bastante comum: aquelas pessoas não podem suportar a luz, elas piscam psiquicamente, por assim dizer, e são incapazes de tolerar uma consciência demasiadamente clara. Algo as faz se afastar da claridade, por exemplo, devido a uma inconscientemente má consciência, a partir do medo de serem descobertas, seja por outrem ou até por si mesmas.

Sua adolescência foi mais ou menos típica. Até onde se sabe, nada de notável aconteceu desde então, não até que ela se comprometesse com um certo Sr. Hauffe, um comerciante que, porém, tem um papel apenas discreto no curso subsequente dos eventos. No dia do noivado deles, o Padre T., em Oberstenfeld, que ela tinha em alta estima, faleceu; ele tinha cerca de 60 anos e morreu de causas naturais. A Vidente, que tinha então por volta de 20 anos na época, participou do funeral e não conseguiu se afastar do túmulo após o enterro[192]. Ela estava evidentemente em um estado peculiar. Na verdade, teve uma visão, na qual contemplava o falecido pairando acima do túmulo como um fantasma – um evento que ela mais tarde reiterou em um poema[193]. Ao contrário das

---

191. Uma "notável sensibilidade nos nervos do olho (sem a menor inflamação), quando era ainda uma 'jovem menina'" (ibid., p. 35).

192. Ibid., p. 36-37.

193. Este poema foi omitido da tradução inglesa (1845) e também está ausente na reedição alemã mais recente (2012). Nele, ela descreve como estava absorta, diante do sepulcro, pela "imagem de anjo" [Engelsbild], do padre morto no túmulo (Vidente, ed. orig., p. 31).

visões anteriores, esta lhe acarretou um tremendo impacto, e ela permaneceu por longo tempo sob seu feitiço.

Ela se casou em 1821, aos 20 anos. A princípio, sua vida seguiu um curso normal; ela passou por uma gravidez tranquila e deu à luz uma criança. Depois disso, porém, em fevereiro de 1822, ela teve um sonho que se lhe mostraria fatídico. No sonho, ela estava deitada em sua cama, com o padre morto deitado ao seu lado. Na porta ao lado ela ouviu por acaso o pai e dois médicos discutindo a natureza do que consideravam ser uma grave doença. Ela gritou: "Me deixe em paz com este morto! – ele vai me curar! – nenhum médico pode!" Ela sentia como se eles quisessem afastá-la do corpo, e gritou, no sonho: "Como estou perto deste cadáver; agora vou me recuperar totalmente". Seu marido a ouviu falando enquanto dormia e a acordou. No dia seguinte, ela adoeceu com uma febre violenta que durou duas semanas[194]. Ninguém sabia o que era. A febre levou a uma grave neurose, da qual ela morreu no dia 5 de agosto de 1829, na idade de 28 anos.

O que aconteceu aqui? Imagine que uma paciente veio ao meu consultório e me contou este sonho. Eu obviamente gostaria de saber por que deveria tranquilamente deixá-la deitada lado a lado com o cadáver, e lhe perguntaria "Por que você veio até mim, se acredita que nenhum médico pode curá-la?" Se ela respondesse: "O sonho me parece estranho, não consigo imaginar por que deveria pensar que o morto me curaria", então eu a assumiria como minha paciente; mas se ela me desse a mesma resposta que no sonho, isso seria fatal, eu não poderia fazer nada por ela. De fato, uma pessoa assim provavelmente nunca viria para uma análise, e se viesse, certamente conseguiria manobrar o médico para o lado da morte, a menos que ele tivesse grande experiência em tais casos. Poder-se-ia dizer que o próprio fato de ela vir à análise seria em si um considerável argumento contra ela estar totalmente do lado do

---

194. *Vidente*, p. 39-40.

seu sonho. Mas este é um sonho muito agourento, e como médico considero muito questionável se algo poderia ter sido feito por ela. Há casos em que é melhor não interferir. Devemos cumprir o nosso dever como médicos, mas persiste o fato de que as pessoas não estão destinadas a ser curadas, elas não estão aptas para a vida, e se você se puser no caminho e interferir, o destino sempre se vinga de você.

Não há dúvida de que a Vidente tomou o partido do sonho, e que ele assim assumiu um significado fatídico. Pensamos que não seria possível que nos enredássemos em um certo destino através de um sonho, mas, sendo sua psicologia diferente da nossa, ela realmente ficou atolada nele. Ela se identificou com o morto e já morreu, por assim dizer, quando ainda em vida. Retirou-se cada vez mais para este "mundo de trás" (*"back-world"*) até desaparecer do "mundo da frente" (*"fore-world"*). O destino particular da Vidente ficou patente a partir de então. A morte do velho padre foi a experiência que lhe deixou claro que ela viveria mais com os mortos do que com os vivos. O que realmente lhe importava eram os encontros com as figuras interiores, diante das quais o marido e a criança eram meras sombras. Ela se sentiu curada e normal quando aceitou o sonho, ou seja, quando recuou para o *background* psíquico, e se sentia doente caso se arriscasse no mundo real, onde se deparava com conflitos insuperáveis; assim, ela voltou ainda mais para o inconsciente, até que deixou de existir.

Escolho este caso em particular, e estou tratando dele em detalhes, para mostrar a vocês a imensa realidade do mundo interior. Há um número considerável de pessoas cuja psicologia é de certo modo similar na medida em que desde o início o mundo exterior significa menos para elas do que este "mundo de trás". Presumiríamos que tais pessoas em última instância vão recobrar a razão, ou estaríamos inclinados a algum tratamento drástico e sensato. Mas isso seria completamente inútil. Para elas, este *background* é infinitamente mais real do que o mundo exterior. O mundo exterior não significa nada para elas. Conheci casos em que as pessoas se tornaram, por assim dizer, sonambúlicas e desapareceram no inconsciente. Foi como se não tivessem jamais nascido completamente. [Conclusão semelhante, a respeito de "uma menina de dez anos que tivera os mais espantosos sonhos arquetípicos", e que "nunca chegara a nascer inteiramente", foi proferida por Jung na terceira das *Tavistock Lectures*, em 1935, tendo grande ressonância – inclusive na sua produção literária subsequente – para um dos presentes na plateia, o grande escritor Samuel Beckett; cf. *OC* 18/1, § 205 (N.T.).]

Isso não é uma loucura vazia. Tais coisas existem nas nossas vidas, e uma vida inteira pode se apoiar em tais realidades. Embora não reparemos nelas enquanto tudo vai bem, elas, não obstante, existem. Nossa consciência percebe o mundo exterior; é um órgão de percepção. Mas por trás da nossa consciência há um sujeito percipiente, e que não é nenhuma *tabula rasa*. Esse sujeito não é simplesmente outro exterior, mas ao invés disso ele vem dotado de um *background*, com cuja ajuda ele se torna capaz de interpretar percepções. As crianças não nascem com cápsulas cerebrais vazias, mas sim com um cérebro completo, criado eras atrás. Consequentemente, toda criança nasce com uma premissa predeterminada do mundo, da qual não é consciente, mas que está em funcionamento. À falta desta opinião inata, seríamos completamente incapazes de apreender o mundo. Não há escapatória deste *background* psíquico com o qual ingressamos na vida, ele só pode ser aceito. Dotado dele, porém, devemos absorver o mundo de acordo com esta disposição.

Aqui devemos levar em conta certas influências tribais. Possivelmente, certas tribos humanas se separam da árvore comum em um estágio remoto, e consequentemente sua constituição genética difere consideravelmente da nossa. Para além de diferenças de grande alcance, porém, também existem paralelos notáveis.

O fato de um pensamento poder tomar forma é um fato primitivo: o primitivo é incapaz do pensamento abstrato. Quando ele pensa, algo se lhe manifesta, geralmente no estômago. Eu mesmo experienciei isso uma vez, quando um índio Pueblo me disse: "Os norte-americanos são loucos! Eles dizem que pensamos com nossas cabeças. Mas só gente doida pensa com sua mente: pessoas razoáveis pensam com o estômago!"[195] Quando "isto" [*"it"*] pensa nele, o estômago do negro ronca. Ocasionalmente, algo pode também "causar-nos uma forte indigestão", mas só afetaria aqueles de nós que pensam emocionalmente. Uma vez que nem todos os pensamentos são de natureza emocional, mas concernem a nossos pensamentos, eles aparecem, no caso dos primitivos, no mundo em torno deles de forma projetada[196].

---

195. Jung mais tarde escreveu, porém, que Ochwiay Biano ("Lago da Montanha"), chefe dos Taos Pueblos, tinha lhe contado que eles pensavam com seus *corações*, não com seus estômagos (*Memories*, p. 276).

196. Este parágrafo se refere a observações feitas no final dessa palestra ou no começo da seguinte, provavelmente em resposta a uma questão da plateia. Não há referência a respeito nas próprias notas de Jung nem naquelas tomadas por M.-J. Schmid.

Palestra 6

24 de novembro de 1933

Questões apresentadas

Eu recebi uma carta de uma senhora que escreve[197]:

> Quando discutiu o sonho da Vidente de Prevorst, o senhor disse: "Assim que tomamos partido de um sonho, ele assume um significado fatídico". O senhor acrescentou que não poderia tratar de paciente que acreditasse no sonho dele [sic]. Mas eu me pergunto: Não seria de algum modo possível que este paciente pudesse ser induzido *pelo próprio tratamento* a renunciar à crença dele no sonho? O mero fato de ele consultar um médico não seria um indicativo de que ele realmente está pronto a mudar de atitude, e que abriga uma tênue esperança de que alguém pudesse ajudá-lo a abandonar esta crença?

Estou totalmente convencido de que a Vidente consultaria um médico, na melhor das hipóteses, devido a alguns sintomas secundários. Seu destino ilustra que ela não desejava mais viver. Pelo contrário, ela convenceria o médico a se voltar para a escuridão com ela. Eu mesmo conheci casos assim. O destino prova ser mais forte.

A segunda questão concerne à criptomnésia, ou seja, ao ressurgimento de memórias que não reconhecemos como tais, e o

---

197. Jung provavelmente não leu o texto integral da carta, que é reproduzido aqui em minha tradução para o inglês do original conservado nos Arquivos ETH.

exemplo disso em Nietzsche[198]. [Jung lê a passagem relevante do *Zaratustra* de Nietzsche conforme citada em sua dissertação[199]:]

> Naquele tempo em que Zaratustra estava nas Ilhas Bem-aventuradas aconteceu que um navio ancorou na ilha onde se encontrava a montanha fumegante, e *a tripulação desembarcou em terra para caçar lebres*. Por volta do meio-dia, *quando o capitão e seus homens estavam novamente reunidos, viram de repente um homem aproximar-se deles, vindo pelo ar*, e uma voz disse claramente: *"Já é hora! Já está mais do que na hora!"* Mas quando a figura *estava bem perto deles* – voou, porém com muita rapidez, como uma sombra, na direção do vulcão – reconheceram com o maior espanto que se tratava de Zaratustra; pois todos já o tinham visto, com exceção do capitão... *"Olhem!, disse o velho timoneiro, Zaratustra está indo para o inferno!"*

Porém, quando Zaratustra vai para o inferno, é completamente irrelevante que a tripulação tenha desembarcado para caçar lebres. Lebres! Então eu lembrei, dos meus dias de estudante, de um livro verde com a borda vermelha, da biblioteca da Universidade da Basileia. Então procurei o livro em quatro volumes de Justinus Kerner *Blätter aus Prevorst*, e encontrei ali a história correspondente: "Um extrato de um registro inspirador do diário de bordo do navio *Sphinx*, no ano de 1686, no Medi-

---

198. Cf. p. 133 e nota 138.

199. Jung já tinha usado este como um exemplo de criptomnésia em sua dissertação (1902, § 140-142) e também em seu artigo sobre criptomnésia (1905a, § 180-183). Ele o citou depois em seu seminário sobre o *Zaratustra* de Nietzsche (1988, vol. 2, p. 1.215-1.218), nos *Seminários sobre sonhos de crianças* (1987 [2008], p. 17) e em sua contribuição a *O homem e seus símbolos* (1964 [1961], § 455-456). A passagem se refere a Nietzsche, 1883-1885 [1911], p. 88. Os itálicos foram acrescidos, provavelmente pelo próprio Jung (ou por quem fez a nota), para enfatizar a concordância dos dois textos.

terrâneo" [*Ein Schrecken erweckender Auszug aus dem Journal des Schiffes Sphinx vom Jahre 1686 im mittelländischen Meere*[200]:]

> Os quatro capitães e um *comerciante*, o Sr. Bell, desembarcaram na ilha do Monte Stromboli para *caçar lebres*. Às três horas, *reuniram a tripulação* para subir a bordo, quando viram, para sua indizível surpresa, dois homens *se aproximando rapidamente, vindo pelo ar*. Um deles estava vestido de preto, o outro de cinza. *Passaram bem perto deles, na maior pressa*; e para o maior espanto deles, desceram *no meio das chamas ardentes do terrível vulcão do Monte Stromboli*.

Os dois homens eram conhecidos de Londres, e quando Bell e os oficiais voltaram para casa, ouviram que ambos haviam morrido naqueles dias. Eu subsequentemente escrevi para a irmã de Nietzsche. Em resposta, ela mencionou que, quando Nietzsche tinha 11 anos, eles visitaram o avô, Pastor Oehler, em Pobles[201], cuja velha biblioteca tinha uma coleção completa dos escritos de Justinus Kerner. Eles entraram furtivamente na biblioteca e leram, às escondidas, as histórias assustadoras contidas no [periódico] *Blätter aus Prevorst* [Folhas de Prevorst][202]. Eu mesmo li as *Blätter*

---

200. Kerner, 1831-1839, vol. 4, p. 57.

201. "Pobler"– Jung leu errado o nome da aldeia na resposta de Elisabeth Förster-Nietzsche a sua indagação.

202. Jung deu diferentes versões da informação de Elisabeth Förster-Nietzsche. Em 1902 e 1905, ele a mencionou corretamente quanto a Nietzsche ter entre 12 e 15 anos quando lera Kerner (1902, § 141; 1905a, § 182); em relatos posteriores, repetiu a versão dada acima, qual seja, de que isso aconteceu em algum momento entre seus 10 e 11 anos de idade (1964 [1961], § 456; 1987 [2008], p. 17; 1988 [1934-1939], p. 1.218). Ele também, de algum modo, embelezou a história ao acrescentar que a leitura das crianças foi clandestina. Isso não é mencionado por Elisabeth Förster, e o próprio Nietzsche escreveu: "Meu lugar favorito era o gabinete do vovô, e meu maior prazer era explorar os velhos livros e periódicos (apud JANZ, 1978, p. 62; trad. minha) – o que não indica nenhuma atividade proibida. Sobre a correspondência de Jung com a irmã de Nietzsche sobre essa questão, cf. Bishop, 1997.

em 1898; a edição de Nietzsche de 1901 ainda não tinha aparecido e, além disso, não era recomendável ler Nietzsche na Basileia
naqueles dias. Como exatamente a criptomnésia aconteceu me
foge. Sempre que uma ideia clássica nos ocorre, porém, ela entrará
em associação com todo tipo de material mnemônico, consciente
ou semiconscientemente.

***

Na última palestra, observamos que a "Vidente de Prevorst"
se identificou com o padre morto; [no sonho] ela estava deitada
ao lado dele na cama, como se fossem marido e mulher, ou como
se já estivesse enterrada ao lado dele. Isto sugere que ela está mais
inclinada a se ajustar não a eventos e acontecimentos exteriores,
mas ao que vem de dentro, isto é, do sujeito. É absolutamente
inquestionável que fantasmas e fenômenos semelhantes são coisas
que experimentamos interiormente, como se eles não aparecessem
no campo de visão na nossa frente, mas atrás de nós, por assim dizer, do inconsciente. A única garantia que temos de que tais coisas
realmente existem é [a evidência d'] o eu. As pessoas são confrontadas com eles através do eu, como se algo existisse atrás do eu e
de cuja fonte estamos completamente ignorantes.

A clarividência mais ou menos corrobora este ponto: como
se aquelas pessoas fossem capazes de ver o invisível; ou elas ouvem coisas que as outras pessoas não ouvem. Alguma coisa de
alguma maneira se revela de dentro – ou de "trás"; não vem da
frente, não do mundo claro da consciência, e não é percebido
pelos órgãos sensoriais. Isto, contudo, só ocorre em um estado
particular. Também a Vidente percebe coisas só quando está em
um estado excepcional.

Assim, há conteúdos que nos vêm de fora, e aqueles que vêm
de dentro, como o seguinte diagrama ilustra.

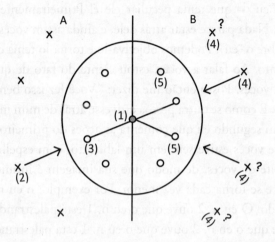

Nossa consciência no centro é como uma aranha na sua teia, com fios através dos quais os conteúdos psíquicos são associados com o eu. Este âmbito interno da consciência é cercado por objetos externos que criam uma imagem na consciência através dos órgãos dos sentidos e das vias nervosas. Lidamos aqui com os fatos objetivos da vida cotidiana, com pessoas ou coisas no mundo externo que deixam uma impressão em nós. Um Sr. X, por exemplo, exerce um impacto na consciência e cria um conteúdo psíquico.

Outras impressões nos alcançam do mundo interno invisível. Podemos propor a hipótese de que este *background* também contém objetos, comparáveis aos do mundo externo, e que estes objetos deixam igualmente uma impressão em nossa consciência, através de imagens que são registradas na nossa psique. Estas imagens psíquicas não são necessariamente conscientes, assim como muitas imagens consteladas por objetos externos tampouco alcançam a nossa consciência – eles são conteúdos psíquicos, pura e simplesmente. Eles são conscientes apenas se associados com o eu, caso contrário não existem na consciência. Podem, porém, atuar sobre mim, sem meu conhecimento, neste caso, do que está atuando sobre mim. Assim, o eu é o centro e age como um magneto que atrai todos os conteúdos.

Este "eu" – que tema peculiar ele é! Primeiramente, é algo subjetivo. Nada parece estar atrás dele, e ainda assim vocês podem pensar sobre o "eu". Podemos objetivá-lo e torná-lo tema de nosso pensamento. Ao falar a vocês, estou ciente do fato de que estou falando a vocês. Posso então me dizer: "Você fez isso bem", ou o contrário. É como se outra pessoa estivesse atrás de mim me observando; um segundo eu que comenta as ações do primeiro eu. Ou é como se vocês estivessem em um labirinto, com espelhos atrás e em frente de vocês, de modo que sua imagem é infinitamente refletida, e se torna cada vez menor. Por exemplo: o eu n. 1 está palestrando. O eu n. 2 ouve que o eu n. 1 está palestrando. O eu n. 3 ouve que o eu n. 2 ouve que o eu n. 1 está palestrando. Esta hipótese pode ser levada adiante infinitamente, e é melhor não o fazermos. O fato de que este segundo eu está fazendo seus comentários, porém, é familiar a todos nós. É o que os ingleses chamam de "*self-consciousness* [autoconsciência]"[203], isto é, ser consciente de si mesmo em um alto grau. Há alguém sentado atrás que não pode calar a boca, falando com você o tempo todo. Quando esta autoconsciência fica forte demais, como no caso do medo dos palcos, por exemplo, você se torna inibido, e um estado patológico pode surgir tornando necessário que você faça um tratamento.

Mas de fato há algo por trás, e eu me referi a essa escuridão como o fator subjetivo ou o *background*, o eu subjetivo. No caso da Sra. Hauffe, por exemplo, percebemos que há coisas "atrás" que aparecem de dentro e são percebidas pelo "olho interior". Não é uma capacidade exclusiva da Vidente, porém também nós somos capazes de perceber tais conteúdos; não durante o dia, é claro, mas quando vocês vão para a cama, as ideias mais incríveis podem lhes ocorrer. Por exemplo, a ideia de ladrões entra na sua mente, e você os ouve do lado de lá da janela ou os vê dentro do quarto. Estes pensamentos vêm de dentro e são "reais". Nem com toda a von-

---

203. Esta palavra está em inglês nas transcrições alemãs.

tade do mundo vocês podem se livrar deles, embora saibam exatamente que eles são imaginários: "Doutor, creio que estou com câncer. Obviamente sei que isso é absurdo, mas não consigo me impedir. Quanto mais resisto, mais forte fica a ideia"[204].

Encaramos meramente os conteúdos – isto é, estranhas "realidades", pensamentos obsessivos, por exemplo, como uma doença imaginária ou algo do tipo; tudo o que vemos são os conteúdos, mas não fazemos ideia de onde eles vêm. É possível que haja objetos de "lá de trás" que entram na consciência, mas é simplesmente uma hipótese que não pode ser provada, porque só o eu pode testemunhar. Embora eu possa demonstrar que as imagens psíquicas à frente correspondem a conteúdos reais, não posso fazer o mesmo para aqueles "de trás".

Pode me ocorrer de que subitamente a ideia de uma casa pegando fogo me venha, e nada fará o pensamento ir embora. E pode ser que naquele mesmo momento eu ficasse sabendo que é a *minha* casa que está em chamas. Então eu penso: Ah! Agora eu tenho a prova, a verificação, do fato de que tenho uma "segunda visão" – embora não seja a minha própria casa que eu vi, mas apenas *uma* casa; contudo, ela corresponde a minha casa que está em chamas. Eu percebi eventos reais de um modo não real. E ainda assim eu sou a única prova, pois mais ninguém viu o evento.

Há um grande número de casos, porém, nos quais esta "visão" corresponde a nada na realidade. Nesses casos, um fator subjetivo está em ação, um ponto escuro que está atrás de nós. Por exemplo, um sujeito agradável e racional acorda certa manhã, e subitamente

---

204. Jung se refere aqui ao caso de "um professor de Filosofia e de Psicologia que o consultou sobre uma fobia de câncer. Ele sofria de uma convicção compulsiva de que tinha um tumor maligno, embora nada do gênero fosse detectado em dezenas de exames de raio-X" (1964 [1961], § 467). Jung mencionou o caso repetidamente, p. ex. também em 1938 [1954], § 190, em suas *Terry lectures* (1939 [1937], § 12-13, 19-21, 26-27, 35-36) e em seu seminário sobre *Dream Interpretation Ancient & Modern* (2014, p. 71).

um mau humor toma conta dele. Naturalmente, ele ignora o fator subjetivo e culpa a esposa ou um café da manhã ruim – e em breve um pandemônio irrompe no casal. "Bem, como você sabia que sua esposa iria irritá-lo?" "Bem, eu já sabia disso de antemão!" Algo entrou e o tomou por trás, e ele o projetou do *background* subjetivo para a sua esposa. As pessoas sempre veem estas coisas no mundo exterior, mesmo quando elas ocorrem dentro, e todo dia projetamos com o mais inacreditável descaramento. Este mecanismo é particularmente patente nos jornais, onde os pensamentos e humores de escritores e de políticos são projetados nos outros *de l'autre côté de la rivière*[205]; que é onde gostamos de ver o diabo.

Após esta tentativa algo desajeitada de elucidar questões no limite da cognição humana, me deixem voltar à "Vidente de Prevorst". De acordo com seu sonho, a Vidente claramente espera recuperar a saúde a partir do que está inteiramente no *background*: ela sonhou que reconquistaria a saúde se ficasse deitada ao lado do padre morto. Assim, ela espera que sua saúde esteja neste mundo de trás, na esfera escura. Como mencionei, este sonho é muito agourento; é tão agourento que como médico eu duvidaria que algo pudesse ser feito. Há de fato casos em que é prudente não ajudar. Não vale a pena. Obviamente, devemos cumprir nosso dever como médicos. Mas se você consegue curar alguém às custas da sua própria saúde, você caiu vítima de um mal-entendido. Pois permanece o fato de que há pessoas não destinadas a ficarem saudáveis, pois não estão destinadas à vida.

Como vocês lembrarão, no dia seguinte ao sonho, a Vidente foi acometida por uma febre que durou duas semanas. Ninguém sabia o que era. A febre foi seguida por um estado neurótico, o que os franceses chamam de uma *grande hystérie*, que resultou em sua morte, sete anos depois, em 1829. A 13 de fevereiro de 1822, ela teve o sonho; a 27 de fevereiro de 1822, o que se supôs serem

---

205. Francês: do outro lado do rio.

"espasmos severos no peito" a fez acordar do seu sono[206]. Provavelmente, isso foi uma afecção cardíaca nervosa, na verdade uma "cãibra do coração". Tais cãibras podem ter causas orgânicas ou psíquicas; estas últimas foram certamente verdadeiras no seu caso. Esta é uma metáfora, ou seja, um exemplo de representação mímica. O corpo ilustra algo que não consegue alcançar a consciência. "Meu coração teve cãibras", digamos, ou "meu coração parou"; é como se "um punho de aço tivesse esmagado meu coração". Tais "metáforas do coração" abundam nas novelas do escritor Adalbert Stifter[207]. A Vidente recebeu uma impressão nefasta de "trás". Naturalmente, ela projeta esta condição exteriormente: a enfermeira tinha deixado negligentemente a água no lavatório, ao invés de colocá-la na mesa da cabeceira. Na realidade, foi antes o conhecimento inconsciente de que sua morte era iminente que fez seu coração ter cãibras.

---

206. *Vidente*, p. 40.
207. Adalbert Stifter (1805-1868), escritor, pintor e pedagogo austríaco.

Palestra 7

1º de dezembro de 1933

Na palestra de hoje, vou discutir os sintomas da Sra. Hauffe. Seu caso pertence ao campo dos fenômenos mediúnicos. A rigor, eles ficam fora do campo da medicina, e são parte da parapsicologia. Devo mencionar estes fenômenos, porém, uma vez que eles existem e são, portanto, psicologicamente importantes. Podemos manter uma atitude crítica perante tais temas, mas temos de acatar os fatos, manter nossas mentes abertas e evitar que preconceitos teóricos obstruam nosso pensamento.

A condição da Sra. Hauffe era antes de mais nada de uma natureza sonambulística: a consciência cotidiana fugiu dela. O sonambulismo[208] é um estado psíquico excepcional, não um estado crepuscular. Para a Vidente, ele constitui um estado acentuado de consciência que, para ela, é na verdade o estado mais normal do que o de vigília. Tais condições implicam grande esforço, porém, e assim não podem ser sustentados por um período longo. Se tivesse conseguido manter tais estados, ela teria sido um ser "superior".

Por exemplo, ela fala em versos. Outros fenômenos incluem visões e alucinações; por exemplo, ela vê uma massa de fogo em

---

208. Aqui não se trata de andar dormindo [*sleepwalking*], mas de um estado alterado de consciência, um tipo de estado de "vigília dormindo" ["*sleepwaking*"] ou "sono magnético", uma condição, porém, que "não devemos chamar [...] de sono – é, antes, um estado da mais perfeita vigília" (*Vidente*, p. 24). Já Armand de Puységur (1751-1825), um discípulo de Mesmer (cf. abaixo) e um pioneiro do magnetismo, descreveu como as pessoas nesse estado eram capazes de diagnosticar sua doença, prever-lhe o curso e prescrever o tratamento correto.

seu corpo[209]. Este fenômeno também pode ser observado, aliás, no caso de neuroses ordinárias; as visões são de uma natureza simbólica. Outro fenômeno no caso dela é a autoscopia[210]: por exemplo, ela estava deitada no leito e via-se sentada ao lado dele[211], ou seja, contemplou uma imagem exteriorizada de si mesma. Isso não é incomum em tais casos, e também acontece com doentes graves e moribundos.

Depois, sua afecção ocular voltou, e novamente ela evitou a luz[212]. A luz exterior lhe era dolorosa, e assim ela se concentrou na luz interior. Não mais olhou para a porta da frente, por assim dizer, mas para a dos fundos, nas profundezas do mundo subjetivo, assim acarretando outras manifestações positivas do inconsciente, do *background*. Ela viu todos os tipos de coisas que projetava no mundo exterior como figuras fantasmagóricas – algumas relacionadas a ela, outras relacionadas a outras pessoas. Os fantasmas lhe forneceram tratamento, notadamente com dizeres mesmeristas[213] e manipulações magnéticas. Ela frequentemente teve uma visão dupla de outras pessoas, pois atrás da personalidade delas, perceptível através dos sentidos, havia outra que continha as qualidades da alma[214].

---

209. "Certa vez ela falou por três dias só em verso; e em outra outra ocasião ela viu pelo mesmo período tão somente uma bola de fogo, que corria por seu corpo todo como se tivesse fios delgados e brilhantes" (ibid., p. 44).

210. A experiência de ver o próprio corpo a partir de uma perspectiva ou posição externa ao corpo físico.

211. Ibid., p. 44; cf. p. 57-58.

212. Ibid., p. 44.

213. Franz Anton Mesmer (1734-1815), médico alemão e um curador famoso, carismático e altamente controverso. Célebre por sua teoria e prática do "magnetismo animal". Kerner estava bastante familiarizado com suas ideias – ele próprio havia sido curado de uma afecção nervosa, quando garoto, por uma cura "magnética" –, e na velhice prestou homenagem a Mesmer em uma monografia (KERNER, 1856).

214. "Quando a Sra. H. olhava no olho direito de uma pessoa, via [...] o retrato do eu interior dessa pessoa [...]. Se olhasse o olho esquerdo, via imediatamente qualquer doença interna [...] e dava prescrições a respeito" (*Vidente*, p. 73-74). Em outros exemplos, ela via "outra pessoa atrás daquela para a qual estava olhando"; p. ex. "atrás da irmã mais nova ela via o irmão falecido" (ibid., p. 46).

Sua condição piorou rapidamente por conta de todas estas aparições. Ela subsistiu com uma dieta muito pobre; e quando veio a Kerner em 1826, já estava num estado muito ruim, sofrendo de desnutrição e escorbuto[215]. Ela não tinha apetite, o que evidencia uma vontade de viver deficiente e corresponde a um sentimento de morte, como também podemos ver em casos de melancolia. O jejum é também uma técnica no ascetismo e na yoga; mortificar os impulsos despotencializa o mundo exterior, de modo a que a visão possa ser dirigida puramente para dentro.

Como mencionei, a Vidente veio a Kerner em 1826. Ele a atendeu e examinou do melhor modo que pôde, ou seja, de um modo ingênuo e primitivo. Por exemplo, acreditou firmemente no relato da enfermeira de que foi incapaz de dar banho na paciente, pois esta boiava na água e não podia ser submersa:

> Quando posta em uma banheira neste estado [magnéti-co], fenômenos extraordinários eram exibidos – a saber, seus membros, peito e a parte inferior da sua pessoa, tomados de uma estranha elasticidade, involuntariamente emergiam da água. Suas atendentes usavam todos os esforços para submergir seu corpo, mas ela não podia ser mantida embaixo; e se tivesse sido, nessas ocasiões, mergulhada em um rio, ela não teria afundado mais do que um pedaço de cortiça.

"Esta circunstância", Kerner continua, "nos lembra do teste aplicado a bruxas, que eram frequentemente, sem dúvida, pessoas sob condições magnéticas; e assim, contrariando a lei ordinária, flutuavam na água"[216]. Na Basileia, por exemplo, bruxas eram jogadas, com as mãos e os pés amarrados, da ponte do Reno nas águas. As que não tivessem se afogado até alcançarem o subúrbio

---

215. Suas gengivas tinham ficado com escorbuto, e ela tinha "perdido todos os dentes" (ibid., p. 52). A causa última do escorbuto – uma deficiência de vitamina C – era desconhecida até 1932 e o tratamento era inconsistente.

216. Ibid., p. 65-66.

de St. Johann eram julgadas certamente como bruxas! Não importa se isso é verdade ou não, no caso da Vidente. Permanece o fato de que ela afetava os outros de um modo tal que eles acreditavam que tais coisas eram verdade a seu respeito.

Ela também desenvolveu um estranho senso, ou particular sensibilidade para as propriedades de materiais, particularmente de pedras e minerais, que exerciam uma certa influência nela, assim permitindo a Kerner conduzir numerosos experimentos[217]. Que faculdade é esta não sabemos. Com relação também a sua faculdade visual, Kerner observou fenômenos estranhos e cristalománticos nela. Algumas pessoas, quando colocadas diante de um espelho ou bola de cristal, veem coisas que não estão ali, ou seja, eventos passados, presentes e futuros; alguns são realmente hipnotizados por isso. As bolas de cristal foram um dos apetrechos empregados por feiticeiras medievais. Elas também serviam a propósitos divinatórios[218] na China. O que essas pessoas veem, se é que veem algo, são, é claro, processos do seu próprio inconsciente.

A Vidente também possuía esta faculdade quando Kerner a colocou sob hipnose. Ele descreve assim um dos seus experimentos:

> Uma criança soprando bolhas de sabão: Ela exclamou, "Ah, meu Deus! Eu vejo nas bolhas tudo aquilo em que posso pensar, por mais distante – não um momento fugaz, mas por toda a minha vida –, mas isso me assusta". Eu então fiz uma bolha de sabão e lhe pedi que visse seu filho que estava longe. Ela disse que o via na cama, e isso lhe deu muita alegria. Em outra vez ela viu minha esposa, que estava em outra casa, e descreveu precisamente a situação em que ela estava no momento – um ponto sobre o qual tive o cuidado imediatamente de me certificar[219].

---

217. Cf. *Vidente*, cap. 8. Apenas fragmentos desse capítulo apareceram na edição em inglês de 1845.

218. Ou seja, a arte da profecia.

219. Ibid., p. 74-75.

Em outra ocasião, ela olhou para um copo de água e viu nele uma carruagem que de fato passou cerca de vinte minutos depois[220]. Gostaria de lembrá-los da *scène de la carafe* [cena do jarro] em *Joseph Balsamo*, de Dumas[221]. Estas são práticas mágicas antigas, e não é impossível, afinal de contas, que sejam verdadeiras. Como mencionei, porém, devemos deixar de lado esta questão por ora.

A Vidente não podia ver somente com os olhos, mas também com a boca do estômago, pois podia reconhecer objetos colocados ali. Kerner escreve:

> Dei à Sra. H. dois pedaços de papel, cuidadosamente dobrados: em um deles tinha escrito secretamente: "Deus existe"; no outro, "Deus não existe". Coloquei-os em sua mão esquerda, quando ela estava aparentemente acordada, e lhe perguntei se ela sentia alguma diferença entre eles. Após uma pausa, ela me devolve o primeiro e diz: "Este me dá uma sensação, o outro parece um vazio". Repeti o experimento quatro vezes, e sempre com o mesmo resultado[222].

Em um experimento posterior, Kerner escreveu em um pedaço de papel, "Espectros existem", e em outro, "Espectros não existem". Ela colocou o primeiro na boca do estômago, e segurou o outro em sua mão, e leu ambos"[223]. O fato de o sentido visual ser transferido para outro sentido não é único. Antes, se diz que ocorre em outros casos, por exemplo quando alguém coloca a mão sobre um objeto para ver algo. A esse respeito, remeto a uma famosa médium, a Sra. Piper, que foi médium de William James, e que colocava cartas sobre a testa para lê-las[224]. Naqueles dias, se

---

220. "Ela [...] viu [...] uma carruagem passando na estrada para B., que não era visível de onde ela estava. Descreveu o veículo, as pessoas que estavam nele, os cavalos etc., e meia hora depois esse equipamento chegou a casa" (ibid., p. 46-47).

221. Para uma detalhada descrição da "cena do jarro", cf. adiante, p. 242-243.

222. Ibid., p. 75-76.

223. Ibid.

224. Cf. James, 1886, 1890b, 1909. Leonora Piper (1857-1950) era uma famosa médium norte-americana, e tema de investigações, afora as de William James, por parte de grandes pesquisadores psi da época.

acreditava que tais experimentos só eram bem-sucedidos quando quem tinha escrito as cartas em questão ainda estivesse vivo. Uma das amigas da Sra. Piper legou para ela uma carta, depositada em um banco. Quando a amiga morreu, a carta foi buscada no banco, e colocada, com o envelope, sobre a testa da médium. Ela se focou com a máxima concentração, muito mais do que de costume, e por fim disse: "Creio que diz isto e aquilo"; os conteúdos, porém, eram completamente diferentes[225].

Até aquela época, as visões e percepções que tinham ocorrido à Vidente faziam referência apenas a questões exteriores, em outras palavras, a questões que podiam, em última instância, ser verificadas. Mas então ela teve uma visão bastante curiosa que deixou Kerner estarrecido, e que também a mim causou perplexidade – qual seja, a visão de uma esfera solar. Em sua visão, a esfera assumia o formato de um disco solar real, situado na região do estômago ou do plexo solar. O disco girava lentamente e a arranhava, agitando assim seus nervos[226]. Mais tarde ela teve uma visão tão nítida desta esfera solar que pôde fornecer um desenho muito interessante dela.

Quatro pontos estão indicados no círculo[227], mas não temos nenhum conhecimento do que eles significam[228]. O sol [exterior]

---

225. Uma descrição detalhada deste experimento está em Sage, 1904, cap. 7, p. 52-64.

226. *Vidente*, p. 114. O capítulo sobre as "Esferas" foi fortemente abreviado na tradução em inglês de 1845, de modo que os detalhes mencionados estão faltando ali.

227. As seguintes descrições dos sete círculos ou anéis diferem consideravelmente nas várias notas sobre a palestra, e às vezes até mesmo se contradizem entre si. Tentei "extrair" uma descrição que seja o mais clara possível e concordante com o relato de Kerner (que em si mesmo é bem pouco claro, como Jung corretamente observa), o que facilita a leitura, mas também significa que essa é a passagem sobre a qual podemos estar menos seguros de ser uma reprodução fidedigna ou mais ou menos literal do que Jung realmente disse. Também a numeração dos círculos é incongruente – às vezes eles são contados do centro para a periferia, às vezes em sentido contrário, até pela própria Sra. Hauffe. Para evitar confusão, isso foi padronizado de acordo com o segundo método aqui.

228. Estes são os quatro "pontos cardeais". Cf. o início da próxima palestra.

é dividido em doze partes ou segmentos, correspondentes aos doze meses, ou seja, ao círculo zodiacal ou ao ano solar. Esse círculo solar é o sexto; abaixo estão outros cinco, e acima há um sétimo círculo, vazio[229]. Devemos imaginar essas coisas como se estivessem em uma posição horizontal. Esse é o modo como a visão apareceu. Para nós o conceito de um círculo vazio é uma ideia extremamente estranha, pois perdemos contato com tais questões, por estarmos acostumados a dirigir nossa atenção para fora, e só raramente nos voltamos para olhar para dentro. Qualquer hindu educado, contudo, imediatamente reconhecerá o significado. Uma vez que o círculo vazio não aparece no desenho, o círculo solar representa o círculo mais externo ou a circunferência.

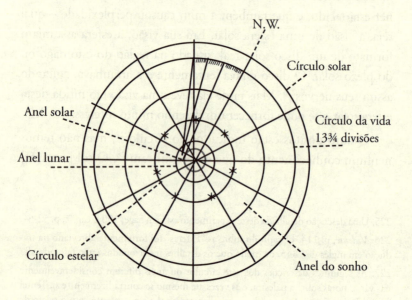

O próximo círculo [quinto] é dividido em 13¾ segmentos, que correspondem, *grosso modo*, a um ciclo lunar de 27,3 dias.

---

229. *Ich fühle unter diesem Ringe noch fünf solcher Ringe und über ihm noch einen leeren* [Sinto que há outras cinco esferas abaixo desta, e acima há outra esfera, vazia]. A vidente é citada por Kerner só na edição alemã de *Vidente*, p. 114.

Assim, os chineses não apenas têm um ciclo solar, mas também um que segue o curso da lua. O todo é, portanto, uma espécie de roda do tempo que tem divisões solares bem como divisões lunares. Este quinto círculo, ou círculo da vida, ela o chamou de seu "calendário", no qual inseriu pequenos traços para registrar fatos ou experiências que a afetavam de modo agradável ou desagradável: dores de cabeça, cãibra no coração e assim por diante.

Os círculos ficam um debaixo do outro e giram, com a rotação começando no ponto noroeste. Assim, este curioso cálculo de calendário começa no Noroeste – e, com relação à direção, se move não no sentido horário, e sim no sentido anti-horário, como na suástica alemã. Enquanto que as linhas do mês se movem radialmente do círculo solar para o centro, as linhas do círculo da vida são desenhadas em uma tangente, e assim o que emerge não é um movimento rotativo, mas espiralado.

A seguir vem o quarto círculo, que também é dividido em doze segmentos[230]. Ela se refere a isso como o "anel do sonho" ou a "área das almas dos animais". Isso é difícil de explicar, já que o relato de Kerner não é claro. Esses três constituem os círculos externos.

O terceiro círculo, que é o mais externo dos três internos, é caracterizado por uma divisão em sete segmentos; é o círculo das sete estrelas. A seguir vem o segundo círculo, o "anel lunar", e finalmente o círculo mais interno, o chamado anel solar, que é luminoso e brilha como um sol. Nesse centro há também o espírito e a verdade. Ela o chamou de o "ponto do meio luminoso, o "sol da graça". Disso, ela tem apenas uma visão fugaz, durante a qual contempla sua "condutora" ou espírito protetor [*Führerin*]; ela acreditava, além disso, que com ela muitos outros fantasmas tinham despontado.

---

230. A descrição das esferas e as citações seguintes estão em *Vidente*, ed. 2012, p. 114ss., e ed. de 1845, p. 114-115, 130-131.

A Vidente disse que o círculo solar era como um muro, através do qual nada poderia alcançá-la[231]. Do lado de fora ficava o mundo cotidiano, em que a vida era horrível e, portanto, ela preferia permanecer confinada dentro desses anéis. Em seu desenho, ela descreveu as pessoas como pequenos ganchos, pontiagudos e desagradáveis. Ela as sentia como chamas azuis no anel exterior, de modo algum corpóreas, mas apenas ideacionais. Para ela, Justinus Kerner era o mediador entre si mesma e o perigoso mundo exterior.

Sobre o primeiro círculo, central, ela disse que se sentia confortável ali, olhando de lá para o mundo, o mundo paradisíaco, ou seja – ela se referia ao mundo interior –, aquele no qual ela estivera outrora. Ela asseverou que o [segundo] anel lunar era uma esfera fria e desoladora, representando a morada das almas na "região intermediária". Ela estremeceu ao pensar nele e ficou apavorada. Tinha apenas vagas recordações dele, pois, devido ao medo, ela "perambulava a esmo". De lá, as almas entravam no sol ou nas estrelas. Essa também é uma ideia estranha, a menos que a consideremos à luz da história: desde tempos imemoriais, a lua era considerada como *receptaculum animarum*, o assento das almas. O maniqueísmo explica o crescer e o minguar da lua a cada mês como seu preenchimento com as almas dos mortos até que ela esteja completamente preenchida, se volte para o sol, lhe dê as almas e assim volte a minguar. Então um novo ciclo começa. Essa ideia foi trazida de Pequim para o sul da França através dos ensinamentos heréticos dos albigenses[232]. Hoje, isso obviamente nos soa como uma lenda, mas tais questões permanecem pertinentes. Uma fantasia afirma que depois da [Primeira] Guerra Mundial

---

231. *durch die nichts an mich konnte* (p. 115). A tradução em inglês é equívoca: "como um muro, além do qual ela não podia se mover" (p. 130).

232. Os albigenses, ou cátaros, representaram o movimento herético cristão mais influente da Idade Média, prosperando em algumas áreas da Europa Setentrional, particularmente no norte da Itália e sul da França, entre os séculos XIII e XIV.

todas as almas chegaram à lua e a fertilizaram tanto que começou a crescer grama lá[233].

Vemos que, no caso da Vidente, estamos lidando com o ressurgimento de uma imagem arcaica, uma palingênese, a menos que alguém tenha insinuado essa ideia a ela no seu passado, o que é muito improvável tendo em vista seu ambiente estritamente católico. A noção de que as almas perambulam da lua às estrelas tampouco é nova: as estrelas têm sido associadas ao nascimento e à morte desde tempos imemoriais. Os meteoros são almas. Ou quando um César romano morria, os astrônomos tinham de descobrir uma nova estrela no céu para representar a alma dele. Também deparamos com essa ideia nos índios e em linguagem poética. O fato de haver sete estrelas corresponde a uma concepção mitológica: sete é um número sagrado, assim como todos os números cardeais de um a nove são sagrados, de diferentes modos em diferentes povos.

A razão para isso é que os primitivos só conseguem contar até dez, já que só contam com seus 2 x 5 dedos. Por exemplo, o *swahili*[234] tem apenas cinco numerais; números maiores que

---

233. Em geral, "segundo a antiga crença, a lua era o lugar de encontro das almas que partiram" (*Transformations*, § 487), "a morada [*receptaculum*] das almas que partiram" (JUNG, 1927 [1931], § 330). A afirmação de que a lua foi tão fertilizada pelas muitas almas dos soldados mortos durante a Primeira Guerra Mundial que uma mancha verde apareceu lá remonta ao místico, escritor, compositor e coreógrafo armênio George Ivanovich Gurdjieff (1866?-1949). Segundo Gurdjieff, a lua se alimenta de almas, e quando está com muita fome, há guerras. Jung citou essa história também em seu seminário sobre sonhos de crianças (JUNG, 1987 [2008], p. 167). Na edição inglesa, de Barbara Hannah, destas palestras, porém, e em contraste com outras notas de palestra, essa crença de Gurdjieff é apresentada de modo diferente; ele teria se "convencido de que as *manchas no sol* são causadas pelo número incomum de almas que migraram para lá durante a guerra, e eu [Jung] conheci dois médicos que acreditam firmemente nele" (p. 35; itálicos acrescentados).

234. Jung tinha aprendido um pouco de swahili para sua estada no Monte Elgon, e "conseguiu falar [com os nativos] fazendo amplo uso de um pequeno dicionário" (*Memories*, p. 294).

cinco são designados como "muitos", seja seis, mil ou cem mil. Antes da eclosão da Primeira Guerra Mundial havia rumores no leste da África de que mil[235] soldados alemães tinham marchado pela região. Tropas foram convocadas a investigar o incidente, e se constatou que apenas uma patrulha de seis homens tinha sido vista! Não tendo uma palavra correspondente para o número real, o cabo que fez a observação simplesmente reportou "muitos". Muitos: *nyingi*; muitíssimos: *nyingi sana*. Mas quando se trata de muitíssimos, talvez um milhão, suas vozes imitam o lançamento de uma pedra: muitíssimo: *nyingy sa-a-na–a*. Além disso, os primitivos associam os números a figuras geométricas: por exemplo, 2 = II; 3 = III ou Δ; 4 = IIII ou □. Sua concepção dos números é inteiramente não aritmética. Assim, por exemplo, dois fósforos mais um fósforo não é igual a três fósforos, mas dois fósforos-dois e um fósforo-um. O número é uma qualidade inerente ao fósforo. Um "fósforo-três" não pode se transformar em um "quatro". Tal pensamento é resultado do caráter mágico de todas as percepções entre esses povos.

Portanto eles podem contar sem serem capazes de contar. Por exemplo, eles baseiam a contagem em imagens, assim como a que vem de um rebanho ou do tamanho do pedaço de terra ocupado por um rebanho. Um nativo possuía um rebanho de aproximadamente 150 vacas, que ele contava toda noite. Mas ele só conseguia contar até dez. Sabia o nome de cada vaca, contudo, e imediatamente reparava quando uma determinada vaca estava faltando.

---

235. Em Hannah: "10.000" (p. 35).

Palestra 8

8 de dezembro de 1933

Questões apresentadas

O primeiro missivista duvida que o exemplo mencionado na palestra anterior – Nietzsche – represente realmente uma criptomnésia[236]. Em resposta a esta questão, diria que não uso o exemplo de Nietzsche como prova.

O segundo missivista pergunta se a consciência humana é idêntica à soma do conhecimento sobre os processos psíquicos. Em resposta, eu diria que o conhecimento é evidentemente consciência. Tudo o que está associado ao eu é, evidentemente, consciente[237].

***

Na última palestra, consideramos a visão da Vidente das várias esferas. Permitam-me fazer um resumo. O círculo exterior é a esfera solar, que ela descreve assim: "Este anel tem 12 partes, e nele eu vejo as principais impressões do que me ocorreu na época"[238]. Este

---

236. A questão é de Harry R. Goldschmid, de Zurique (carta de 29 de novembro de 1933; Arquivos ETH).

237. Barbara Hannah assinala que "Há outra questão sobre se o ego é idêntico ao que conhecemos. Responder a essa questão nos levaria longe demais, e ela será respondida em certo grau com o passar das palestras".

238. Isso não foi traduzido na edição (incompleta) em inglês, que também não traz muitas das citações seguintes. Nesses casos as traduções são nossas e as referências das páginas remetem à reimpressão do original alemão (ed. 2012, p. 114).

círculo simultaneamente denota o ano e simboliza o ano inteiro. Agora imaginem a chamada esfera da vida se lhe sobrepondo; é dividida em 13¾ partes, segundo o ciclo lunar. Dela emanam os raios, que não são realmente raios, porque as linhas vão tangencialmente até o círculo mais interior[239].

Os três círculos internos são, a começar do centro: 1) O centro solar – o pequeno círculo mais interno irradiando como um sol; 2) O círculo lunar; 3) O círculo estelar com sete estrelas. "Sete" não é necessariamente um termo aritmético, representando antes uma qualidade. Então vem o círculo das almas dos animais, ou o anel do sonho. Evidentemente, ela presume que existe uma certa identidade entre a natureza do sonho e a natureza da alma animal.

Kerner reproduz as palavras da Vidente: "Embaixo deste anel eu sinto cinco outros anéis assim, e acima dele um anel vazio"[240]. Os círculos são, portanto, estratificados, por assim dizer. Com relação à esfera do sol, ela diz:

> O dia real, luminoso, e as pessoas ficam para mim fora do grande anel, e eu vejo um número maior ou menor delas em várias seções. Prefiro representar essas pessoas como marcas de verificação [*checkmarks*]. Sinto o espírito de todas as pessoas com quem estou associada, mas não sinto nem sei nada de seus corpos, nomes etc. Assim também (ela me disse), não posso pensar em você como um homem ou como um corpo, muito menos em você. Sempre senti você como uma chama azul girando em torno do círculo exterior [...] junto com sua mulher no mesmo anel. Mas ela está em forma humana, e mais para fora [...][241].

Caracteristicamente, ela não tem nenhuma concepção corporal do homem, mas sim uma ideacional. Ela repudia a corporeidade do homem e, em concordância com sua atitude global,

---

239. Ibid., p. 120.

240. Ibid., p. 114.

241. Ibid., p. 114-115.

confere realidade apenas ao que fica dentro. Ao fazê-lo, ela despotencializa o mundo exterior, e o mundo interior, portanto assume a realidade.

> Este anel exterior com a chama azul em torno dele é como que um muro para mim, através do qual nada pode me atingir. Eu mesma estou no anel. Quando me imagino fora deste anel, me sinto terrível e fico apavorada. Quando me imagino estando livre dentro do círculo, porém, fico com saudade de casa[242].

Ela identifica a órbita externa com Justinus Kerner. A chama azul dele está se movendo lá. Os dois agem como um muro. Kerner serve como proteção contra o mundo externo, como um mediador, por assim dizer. Ela se sente como se estivesse confinada no anel. É como um círculo mágico que foi desenhado em torno dela; fora fica o mundo da ansiedade e do medo, dentro a vida positiva. O círculo coincide com a realidade peculiar a ela, que a cerca. Ela dissocia sua consciência do mundo externo. Depois, ela fala sobre as pequenas órbitas no centro, enumerando-as da borda externa para dentro:

> Me senti bem no primeiro anel no centro (sinto como se as sete estrelas ficassem em cima dele). De lá eu falo ao mundo, no qual estive outrora...[243]

Ela não diz: "No qual eu *estou*". Evidentemente, ela considera que este é o mundo no qual ela *esteve*, e não aquele no qual está agora. Embora viva neste mundo, para ela, ele parece um mundo fantasmagórico, um tipo de lembrança ou ilusão, enquanto que seu mundo interno representa a realidade. Deixando de lado a interpretação, por ora vamos simplesmente ouvir suas palavras.

---

242. Ibid., p. 115.

243. Ibid., p. 116. A tradução traz isso em discurso indireto: "Na órbita externa, sobre a qual sete estrelas parecem brilhar, ela estava à vontade e feliz; ela falava ao mundo a partir de lá [...] (p. 130-131).

Para ela, parece existir um mundo externo no qual outrora viveu, ou seja, um mundo pré-natal, um mundo paradisíaco, celestial, no qual nasceu e depois foi impelida a sair – muito como uma expulsão do paraíso. Assim, também aqui a história da queda do homem, ou da queda dos anjos, se repete.

> No segundo anel, eu estava com frio e tremendo; deve ser um mundo frio. Eu nunca falei ali. Eu apenas como que perambulava a esmo por ele, e algumas vezes olhava para ele. Não sei mais o que vi lá, fico com medo sempre que penso nisso. Era terrivelmente frio e mau lá. Este anel tem a luz da lua[244].

Esta segunda órbita é tratada como uma vaga recordação – ela apenas "perambulava a esmo por ela". Ideias semelhantes ocorrem na mitologia antiga e nos ensinamentos dos antigos sobre o devir da alma. Iremos discuti-las com mais detalhes posteriormente. Assim como as almas dos mortos sobem da terra para a lua, para o *receptaculum animarum*[245], assim também elas descem de novo através do anel da lua quando do nascimento.

Quando a Vidente fica na órbita mais externa, ela efetivamente fica na terra dos mortos, e olha para além do frio anel da lua para o sol, ou seja, a esfera mais interna:

> O terceiro anel é tão luminoso quanto o sol, mas seu centro é ainda mais luminoso. Vi uma profundidade impenetrável nele, e quanto mais profundo era, mais brilhante se tornava. Só pude olhar para ele. Gostaria de chamá-lo de o sol da graça. [...] Lá, na máxima claridade do anel mais interno, vi o meu guia, e dali também recebi as prescrições, embora já não saiba como[246].

Aqui aparece pela primeira vez o conceito de uma condutora feminina ou guia. Com pessoas sonambúlicas e médiuns, sempre

---

244. Ibid.

245. Latim, o receptáculo de almas.

246. Ibid., p. 116-117.

encontramos tais figuras-guias. Elas agem como anjos da guarda, ou "espíritos protetores", lidando com o bem-estar ou o infortúnio dos outros. No caso de sonâmbulas, elas são frequentemente figuras masculinas, e vice-versa. Há casos muito famosos, tais como o da Sra. Piper, que não tinha só uma figura destas, mas todo um grupo de "controles", um verdadeiro estado-maior de pequeno porte, que estava em ação constante[247].

Evidentemente, o ponto médio é a profundidade última, ou seja, a plenitude radiante de luz. Dentro de seus raios fica o princípio condutor, que no caso da Vidente encontra expressão no espírito da sua avó. Psicologicamente falando, em nosso interior existe um guia. Todos trazemos uma orientação inconsciente dentro de nós. Mesmo se pensamos que estávamos no comando, experimentamos sempre de novo que às vezes não somos nós que decidimos, mas sim algo dentro de nós que decide o resultado. Todos os povos da terra acreditam que existe outro ser que nos dirige e determina nossas decisões conscientes.

Este ser é também o guia da Vidente. A orientação provém do ponto central. Este ponto, porém, não está situado dentro do centro da consciência, mas dentro do plexo solar[248]. Tem sido chamado assim desde a Antiguidade, depois da descoberta de que num estado de êxtase somos capazes de ver esta luz através da "simpatia", ou seja, através do sistema nervoso simpático. Há pessoas – e na Grécia havia até mesmo uma seita – que praticam

---

247. Sobre a Sra. Piper, cf. a Palestra 7 e a nota 224. Jung mencionou esse grupo de cinco dos seus "controles" psíquicos, chamado de "Imperator", no seu comentário a *O segredo da flor de ouro* (1929, § 60). Cf. Hyslop, 1905, p. 113ss.

248. Em anatomia, o *plexus solaris*, ou plexo solar, é um complexo de nervos radiantes situado perto do tronco celíaco, da artéria mesentérica superior e das artérias renais. Ele governa vários órgãos internos, bem como a contração e distensão de músculos lisos. No sistema hindu de chacras, é conhecido como o *Manipura chakra* ou lótus de dez pétalas.

a onfaloscopia, ou seja, a contemplação do umbigo, para experimentar esta visão interior[249].

A Vidente forneceu um segundo desenho da esfera da vida, no qual ela fica sozinha. Como veremos, esta segunda ilustração lança nova luz sobre as outras esferas. É preenchida com uma escrita estranha; é a língua do país-fantasma. Assim, neste caso encontramos o fenômeno da glossolalia[250], ou seja, a ocorrência de uma língua estranha sem nenhuma conexão com nenhuma língua conhecida. Tal ocorrência é um fenômeno frequentemente observado em indivíduos introvertidos que se retiraram muito para o *background*.

A esfera interna da vida tem certas características, sobre as quais a Vidente comenta o seguinte:

> No centro deste círculo há algo que coloca números e palavras, e este é o espírito. Assim como este mundo fica dentro do círculo do sol, há um outro completamente diferente e superior nesta esfera da vida (alma), e por isso todo mundo tem uma premonição de um mundo superior [...]. De lá, o espírito observa o centro do círculo do sol[251].

Devemos atentar ao fato de que estas esferas estão umas sobre as outras. A esfera da vida está portanto situada debaixo da esfera do sol, e seu ponto médio não é mais, portanto, idêntico ao da esfera do sol. O que é chamado o sol, no topo da esfera do sol, é conhecido como o espírito na esfera da vida. Podemos achar isso completamente louco a princípio. Eu, porém, descobri, ao longo dos anos, que tais questões preocuparam as mentes humanas por

---

249. Onfaloscopia, a contemplação do umbigo, era praticada como uma forma de meditação para experimentar Deus como luz pelos hesicastas, que receberam esse nome devido a Johannes Hesychastes [São João o Silencioso] (454-559). Hesicasmo (do grego *hesychia*, imobilidade, descanso, quietude, silêncio) é uma tradução eremítica de oração na Igreja Ortodoxa e em Igrejas Católicas do Oriente.

250. Falar em línguas.

251. *Vidente*, p. 120-121.

séculos. A Vidente continua: "O centro da esfera da vida é a sede do espírito, e este é seu lugar correto e verdadeiro"[252].

Este centro, ao qual a verdade é atribuída, existe em outros sistemas também. Um paralelo notável, embora não seja o único, é o Dharmakaya[253], o chamado corpo divino da verdade, no budismo Mahayana[254].

Com relação à segunda esfera, a Vidente dá o seguinte relato:

> O segundo círculo já representa o obscurecimento inicial do espírito com relação ao que é bom, mas de um modo que ainda é capaz de retornar ao melhor de sua própria natureza.
>
> O terceiro círculo representa um nível diminuído do que é bom, mas ainda em um estágio de transição, e assim ele ainda é livre para retornar completamente ao círculo interno. O terceiro círculo é o último do espírito[255].

Há obviamente uma gradação na medida em que o ponto central, que denota o espírito, perde *gravitas* ["gravidade", isto é, "peso", na acepção romana de uma consistência por assim dizer ontológico-moral, ligada à dignidade, excelência, respeitabilidade, senso de autoridade que envolve algo ou alguém (N.T.)] e intensidade através da emanação. O espírito começa a degenerar na segunda esfera, e, ao alcançar a terceira, sua intensidade é ainda menor. O mesmo se aplica à esfera do sol. O sol perde intensidade

---

252. Ibid., p. 121.

253. Dharmakaya, também conhecido como o "Corpo da Verdade", é um conceito central no budismo Mahayana, segundo o qual o Buda originalmente iluminado transformou os cinco venenos do espírito (ignorância, ódio, inveja, orgulho e ambição) nos cinco aspectos subjacentes da sabedoria.

254. O budismo Mahayana (Grande Veículo) é uma das duas principais escolas budistas, juntamente com o budismo tibetano Vajrayana. Distingue-se do budismo Theravada por conta da sua "grande" motivação, que aspira à libertação não apenas individual, mas de todas as criaturas sofredoras.

255. *Vidente*, p. 121.

através da irradiação no espaço externo. Ele consiste em uma espécie de sistema de emanação.

Na terceira esfera, a Sra. Hauffe vê os números nos quais todo o seu cálculo é baseado, os n. 10 e 17[256]. Menciono isto apenas para ilustrar que o misticismo dos números, que está sempre relacionado aos sistemas internos, começa aqui. Também existem sistemas extensos que começam com tal misticismo dos números. Em outros sistemas, tais como o chinês, o 10 é o número da terra; o 17 permanece não documentado (10 + 7), mas para a Vidente é o número espiritual. A esfera da vida é o anel inferior. Consequentemente, o espírito é para ela um fenômeno que fica abaixo da esfera solar. Assim, ele não representa o nível mais elevado.

Por ora, não vou explorar mais este simbolismo. Ao invés disso, resumiria minha discussão da sintomatologia da Vidente considerando outros fenômenos estranhos. Ela frequentemente experimentou ocorrências de clarividência, especificamente percepções clarividentes e sonhos clarividentes. Eis alguns exemplos:

> Certa noite, ela sonhou que via a filha mais velha do seu tio sair da casa com um pequeno caixão sobre a cabeça: sete dias depois morreu seu próprio filho, de um ano de idade, e de cuja doença, na época, não tínhamos a menor ideia. Ela relatou o sonho a mim e a outros ao acordar[257].

Além disso:

> Em outra noite, ela sonhou que estava atravessando alguma água, segurando em sua mão um pedaço de carne em decomposição e que, encontrando a Sra. N., esta a tinha questionado angustiadamente o que ela iria fazer com aquilo (ela nos contou o sonho, que fomos incapazes de interpretar); sete dias depois a Sra. N. deu à luz um natimorto, cujo corpo já estava em um estado de decomposição[258].

---

256. Ibid.

257. Ibid., p. 82-83.

258. Ibid., p. 83. Barbara Hannah nota que "a água no sonho representa o fluido amniótico" (1959 [1934], p. 38).

E finalmente:

Na noite de 28 de janeiro de 1828, a Sra. H. sonhou que, estando em uma ilha deserta, viu seu filho morto envolvido em uma luz celestial, com uma coroa de flores na cabeça, e uma varinha com botões na mão. Isso desapareceu; e depois ela me viu ajudando a um homem que estava sangrando; e a isso se seguiu uma terceira visão, em que ela sofria severos espasmos, enquanto que uma voz lhe dizia que eu tinha sido chamado. Ela me relatou este sonho na manhã do dia 29. No dia 30, eu fui chamado para ver um homem que tinha sido esfaqueado no peito; e, na mesma noite, a terceira visão foi explicada. A interpretação da aparição da criança nós não entendemos[259].

Estes sonhos clarividentes e proféticos se relacionam com suas visões de fantasmas. Sobre a aparição destes espectros, ela diz:

Vejo muitos com quem eu não entro em nenhuma aproximação, e outros que vêm até mim, com quem eu converso, e que permanecem junto a mim por meses; vejo-os várias vezes, dia e noite, estando sozinha ou acompanhada. Estou perfeitamente desperta na ocasião, e não percebo qualquer circunstância ou sensação que os evoque. Vejo-os, esteja eu forte ou fraca, pletórica ou num estado de inanição, alegre ou triste, divertida ou de outro modo. Não que eles estejam sempre comigo, mas vêm a mim a seu bel-prazer como visitantes mortais [sic], e igualmente se estou em um estado espiritual ou corporal. Observo frequentemente que, quando um fantasma me visita à noite, aqueles que estão dormindo no mesmo quarto comigo ficam, através dos seus sonhos, cientes da presença dele; eles falam depois sobre a aparição que viram em sonho, embora eu não tenha sussurrado uma sílaba sobre o assunto para eles. Enquanto os fantasmas estão comigo, vejo e escuto tudo ao redor como sempre, e posso pensar em outros assuntos; e embora eu possa desviar meus olhos deles,

---

259. *Vidente*, p. 83-84.

me é difícil fazer isso – sinto uma espécie de *rapport* magnético com eles [...]. Se algum objeto fica entre mim e eles, eles ficam escondidos de mim. Não posso vê-los com os olhos fechados, nem quando desvio meu rosto deles; mas sou tão sensível à sua presença que poderia indicar o ponto exato onde eles estão. Outras pessoas que não os veem são frequentemente sensíveis aos efeitos da proximidade deles quando estão comigo; elas têm uma disposição à fraqueza, e sentem uma constrição e opressão dos nervos [...]. A aparência dos fantasmas é a mesma de quando viviam, mas sem cor. [...] Seu andar é como o andar dos vivos, mas os melhores espíritos parecem flutuar, e os malignos andam mais pesado; assim, seus passos podem às vezes ser escutados, não só por mim, mas por quem está comigo. Eles têm vários modos de atrair a atenção por outros sons além da fala... Estes sons consistem em sussurros, batidas, ruídos de areia e cascalho, ranger de papel, o rolar de uma bola, um andar arrastado com chinelos etc. etc.[260]

Tais sons são típicos de histórias de fantasmas, não importa de qual país. Gostaria de ler para vocês outra passagem [*Jung não consegue encontrar a anotação no livro – fica para ser lido posteriormente*].

Permitam-me concluir a palestra de hoje com algumas observações finais sobre este caso: Um intenso recolhimento em relação à realidade exterior estimula o *background* e o mundo interior, originando três grupos de fenômenos: 1) percepções extrassensoriais, tais como clarividência, a percepção de qualidades através de cristais, ou a percepção através da região epigástrica; 2) a aparição de fantasmas; 3) a visão peculiar da "esfera do sol" ou mandala; "mandala" é o termo indiano para "círculo".

Todas as chamadas percepções sobrenaturais são fenômenos "clarividentes". A clarividência se expressa através dos sentidos e

---

260. Ibid., p. 155-158.

do espírito, e eles por sua vez se expressam em termos de espaço e tempo.

Somos a princípio inclinados a considerar a existência de tais coisas, que simplesmente desafiam as leis da natureza, como puro *nonsense*. Mas muita experiência factual irrefutável tem sido obtida através delas para que possam ser ignoradas. Isso não equivale a postular uma afirmação metafísica. Devemos tão somente exercitar a paciência com tais fenômenos, até que gradualmente possamos discernir o que exatamente está envolvido. Dificilmente passa uma semana em meu consultório sem que um paciente não traga este tipo de sonho ou experiência. Evidentemente, este campo está repleto das mais incríveis possibilidades de engano. Há por trás uma obscura superstição, mas todo o nosso mundo científico emergiu precisamente desta obscura superstição, de um mundo de magia.

Palestra 9

15 de dezembro de 1933

Questões apresentadas

A primeira missivista, uma senhora abençoada com uma boa sorte inabalável, está indignada por minhas palestras serem tão populares![261]

Há várias reações dos membros mais jovens do público que confirmaram meus piores temores. Eu iria confundi-los e eles não conseguiriam imaginar por que razões discuti extensamente um caso curioso como este da Vidente, que evidentemente data do último século![262]

---

261. Ou seja, inteligível para o público geral, em termos do leigo. Isso se refere à seguinte carta: "Zurique, 10 de dezembro de 1933. Caro Doutor, em nosso rápido encontro após sua palestra cerca de quinze dias atrás, o senhor perguntou se suas explicações seriam populares o bastante. Nesse meio-tempo, eu ouvi de algumas pessoas, alunos e pessoas que têm o pé no chão, o que elas acham das suas palestras. Certamente o senhor se interessará em saber o que uma pequena parte de seu grande público pensa. Todos eles acham que as palestras estão populares demais. Nem todas essas pessoas são *experts* em psicologia. Certamente o senhor ficará aliviado em saber, uma vez que está acostumado a falar a audiências altamente educadas, que seus ouvintes muito interessados e atentos ainda assim podem compreendê-lo, mesmo se os conceitos básicos são explicados em uma extensão de certo modo menor. Na esperança de que eu possa lhe estar sendo útil com estas linhas, caro Doutor, atenciosamente, Doris Schlumpf" (Arquivos ETH).

262. Isso pode se referir a algumas reações de estudantes, reunidas e resumidas por um participante chamado Otto (Arquivos ETH, [s.d.]). Elas afirmam que as palestras não atenderam às expectativas, mais especificamente porque os tópicos foram demasiadamente inverossímeis e históricos, e que Jung não falou sobre problemas contemporâneos e sobre sua própria teoria psicológica. Jung também menciona reclamações semelhantes no começo da 13ª palestra; cf. p. 240-243.

Escolhi este caso com uma intenção secreta em mente. Ao fazê-lo, abracei a metodologia clínica padrão ao selecionar um exemplo clássico de uma doença, oferecendo uma descrição geral e depois discutindo toda a sintomatologia e patologia da doença, com base no exemplo. O caso da Vidente é um exemplo empírico inquestionavelmente clássico, e, portanto, nos permite considerar certos fatos básicos. Eu me estendi em certo grau na apresentação dos detalhes do caso para ajudá-los a obter uma apreensão mais clara dos vários fenômenos envolvidos.

Se o caso os chocasse como não familiar ou estranho, isso se deveria à falta de conhecimento da parte de vocês. Vocês simplesmente não estão cientes de que seu próprio caso também exibe todos esses fatos básicos, apenas que eles ficam escondidos no fundo obscuro de suas psiques. Vocês não têm nenhum conhecimento deles, só isso. Devemos estar mais familiarizados com alguns dos traços gerais da psique humana. Esta psique humana está longe de ser bem conhecida, na verdade ela constitui um grande desconhecido. As ideias que apresentei nas minhas palestras, com base neste caso, já foram publicadas, e não é minha culpa se elas não são conhecidas mais amplamente! Por ora, não vou discutir mais isso. Peço-lhes paciência enquanto levo minha discussão deste caso a uma conclusão satisfatória, para aliviá-los um pouco do fardo da má compreensão.

***

Na palestra anterior, sublinhei três fenômenos característicos:

1) percepções extrassensoriais;

2) fantasmas e espectros;

3) a peculiar "esfera do sol".

Com relação a estas percepções extrassensoriais, permitam-nos apenas supor que alguns destes fatos curiosos sobre clarividência realmente se aplicam. Não devemos permitir que sejamos desencorajados pela superstição e pelo truque fraudulento. Não podemos mais verificar os fatos do caso precedente, mas eu observei incontáveis vezes que sonhos e premonições pressagiando o futuro realmente existem. Todos sabemos disso, afinal de contas. Pode-se até fazer experimentos com estas questões, como o fiz em inúmeras ocasiões. Elas sempre acontecem quando uma pessoa, como a Vidente, dirige toda a sua atenção para dentro, ao invés de para fora. Portanto ocorrem tais sonhos, premonições e percepções que estão no limiar da percepção extrassensorial. Isso é simplesmente um fato, um fato bastante incômodo, é verdade, porém devemos aceitá-lo. Admito-o com prazer. Diferentemente de outros que, em nome da teoria, simplesmente negam certa parte incômoda de uma ciência e deixa seu tratamento aos poetas, eu de modo algum me permito isso! Se vocês o desejarem, posso dar-lhes minha palavra de honra de que estas coisas existem, e que podemos, pois, incorporá-las em nossa concepção. Estou relatando o caso da Vidente precisamente por esta razão. Enfrentamos, portanto, uma questão bastante desagradável e estranha.

Em consequência, devemos também desafiar os conceitos de espaço e tempo. Claro, esta relativização do tempo e do espaço é intolerável para alguns cérebros medíocres, e é assim simplesmente negada. Tais coisas, porém, de fato acontecem, por mais cruel que isso pareça, e cabe a nós lidarmos com elas!

Já antes da nossa época, muitas das mentes mais brilhantes consideraram que, com relação ao tempo e o espaço, as coisas não são bem como parecem, que é no mínimo admissível duvidar do caráter absoluto destas dimensões. Kant, por exemplo, tinha sérias dúvidas sobre estas dimensões. Ele argumentou:

> O espaço é necessariamente representação, *a priori*, que é o fundamento de todas as intuições externas. Jamais se pode representar que não haja espaço, embora bem se possa pensar que não há nenhum objeto a ser encontrado nele.

O espaço, ele afirma depois, é "uma intuição pura", ou seja, "uma intuição *a priori*"[263] que "fundamenta todos os conceitos dele"[264]. Ele tem realidade empírica; é o molde que toda a experiência externa assume.

O tempo, segundo Kant, "é a condição formal *a priori* de todas as manifestações em geral"[265]. Em contraste com o espaço enquanto um sentido externo, o tempo, como um sentido interno, possui "realidade subjetiva"[266]. O tempo em si não existe, porque "o tempo é nada mais do que a forma do sentido interno, ou seja, da intuição do nosso eu e nosso estado interno"[267]. Sustentar uma objeção fundamental contra esta visão se mostra algo muito difícil. A física moderna, como vocês sabem, também entrou em conflito com estes conceitos *a priori*.

Se o tempo e o espaço são dimensões relativas, não podem ter validez absoluta. Consequentemente, devemos presumir que uma realidade absoluta tem propriedades diferentes daquelas da realidade espaçotemporal: em outras palavras, existe um espaço que não é como o nosso espaço, e um tempo que não é como o nosso tempo. Ou seja, é possível que ocorram fenômenos que não estão submetidos às condições de tempo e espaço.

Por favor, tenham em mente que as coisas psíquicas não são nem grossas nem finas, nem grandes nem pequenas, nem redondas

---

263. Original: *Anschauung*. Os organizadores e tradutores da respeitada edição em inglês, Paul Guyer e Allen W. Wood, traduzem isso por "intuição", baseados no fato de que, na dissertação inaugural (em latim), "Kant usa a palavra latina *intuitus* para significar as representações imediatas e singulares oferecidas pelos sentidos. [...] Em *Crítica da razão pura* ele empregará o termo alemão analogamente formado, *Anschauung*, com o mesmo propósito" (KANT, 1781/1787 [1998], p. 709).

264. Ibid., A24, A25. O livro de Kant é geralmente citado segundo o chamado sistema A/B, "A" representando a primeira, "B" a segunda e ampliada edição, seguindo-se, também nos textos em inglês, a paginação na edição alemã padrão das obras de Kant, a chamada edição *Akademie*.

265. Ibid., A34.

266. Ibid., A37.

267. Ibid., A33.

nem quadradas, nem pesadas nem leves, mas extraordinariamente não espaciais; e, em segundo lugar, que é terrivelmente difícil determinar um tempo da psique. Vocês acharão quase impossível estabelecer qualquer tempo no qual um processo psíquico ocorre. Vocês podem medir tempos de resposta, mas o que prevalece é uma magnitude enormemente complexa que consiste em toda uma gama de figuras bastante desconhecidas. Em contraste, todos tivemos a experiência mais estranha de que, sob certas circunstâncias, os processos psíquicos requerem um tempo incrivelmente pequeno, por exemplo nos chamados sonhos de excitação.

Por exemplo: um extenso sonho começa em tempos de paz; depois, ouvimos relatos de que a guerra é iminente; debates acalorados a favor e contra o conflito armado se seguem, e a probabilidade das hostilidades se intensifica. Os jornais relatam que atos de guerra foram cometidos. Contingentes militares são reunidos, canhões são posicionados, subitamente artilharias pesadas começam a ser usadas em intervalos periódicos, e, por fim, a pessoa acorda quando alguém bate à porta[268]. Mais tarde, o sonho pode ser descrito extensamente e com riqueza de detalhes, mas na realidade ele durou apenas um tempo muito curto. Este sonho interminável

---

268. Em outubro de 1938, Jung usou este e os exemplos seguintes também em sua conferência de abertura sobre o método de interpretação dos sonhos, durante seu seminário sobre sonhos de crianças. Ele revelou ali que seu primeiro exemplo é, na verdade, um sonho que ele próprio teve, e deu mais detalhes: "Quando estudante, eu tinha de acordar às cinco e meia da manhã, pois o Seminário de Botânica começava às sete. Isso era muito duro para mim. Precisava sempre pedir que me acordassem; a empregada doméstica tinha que bater à porta para que enfim eu despertasse. Foi aí que tive um sonho repleto de detalhes. *Estava lendo o jornal. Este dizia que havia ocorrido certa tensão entre a Suíça e países estrangeiros. Então vieram muitas pessoas e discutiram a situação política; em seguida veio um novo jornal, com novos telegramas e artigos. Muitas pessoas ficaram ansiosas. Novamente houve discussões e cenas nas ruas, e por fim uma mobilização: soldados, artilharia, canhões foram disparados – agora a guerra tinha estourado –*, mas eram as batidas na porta. Tive a nítida sensação de que o sonho tinha durado muito tempo e chegado ao clímax com as batidas" (JUNG, 1987 [2008], p. 8-9).

aconteceu entre a primeira batida da porta e a última, ou começou antes e levou ao momento da batida a partir de um conhecimento antecipativo do exato instante no qual a batida da porta aconteceria? Claro, o que o sonhador associa a tal sonho é importante, e o médico deve prestar atenção a isso. Não é necessariamente o caso de que os conteúdos do sonho estivessem condicionados à batida na porta. Pode-se também analisar tal sonho e descobrir que ele floresce de conflitos psíquicos específicos.

Assim também, o destino de uma pobre alma sendo decapitada em um sonho, quando a decapitação era na verdade uma parte de uma cama com sobrecéu caindo e batendo bem no pescoço do sonhador, abaixo do queixo. Foi como se o sonhador tivesse antecipado este evento[269]. Ou o conhecido fato de que as pessoas reveem toda a sua vida enquanto caem de uma montanha ou se afogam, o que é frequentemente relatado por aqueles que se salvaram. Por exemplo, o almirante que deu um passo em falso[270]. Outro caso é o do Professor Heim, que certa vez caiu de uma montanha e revisitou toda a sua vida durante a queda[271]. Casos como esses parecem sugerir que em tais circunstâncias a psique necessita de apenas uma quantidade inimaginavelmente pequena de tempo.

---

269. Este é "um exemplo da literatura francesa: Alguém está sonhando: *Ele está na Revolução Francesa. É perseguido e finalmente guilhotinado. Acorda quando o machado está caindo.* Foi na hora em que um pedaço da parte superior da cama – trata-se de uma cama com sobrecéu – cai bem no seu pescoço. Quer dizer, ele deve ter tido o sonho bem na hora em que o pedaço da cama caiu" (ibid., p. 8). Maury descreve esse sonho dele e o incidente em detalhes no sexto capítulo de seu livro *O sono e os sonhos* (1861).

270. "A história de um almirante francês relata algo semelhante. Ele caiu na água e quase se afogou. Nesse breve momento, as imagens de toda a sua vida passaram diante dos seus olhos" (JUNG, 1987 [2008], p. 9).

271. Albert Heim (1849-1937), geólogo suíço, conhecido por seus estudos sobre os Alpes Suíços, professor de Geologia do ETH (1873). "Durante os poucos segundos da sua queda", ele "reviu toda a sua vida" (ibid., p. 9).

Podemos agora citar a evidência positiva da existência da não espacialidade, a saber, quando posso ver através de espessas paredes. Em todo caso, estamos tocando em um modo de existência que não coincide com a realidade empiricamente perceptível.

Este ponto é da maior importância com relação ao ser psíquico. Discuti o exemplo da "Vidente de Prevorst" com este propósito – para lhes mostrar como uma introversão grande como esta resulta na manifestação dos traços típicos do *background* psíquico na medida em que as características da consciência desaparecem completamente. Estas coisas não são de modo algum extraordinárias, aliás. Em teoria, pelo menos, cada um de vocês tem sonhos premonitórios. Geralmente, porém, eles são tão insignificantes que nem são notados, mas isso se deve à ignorância das pessoas. Eu mesmo também era tão completamente ignorante, entretanto conheci tais casos ao longo de trinta anos, e os publiquei, e se as pessoas não conhecem isso não é certamente culpa minha!

Outro exemplo é *An Experiment with Time* [Um experimento com o tempo] (1927), de Dunne[272]. Ele estava baseado na África do Sul, em um lugar no qual havia a entrega de correspondência apenas a cada dois meses. Na véspera de uma determinada entrega, ele sonhou que estava lendo uma reportagem sobre o desastre de St. Pelée no *Daily Mail* ou no *Telegraph*, e foi surpreendido por uma manchete com letras em negrito: "Desastre na Martinica destrói uma cidade inteira, deixando 4.000 mortos". O jornal chegou no dia seguinte; ele o abriu às pressas e, obviamente, ali estava a reportagem. Mas eis o aspecto mais interessante: em primeiro lugar, Dunne não teve seu sonho quando o vulcão entrou em erupção, e, em segundo lugar, ele antecipou não o evento, mas, na verdade, um erro tipográfico. A edição seguinte do jornal incluiu

---

272. Dunne, 1927. John William Dunne (1875-1949) foi um engenheiro aeronáutico anglo-irlandês, pioneiro no desenvolvimento da aeronave militar. Após experienciar um sonho antecipatório, ele ficou fortemente interessado em parapsicologia e na natureza do tempo.

a correção: 40.000 mortos[273]. Para Dunne, o tempo é como uma tira de filme, e o presente é uma fenda de observação; por engano, pode acontecer que nós simplesmente olhemos além da fenda e vejamos algo que não existe ainda, isto é, que embora já exista em si, nós não podemos ver ainda. Também eventos passados podem ser vistos deste modo, se olharmos além da fenda do tempo[274]. A alma efetiva, o objetivamente psíquico, possui assim qualidades no limiar da não espacialidade e atemporalidade.

A segunda peculiaridade é que o *background* psíquico projeta os chamados fantasmas. Naturalmente, não temos como provar que fantasmas existem. Como a clarividência, este é um tema muito complicado. A princípio, os fantasmas não são mais do que imagens heterólogas de pessoas – com rostos e figuras completamente diferentes –, muitas vezes de pessoas que não estão mais vivas, que não conhecíamos, e que os romanos chamavam de *imagines et lares*[275]. Os romanos usavam o termo *imago* para expressar

---

273. Cf. ibid., p. 34-38. Jung dá aqui, na verdade, uma versão truncada do relato de Dunne. Este não sonhou que lia uma reportagem de jornal, mas sim que estava realmente em uma montanha vulcânica prestes a entrar em erupção e destruir toda a ilha na qual ficava, e com ela, 4.000 habitantes incautos: "Ao longo do sonho, o número das pessoas em perigo obcecou minha mente. Eu repetia para cada pessoa que encontrava e, no momento do despertar, estava gritando para o 'Maire' [prefeito, em francês (N.T.)]: 'Ouça! Quatro mil pessoas morrerão, a não ser que...'" Quando Dunne recebeu o jornal com a notícia da catástrofe algum tempo depois (em seu livro ele não relembra quanto tempo depois), a manchete era: "Provável perda de cerca de 40.000 [sic] vidas". Ele, porém, *leu* o número como sendo de 4.000, número o qual ele sempre citou ao contar sua história mais tarde. Só quando passou a limpo o parágrafo, quinze anos depois, ele percebeu que se tratava, na verdade, de 40.000. Verificou-se, além disso, que o número real de mortes, como se descobriu mais tarde, não coincidia com esse número. Em seu artigo de 1952 sobre a sincronicidade, Jung se referiu novamente ao episódio, desta vez apresentando a versão correta (§ 852-853).

274. Esta analogia com a tira de filme e a fenda de observação é de Jung, não de Dunne. Este último escreveu, p. ex., que "teríamos apenas que deter todo o pensamento óbvio do passado, e o futuro ficaria patente em *flashes* desconecos", ou que os sonhos, em particular, desfrutam de "um grau de liberdade temporal" (1927, p. 87, 164).

275. O conceito do próprio Jung de *imago* (o que mais tarde ele chamou de imagem arquetípica) "tem paralelos íntimos na [...] antiga ideia religiosa das 'imagines et lares'"; ou seja, estátuas/imagens de culto e deidades tutelares do lar (*Transformations*, ed. orig. alemã p. 164; tb. em *OC* 5, § 62 e nota 5).

a natureza subjetiva destas imagens. A Vidente tinha de ter todas as almas dos seus ancestrais dentro dela para se sentir bem. Estas são imagens interiores, os chamados conteúdos autônomos; eles são autônomos porque tais conteúdos não obedecem a intenções conscientes, e sim vêm e vão ao seu bel-prazer.

Agora, evidentemente, é natural que vocês digam: Ninguém tem tais coisas! Muitas vezes, porém, vocês mesmos dirão: "Subitamente me ocorreu", ou que determinada coisa "acabou de me vir à mente". Se vocês fossem a Sra. Hauffe, teria sido um fantasma abordando vocês. Se vocês forem ligeiramente psicóticos, então será uma voz falando por trás de vocês. "Estes pensamentos foram roubados de mim, e agora alguém lhes está dando voz!" Um homem, por exemplo, costumava ouvir uma voz tão alta e clara quanto uma trombeta às nove horas da noite; a voz dava um relato de todas as suas atividades naquele dia. Em outro caso, as vozes leram todas as placas de identificação de empresas no caminho da pessoa para casa, em Londres. Quando algo não funciona na psicologia de uma pessoa, todas estas coisas vêm à tona – coisas que a pessoa não acreditava ter percebido.

Certa vez uma paciente foi trazida a mim em um estado altamente neurótico, uma garota de 18 anos que tinha desfrutado da melhor educação e de uma vida extremamente bem protegida. Para o choque de seus pais, quando ficava agitada ela lançava uma torrente dos palavrões mais inacreditáveis, pelos quais até um carroceiro poderia se orgulhar de si mesmo. "O senhor poderia por favor explicar como é possível que esta criança conheça um palavreado tão feio!" Mas eu não poderia lhes contar onde exatamente a garota tinha aprendido estas expressões, mas o fato é que ela realmente as tinha escutado, seja de um cocheiro na rua, seja de outros garotos etc. Temos um limiar muito alto de consciência. Nossa consciência só pode ser estimulada por fenômenos que possuam energia suficiente; todo o restante não se torna consciente, embora seja percebido. É como vibrações de som. Vocês acreditam que o som cessa quando não o escutamos mais? Se a luz subitamente desaparecesse e vocês não mais me pudessem ver, provavelmente não pensariam que eu deixei de existir, mas pensar assim não seria mais tolo do que pressupor que os conteúdos do *background* psíquico só existem quando podemos vê-los.

Estes fenômenos apontam para a qualidade efetiva da psique. Aprendemos com eles que os conteúdos autônomos são um dos fatos essenciais da alma; ou seja, são conteúdos independentes que obedecem a suas próprias leis, e que vêm e vão e produzem humores característicos. Isto é bem expresso na nossa linguagem. Dizemos, por exemplo, "O que deu nele de novo?" ou que alguém está "possesso" – possuído por um espírito, ou que está "fora de si". Também falamos de *"jumping out of one's skin"* [morrer de susto ou, literalmente, pular para fora da própria pele] ou que alguém é atormentado [*bedeviled*, termo que porta em si a palavra *devil*, diabo] por alguma coisa.

Os antigos compreendiam isto muito mais do que nós; eles não falavam, portanto, de estar apaixonado, mas sim de ter sido possuído ou golpeado por um deus. Nós não apenas experienciamos estes conteúdos psíquicos como um estado de possessão, mas também como um sentido de perda, pois o inconsciente pode arrebatar fragmentos da nossa psique consciente e nos roubar de nossa energia. Isto é o que acontece quando dizemos não estarmos "no clima" (*"in the mood"*) para esta ou aquela coisa. O primitivo diria que um espírito – possivelmente uma das almas ancestrais cuja presença ele deve detectar que se sente à vontade – "saiu" e o abandonou. As almas dos ancestrais – trata-se de conteúdos autônomos, conteúdos hereditários, dos quais sua alma se compõe. Não é verdade que vocês têm o nariz da sua avó, e assim por diante? Acontece de alguém ouvir um barulho terrível em uma aldeia nativa. Um negro está estirado no chão, se debatendo. Está claro para todo mundo que um espírito o abandonou, um espírito sem o qual ele não fica, porém, e que ele tenta chamar de volta. "Sua alma se perdeu". É como se ele estivesse tentando se lembrar de si mesmo, o que o leva a infligir dor a si mesmo. Como alguém, que fica inquieto em uma palestra chata.

Não podemos escapar de sermos influenciados por conteúdos psíquicos, é nossa condição natural. Portanto me sinto sempre muito desconfiado quando alguém me garante que é completamente normal. Sabe-se que as pessoas muito "normais" são loucos compensados. A normalidade é sempre ligeiramente suspeita. Não estou apenas brincando, mas esta tem sido a experiência mais amarga da minha vida[276]. Em geral, se torna subitamente evidente que alguma loucura está escondida atrás da maldita normalidade delas. A pessoa verdadeiramente normal não tem necessidade de estar sempre correta, ou de enfatizar sua normalidade. Ela está cheia de enganos, comete loucuras, fica a dever em modéstia, e não defende visões normais.

Quando alguém fica correndo de modo estranho entre os primitivos, comendo apenas grama e assim por diante, se diz que ele está "possesso", isto é, pelo diabo. "Lá vamos nós de novo", é a resposta, ou alguém "pularia fora da própria pele", se pudesse. É como uma alma pulando fora da pele. Estamos "possuídos" quando uma alma entra, e "pulamos fora da nossa pele" quando uma alma nos abandona. São estes conteúdos autônomos que levam à chamada possessão. Mesmo a pessoa mais normal pode ser possuída, por uma ideia, por exemplo, ou por uma convicção ou um afeto.

Passemos ao terceiro fenômeno, o círculo peculiar. Este é o fenômeno mais curioso de todos. Infelizmente, este fato é completamente desconhecido. Temo, porém, que vocês tenham de se acostumar a tais coisas, mesmo àquelas sobre as quais nada sabem ainda. Eu tenho cautela nestas questões, e por isso escolhi um caso no qual não estive minimamente envolvido; caso contrário, alguém

---

276. Sidler fez uma nota: "Significado: Quando Jung pensa que finalmente encontrou um seguidor ou pupilo 'normal', verifica-se que algum tipo de loucura está por trás de sua maldita normalidade".

diria: "Bem, é claro que ele simplesmente influenciou a mente da paciente!" Trata-se de um fato básico, que recebeu escassa atenção até agora. Não é nada mais do que um fato absolutamente básico sobre a alma humana: é conhecido em todo o mundo, e se não o conhecemos, então somos nós os idiotas![277]

Eu mesmo testemunhei um caso em que este fenômeno aconteceu. Era uma garota de 17 anos, que exibia este fenômeno que eu observei quase 37 anos atrás, e nos semestres finais dos meus estudos universitários. Eu era completamente ignorante em relação a tais coisas na época. Ela desenhou um círculo com base na informação que tinha recebido de espíritos [...][278].

Estas reflexões nos trazem a um caso de psicologia primitiva que é ainda patente hoje em dia – embora talvez não tanto neste auditório, mas certamente entre conselheiros locais de várias municipalidades suíças.

O análogo seguinte deste círculo é o chamado círculo mágico: *A coerção do inferno do Doutor Fausto*[279], por exemplo, contém

---

277. Aqui todas as notas de palestra existentes, com exceção das de Sidler, se interrompem. Como sabemos por uma carta de um participante, Arthur Curti, Jung excedeu seu tempo previsto após as 19h, e a maioria do público saiu ou teve de sair nesse momento (carta de 19 de janeiro de 1934; Arquivos ETH; cf. o começo da Palestra 11 e a nota 297). Contudo, as notas de Sidler para o restante da palestra são muito esquemáticas, às vezes quase chegando à ininteligibilidade.

278. Na época (ou seja, em torno de 1895/1896), Jung fez experiências com sua prima Helene Preiswerk, a pessoa referida aqui, e que foi o tema da sua tese doutoral (1902). As notas de Sidler sobre a apresentação por Jung desses círculos são tão fragmentárias e obscuras, que foram omitidas aqui. O leitor encontrará uma reprodução, bem como uma detalhada descrição destes círculos, em ibid., § 65ss.

279. Dr. Johann Georg Faust (*ca.* 1480-*ca.* 1540), alquimista, astrólogo e mágico itinerante, uma figura lendária sobre cuja vida poucos fatos são conhecidos com alguma certeza. Ele se tornou o modelo de várias obras literárias sobre o tema de Fausto, entre as quais a peça de Goethe. Vários *Höllenzwänge* (p. ex., *Fausto*, 1501) lhe são atribuídos. *Höllenzwang* ("Coerção do inferno" ou "Mestre do inferno") é a designação ou o título de grimórios, ou livros de feitiçaria, que descrevem ritos ou encantações com os quais os demônios do inferno podem ser forçados a obedecer aos comandos do mágico.

fórmulas para a invocação de fantasmas. Perdemos todo o conhecimento relativo a estas coisas. Há três círculos que servem para afastar espíritos maus, mais do que pessoas más.

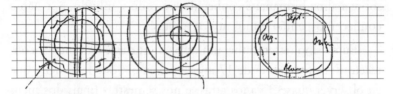

O primeiro círculo exibe uma estrita correspondência com a forma de uma cruz; ele traz inscrições de nomes, em regra os nomes de deuses hebreus. No segundo círculo, os nomes dos deuses servem como uma barreira protetora contra maus espíritos. O terceiro também contém os nomes de deuses, dispostos de um modo circular. Outra forma popular é a seguinte:

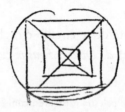

Geralmente, a invocação de um fantasma se processa a partir do centro, envolvendo a recitação de todos os deuses, tanto dos conscientes e secretos, dos quatro ventos, e dos [sic]. Geralmente, além disso, a invocação é proferida em todos os quatro pontos da rosa-dos-ventos: "Eu (meu nome) com isto abençoo e consagro este círculo em nome do Deus supremo. Ego... [sic][280] que fica neste círculo, de modo que o Deus Todo-Poderoso possa conferir a mim e a todos os outros um escudo e uma defesa contra todos os espíritos maus e seus poderes, em nome de Deus o Pai †, o Filho †, o Espírito Santo †". Esta simples fórmula onomástica é usada para propiciar potência ao círculo mágico.

---

280. O autor das notas não captou toda a frase.

Este círculo provém de antigos costumes, que ainda são praticados. Por exemplo, a circumambulação: a prática de caminhar em círculo, no sentido horário e três vezes, para o que quer que tenha de ser banido ou protegido. Quando os romanos fundavam uma cidade, eles circulavam o *sulcus primigenius* [sulco original]. Uma cova, conhecida como o *fundus*, era escavada no centro; o templo, no qual todo tipo de objetos era depositado, era construído ali[281].

As representações mais antigas dos círculos, as chamadas rodas solares, datam do Paleolítico[282]. Notem, por favor, que as rodas ainda não existiam na época; as primeiras rodas apareceram na "Idade da Madeira"[283]. A "roda solar" mais antiga é uma cruz octogonal, à qual Frobenius já faz referência[284]. Também no Museu Nacional Suíço [*Landesmuseum*] em Zurique.

---

281. Jung aludiu brevemente a essa tradução no seu comentário a *O segredo da flor de ouro* (1929, § 36), mas deu a descrição mais detalhada no seu seminário *Dream Interpretation Ancient & Modern* (2014, p. 213): "Jung: O que era feito quando a cidade [na antiga Roma] era fundada? Participante: Caminhava-se em torno do *temenos* [um pedaço de terra protetor posto à parte como um domínio sagrado, um recinto sagrado ou templo estabelecido e dedicado a um Deus]. Jung: Como isso era feito: Participante: Por circumambulações. Jung: Sim, e com o quê? Participante: Com um arado. Jung: Sim, ele era usado para arar o *sulcus primigenius* [um sulco mágico em torno do centro do templo *temenos*]. Isso era um mandala; e o que era feito no meio dessa área arada? Participante: Frutos e sacrifícios eram enterrados. Jung: A princípio um buraco, o *fundus*, era feito, e então sacrifícios aos deuses ctônicos eram postos ali; em outras palavras, o centro era acentuado". Jung parece aludir ao método romano mais antigo de inspecionar fronteiras de campos e de construção, conforme descrição por Plínio na *História natural* (Livro III). Cf. Rykwert, 1988.

282. Ou seja, o período mais remoto da Idade da Pedra, até cerca de 8.000 a.E.C.

283. Neologismo de Jung.

284. Leo Viktor Frobenius (1873-1938), etnólogo, arqueólogo e explorador alemão, e um *expert* de primeiro escalão da arte e cultura pré-históricas. Organizou doze expedições à África entre 1904 e 1935. Em 1920, fundou o Instituto de Morfologia Cultural em Munique. Frobenius, em especial com seu livro *Das Zeitalter des Sonnengottes* [A Era do Deus-Sol] (1904), foi uma importante fonte de referência para Jung, sobretudo em *Transformações*.

Cercar a cavalo uma municipalidade ou propriedade é um antigo costume mágico que serve para sua proteção contra espíritos maus[285]. Às vezes, (galinhas?) [sic] são (criadas?) [sic] atrás da chamada corrente bloqueadora [*Sperrkette*] cerca de uma vez por ano; ou seja, um círculo mágico é desenhado atrás da corrente, além da qual os animais são proibidos de perambular. Evidências de todo o mundo atestam que as noções cúlticas centrais são providas com este símbolo.

Há um mandala chinês no qual as forças cosmológicas emanam das quatro pontas da cruz.

No Egito encontramos a mesma ideia. O sol fica no centro, e em torno dele estão os quatro filhos de Hórus em ordem quadrática. Apenas uma destas figuras tem uma cabeça humana, as outras três têm cabeças de animais. Isto corresponde ao símbolo cristão do tetramorfo – a cruz com os quatro evangelistas, dos quais só um tem uma cabeça humana[286].

O "Templo dos Guerreiros" maia foi escavado poucos anos atrás. Embaixo do altar foi encontrado um mandala, formado inteiramente de pedras turquesas lapidadas, envolto em um cilindro calcário; era revestido com 3.000 turquesas. É mantido no Museu da Cidade do México[287]. Nos quatro pontos principais vem

---

285. Jung pode também ter tido em mente o chamado *Bannumritt*, uma tradição viva até seus dias em áreas rurais em torno de sua Basileia natal. Ao circundar suas comunidades, os habitantes disparavam velhos mosquetes.

286. Jung repetidamente assinalou as conexões entre Hórus e Cristo, e entre as representações dos filhos de Hórus e do tetramorfo cristão; cf., em especial, Jung, 1945a, § 360ss.; 1951, § 187ss.

287. Em seu Seminário sobre Análise de Sonhos, na sessão de 13 de fevereiro de 1929, Jung deu uma descrição mais detalhada dessa descoberta (na verdade, não se trata de uma escavação) em Chichén Itzá, seguindo de perto o relato publicado pelo *Illustrated Londres News* de 26 de janeiro de 1929, que ele evidentemente tinha lido: "Um explorador norte-americano rompeu a parede externa da pirâmide e descobriu que aquele não era o templo original: um outro, muito mais velho e menor, estava dentro dele. O espaço entre ambos estava cheio de lixo, e quando o removeu,

a serpente emplumada[288] e abre sua boca. Esta serpente adorna as vestes usadas pelos sacerdotes até hoje em dia, e ela tem um poder fascinante na medida em que quem a olha é enfeitiçado. [Ela é] O objeto de concentração. Quem consiga se colocar neste círculo fica protegido contra espíritos maus.

Na Índia[289]:

No Tibet:

lado direito: um objeto precioso, um símbolo da – ou a imagem da Deusa suprema.

Círculo: um pagode com quatro entradas

Paramahansa, cf. Paul Deussen, p. 703, *Zentralbibliothek* [biblioteca central]. Um diálogo encontrado nos Para [mahansa] Upanishads[290]:

---

chegou às paredes do templo mais antigo. Como sabia que tinha sido costume enterrar tesouro dos rituais sob o piso como uma forma de encantamento, ele cavou o chão do terraço e descobriu um jarro cilíndrico de calcário de cerca de um pé de altura. Ao levantar a tampa, descobriu uma placa de madeira na qual estava fixado um desenho-mosaico. Era um mandala baseado no princípio do oito, um círculo dentro de campos verdes e azul-turquesa. Esses campos estavam repletos de cabeças de répteis, garras de lagartos etc." (JUNG, 1984, p. 115 [*Seminário de análise de sonhos*. Trad. Caio Liudvik. Petrópolis: Vozes, 2014, p. 126]). O templo interno é chamado de o Templo de Chac Mool. A expedição arqueológica e restauração do edifício foram realizadas pelo Carnegie Institute of Washington de 1925 a 1928. Um membro-chave dessa restauração foi Earl H. Morris, que também publicou a obra dessa expedição (1931).

288. A serpente emplumada era uma importante divindade do antigo panteão mexicano.

289. A sessão seguinte está incompleta nas notas.

290. Tradução de Deussen: *Sechzig Upanishad's des Veda* (1897; 2. ed., 1905; 3. ed., 1921). O Paramahansa Upanishad descreve o diálogo entre o sábio Narada e o Sr. Brahma sobre as características de um Paramahansa. Este último é um título honorário sânscrito, de caráter teológico-religioso, aplicado aos mestres espirituais hindus de alto *status* que eram vistos como tendo atingido a iluminação. As notas fragmentárias seguintes, porém, *não* se referem ao Upanishad, mas ao Kena Upanishad, que Sidler então provavelmente copiou a partir da tradução de Deussen só depois da palestra, acrescentando-as às suas notas.

O Discípulo pergunta: Quem comanda a mente para que ela se dirija aos seus objetivos? A comando de quem o sopro é impulsionado? Quem faz o homem falar? Que Deus dirige o olho, ou o ouvido?

O Mestre: É o Ouvido do ouvido, a Mente da mente, a Fala da fala, o Sopro do sopro, e o Olho do olho. [sic] não pode ser expresso pelas palavras e pelo qual as palavras são expressas, sabei que é Brahman, mas não o que as pessoas adoram neste mundo.

O Kena Upanishad de Sâmaveda (seu nome mais antigo é Talavâkara Upanishad, pois originalmente ele pertencia ao espólio brâmane de Talavakâra ou de Saiminêya)[291].

Primeiro Khanda

1) O Discípulo pergunta: Quem comanda a mente para que ela se dirija aos seus objetivos? A comando de quem o sopro é impulsionado? Quem faz o homem falar? Que Deus dirige o olho ou o ouvido?

2) O Mestre responde: É o Ouvido do ouvido, a Mente da mente, a Fala da fala, o Sopro do sopro, e o Olho do olho. Quando liberto (dos sentidos), renunciando a este mundo, o sábio se torna imortal.

3) O olho não pode encontrá-lo, nem a fala, nem a mente. Nós não sabemos, não entendemos como se pode ensiná-lo.

4) Ele é diferente de tudo o que é conhecido, também está acima do desconhecido, assim temos escutado dos antigos preceptores que nos ensinaram isso.

5) Aquilo que não é expresso pelas palavras, mas pelo qual as palavras são expressas, sabei que é Brahman, mas não o que as pessoas adoram neste mundo.

---

291. Essa explicação foi obviamente acrescentada por Sidler.

6) Aquilo que não é pensado pela mente, mas pelo qual a mente pensa, sabei que é Brahman, mas não o que as pessoas adoram neste mundo.

7) Aquilo que não é visto pelo olho, mas pelo qual o olho vê, sabei que é Brahman, mas não o que as pessoas adoram neste mundo.

8) Aquilo que não é escutado pelo ouvido, mas pelo qual o ouvido ouve, sabei que é Brahman, mas não o que as pessoas adoram neste mundo.

9) Aquele que não pode ser inspirado pelo sopro, mas pelo qual o sopro é inspirado, sabei que é Brahman, mas não o que as pessoas adoram neste mundo.

Segundo Khanda

1) O Mestre diz: "Se pensais, 'Eu O conheço bem', certamente conheceis algo, mas pouco sobre Sua forma".

2) O Discípulo diz: "Eu não penso que O conheço bem, nem penso que não o conheço. Aquele dentre nós que conhece o significado das palavras: 'Eu não conheço, e eu conheço' – este, conhece Brahman".

3) Aquele através de quem Brahman não é pensado, verdadeiramente o pensa; aquele por quem Brahma é pensado, não o conhece. Não é compreendido por aqueles que o compreendem, é compreendido por aqueles que não o compreendem.

4) Pensa-se conhecê-lo (como se) pelo despertar, e (então) obtemos verdadeiramente a imortalidade. Pelo Self [termo aqui equivalente ao *Atman* hindu; é uma inspiração para o conceito de Selbst (termo alemão traduzido como Self em inglês ou "si-mesmo", em português) de Jung (N.T.)]. Pelo Self obtemos força, pelo conhecimento obtemos imortalidade.

5) Se o homem O conhece neste mundo, este é o verdadeiro (objetivo da vida); se não o conhece neste mundo, então há grande destruição (novos nascimentos). O sábio que pensou todas as coisas (e reconheceu o Self nelas) se torna imortal, quando partiu deste mundo[292].

---

292. Há muitas traduções diferentes do Kena Upanishad em inglês. Escolhi a que consta em http://www.tititudorancea.org/z/kenaupanishad_talavakara_1.htm [cf. *As Upanishads*. Trad. de Carlos Alberto Tinôco. São Paulo: Ibrasa, 1996 (N.T.)].

Palestra 10

12 de janeiro de 1934[293]

Na última palestra, concluímos nossa discussão da "Vidente de Prevorst". O caso dela ilustra a introversão extrema, na qual tudo se move para dentro. Tudo nela foi cortado da nossa realidade; de fato, ela se defendia contra o mundo exterior. Para ela, a realidade tal como a conhecemos havia sido desapropriada do seu significado e ênfase emocional; ao invés disso, algo desconhecido para nós, algo sobre o qual sabemos apenas através de lendas, aparece a ela. Para ela, este *background* da alma é plástico, e possui todo o significado e a ênfase emocional que a realidade tem para nós. Enquanto que seres humanos – alguns amados, outros detestados – habitam nosso mundo, fantasmas povoam o dela. Enquanto que o sol ou a lua brilham em nosso mundo, no dela brilham um sol interno e uma lua interna.

Onde quer e em quem quer que encontremos uma introversão tão aguda, também descobriremos indicações desses fenômenos. Se perguntarmos a essas pessoas, elas o negarão, e por várias razões. Primeiro, porque receiam se expor ao ridículo ao admitirem tal experiência; a Vidente, contudo, estava convencida de um modo profundo demais da realidade das suas experiências para se sentir incomodada por tais receios. Segundo, as pessoas, em regra, temem tais coisas, porque ouviram falar que estas últimas pertencem ao

---

293. Sidler observou que teve de perder esta leitura devido a uma amigdalite. Por isso o texto compilado dessa palestra se baseia nas notas de M.J. Schmid, R. Schärf e B. Hannah.

campo da psiquiatria. Terceiro, porque elas são muito frequentemente inconscientes destas experiências, e, por consequência, sofrem indiretamente de sintomas.

Sempre que a introversão se intensifica, os três fenômenos que mencionei se tornam patentes:

1) O tempo e o espaço se relativizam, pressentimentos e sonhos se realizam, e experiências telepáticas acontecem.

2) Constatamos certos conteúdos psíquicos autônomos, levando, em última instância, à aparição de fantasmas.

3) Símbolos de um centro psíquico são experienciados. Este centro não coincide com a consciência, e é geralmente percebido como uma fonte de vida, equivalente a uma experiência de Deus. Pode-se reconhecer nisto a essência da religião.

A Vidente é certamente um caso limítrofe. Embora seja muito raro deparar com tais casos, um grande número deles tem sido registrado ao longo da história. Em contraste, casos envolvendo compensação são mais frequentes. Estes casos não nos soarão tão estranhos quanto os que discutimos, e veremos mais claramente o quão estamos todos familiarizados com tais experiências. Se as pessoas não estão destinadas a morrerem em um estado de completa introversão, uma reação acontecerá, e uma certa extroversão se manifestará. O *background* da alma é ofuscado, a carga energética dos conteúdos decresce e as imagens ficam empalidecidas e borradas. Descobrimos todas as indicações de uma realidade exterior que afeta o *background*. A imagem do *background* da alma se vê traduzida na banalidade da vida de todo dia, e o foco da experiência é direcionado para outro lugar. Consideraremos os principais estágios deste processo, sem referência a qualquer caso particular, mas conforme tenho podido observá-lo em geral.

Na primeira fase, o ponto central se desvanece, assim como a esfera do sol no caso da Vidente. Esta visão do sol se enfraquece. Embora possa seguir sendo intuída, deixa de desempenhar um papel. Em muitos casos, se torna inconsciente. O que resta é a região intermédia dos chamados fantasmas e daqueles fenômenos que manifestam alguma incerteza com relação a tempo e espaço, ou seja, experiências de uma natureza telepática.

Na segunda fase, as figuras autônomas, quais sejam, as personificações e fantasmas, desaparecem. Pressentimentos e sonhos telepáticos continuam a existir, bem como manifestações curiosas na consciência, que fogem da explicação racional. O que é conhecido parece estranho; acontecem esquecimentos, amnésia parcial e assim por diante. Restam apenas vestígios dos conteúdos autônomos, que anteriormente tinham sido personificados. Tais fenômenos podem ainda ser observados em primitivos, que os atribuem à presença de fantasmas. É sempre um fantasma, uma bruxa ou uma feiticeira que tira algo deles. Com os mentalmente enfermos, esta condição é conhecida como "roubo de pensamentos".

A terceira fase ocorre quando todo o *background* psíquico se obscurece, ou seja, quando nada resta desses fenômenos psíquicos internos. A memória da pessoa parece estar normal, e os fenômenos psíquicos (internos e autônomos) parecem não mais existir. Aqui nos aproximamos da "normalidade". Quanto mais patente a chamada normalidade se torna, tanto mais um fenômeno estranho ocorre, qual seja, uma atitude defensiva com relação às coisas do *background*, que não parecem mais atraentes. Não se é mais tentado a ter sonhos e a experienciar a aparição de fantasmas. O assunto como um todo se torna estranho, repugnante, repulsivo, infantil e ridículo. Tais pessoas começam a construir um muro espesso de ceticismo racionalista e de atitudes "científicas", e selar hermeticamente a coisa toda. Se, ainda assim, qualquer coisa se insinua, é descartada como "meramente psicológica". Isto, contudo, atiça um verdadeiro sabá bruxesco de complexos incompatíveis. A consciência se torna forte demais em proporção ao grau no qual o *background* é isolado pelo muro. Essas pessoas se acham terrivelmente interessantes e importantes, e se tornam extremamente chatas. Não é nada mais do que um exagero, uma ostentação, mas de um modo em que se perderam as características da experiência; é uma história aumentada, algo com a intenção de impressionar. Se tal condição persiste, falamos em neurose. Uma inflação do sujeito acontece, e tudo fica psicologizado. Uma vez que tais pessoas estão erradas, e na verdade sabem que estão, porém, elas ficam excessivamente sensíveis – sensibilidade excessiva é sempre algo suspeito! – e, perto delas, temos de andar nas pontas dos pés para não pisar em seus dedos psicológicos.

Esta é uma condição intermediária desafortunada que melhora imediatamente, porém, quando a extroversão realmente começa e todo o pensamento do muro e do mundo além é esquecido e obscurecido. A neurose então diminui. Tal homem não olha mais para si mesmo, mas se volta para o mundo consciente com uma sensação de alívio e de liberdade, e assim se descola do *background*. Seus amigos o empurrarão ainda mais para este caminho: ele deveria encontrar pessoas, viajar, se jogar em alguma coisa, não deveria perder seu tempo, mas exercitar sua vontade etc. Tais pessoas se tornam verdadeiros acrobatas da vontade. Os chamados valores objetivos se tornam cada vez mais persuasivos, e é extremamente importante para elas serem normais e saudáveis. Tais conceitos são de fato efetivos – acontece que o conceito de "normalidade" é persuasivo, mas ninguém sabe o que significa "normal". O mundo interior é completamente obscurecido, e só aparece aqui e acolá na forma de ligeiras perturbações. "Me sinto absolutamente formidável. Estou sempre feliz, satisfeito etc." Tal atitude de "positividade" [*"healthy-mindedness"*[294]] é típica dos norte-americanos, e se baseia inteiramente no princípio extrovertido. Tudo vai às mil maravilhas, ele transborda de descrições maravilhosas de sua família e de sua sorte invejável – até que certo dia ele aparece com uma cara

---

294. Esta expressão, provavelmente se referindo ao conceito de William James de *"healthy-mindedness"*, está em inglês nas notas alemãs da palestra.

de enterro porque teve um mau sonho, e algo que estava além do Grande Muro conseguiu escapulir. Sonhos são invasões pelo mundo interior, e a sombra se anuncia. Quanto mais próximas as pessoas estão do Grande Muro, melhor elas escutam o que acontece lá – mas então imediatamente o racionalizam de novo.

Um paciente certa vez me consultou exatamente num estado desses, de extroversão agitada. Eu o aconselhei a passar uma hora por conta própria todos os dias. Ele adorou a ideia, e disse que poderia agora tocar piano com sua esposa todos os dias, ou ler, ou escrever. Mas quando descartei cada uma destas possibilidades, uma após a outra, e expliquei que ele deveria ficar realmente sozinho, ele me olhou desesperado e exclamou: "Mas então eu ficaria melancólico!"

A próxima fase é a completa extroversão. Aqui, encontramos as pessoas que já se tornaram idênticas ao que representam, e não mais ao que são. Frequentemente vemos isso em pessoas que têm sido bem-sucedidas, por exemplo, o prefeito do povoado ou da cidade não é nada mais do que isto. Tais vencedores vivem seus papéis dia e noite; já estão vivendo suas biografias, por assim dizer. Parecem solenes, e irradiam uma dignidade e conformidade convincentes; tudo é bem equilibrado. É realmente o mais alto nível de perfeição neste caminho se alguém se identifica com o objeto, ou seja, com aquele com que deseja parecer. Ele não tem a menor pista sobre sua própria subjetividade, mas se tornou completamente absorto em outra coisa, e não é mais ele mesmo. Devotou-se a alguma coisa, e agora se tornou esta coisa, seu *status*, sua profissão ou seu negócio. Indivíduos que dependem completamente de um objeto para prosperarem têm motivos subjetivos. Há uma boa história sobre um pastor da Basileia que ilustra admiravelmente esta condição – a psicologia consiste de boas histórias! Ele era cheio de zelo pelo bem-estar de sua congregação e ansioso em provê-la do lazer que sentia ser necessário, mas era pobre – tais pessoas escolhem mal os seus pais e nunca têm dinheiro, sempre têm de implorá-lo de outrem! Em suas incursões junto a cidadãos mais ricos da Basileia ele apelou a um professor de Teologia muito sarcástico, e que era bem aquinhoado dos bens deste mundo. Após muitos pedidos, em relação aos quais o professor permaneceu indiferente, o pastor deu um salto com raiva, gritando: "*D'r* Herr *will's!*" [O *Senhor* quer isso!] O professor, apontando para ele, replicou: "Der *Herr will's!*" [*Este* senhor quer isso]. Este caminho leva à ilusão de que o que o eu, um lamentavelmente pequeno eu, quer, é a vontade de Deus.

Este movimento externo, contudo, não é inteiramente ridículo, mas sim parte do processo de nascimento do homem. Crianças e adolescentes *devem* esquecer o *background*. Uma criança que se lembra do *background* por tempo excessivo se torna incapaz de entrar no mundo. Os jovens *devem* erigir muitos muros entre o *background* e o sujeito, de modo a poderem acreditar no mundo. Em caso contrário, seríamos incapazes de fazer qualquer coisa. Se estamos ancorados no mundo interior, os valores do mundo parecerão duvidosos, e seremos incapazes de reunir esforços para alguma ação real. Ficaremos perdidos em pensamentos, e perderemos os momentos certos, ou fracassaremos em dar a uma dada matéria a importância vital que ela tem. Muitos se tornam procrastinadores porque estão demasiadamente ancorados no *background*, e não podem mais colocar fé no que importa. Ser completamente devotado a algo é também uma arte e algo bom, em especial para os jovens.

Para os jovens, isso é absolutamente importante. É verdade, porém, que também há jovens com mentalidade filosófica ou religiosa, e os que devem de fato saber que algo mais também existe e que não devem viver apenas externamente. Pois se eles tiram do lugar devido os valores que pertencem ao *background*, e os movem para o primeiro plano, sua visão de mundo ficará distorcida. Muitas dificuldades derivam do fato de que relacionamentos e valores são tratados com uma importância que não merecem. Por exemplo, Fulano disse isso e aquilo sobre mim. Eu posso encarar como uma terrível ofensa. Isso, porém, seria ridículo, algo em que não vale a pena se deter. De fato, o que nós dissemos sobre os outros!

Gostaria de ilustrar este desenvolvimento exterior com um diagrama[295]. O lado direito ilustra como este desenvolvimento se desdobra no mundo exterior, como discuti nesta palestra. O ponto central é o sujeito, ao qual tudo o mais se refere.

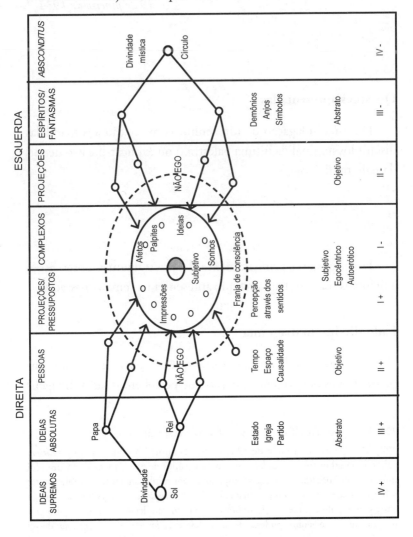

---

295. Hannah situa essa passagem e o diagrama no começo da próxima palestra, datada de 19 de janeiro de 1934.

Palestra 11

19 de janeiro de 1934[296]

Questões apresentadas

Há uma indagação de um senhor com relação aos mandalas discutidos no final da última palestra. Vou explicar-lhe isso depois da palestra de hoje[297].

***

Hoje, gostaria primeiramente de fazer algumas observações adicionais sobre o diagrama que apresentei na semana passada.

Lado direito do diagrama

As impressões de nosso entorno que percebemos não são simplesmente os objetos em si, mas o que percebemos são as imagens

---

296. A versão datilografada de R. Schärf desta palestra desapareceu.

297. "Zurique, 19 de janeiro de 1934 / Caro Doutor! / Ao final da sua *penúltima* palestra, o senhor tratou rapidamente dos conteúdos de vários mandalas. Como foi muito rápido, porém, não pude acompanhar com minha anotação, e minhas notas sobre as descrições dos antigos mandalas *Maya* e *indiano*, bem como do diálogo entre o discípulo e o mestre (*Upanishads*), estão incompletas. Eu ficaria muito grato, portanto, se o senhor pudesse de novo descrever *brevemente* os *conteúdos* desses mandalas, talvez também o do mandala *egípcio*, no começo da próxima palestra. Já que a maioria dos seus ouvintes não escutou todas as suas explicações, pois tiveram de sair às 19h, penso que isso seria de interesse de outros, também. Com meu muito obrigado e meus melhores votos, Arthur Curti" (Arquivos ETH).

destes objetos e pessoas. Percebemos as coisas conforme elas se nos parecem, e sempre somos pegos em preconceitos subjetivos que distorcem e perturbam nossas percepções. Por exemplo, "O Sr. X me causa uma excelente impressão – mas não ao meu amigo". Ou: "Acho o quadro bem interessante, mas meu amigo acha que é horrível". É como se estivéssemos cercados por uma névoa estranhamente enganadora, através da qual percebemos as coisas, e que afeta nossa percepção de um modo peculiar. Nenhum ser humano pode escapar disso. É a melhor arte possível observar objetivamente. Provavelmente observamos com precisão coisas que nos são indiferentes, mas, no caso das coisas que nos concernem pessoalmente, a névoa fica mais espessa.

Por que isso é assim? Temos pressupostos inconscientes ou falsas associações. Uma paciente uma vez me disse: "Meu médico é fortemente contrário a que eu consulte o senhor". "Por que, nem conheço este senhor. O que ele lhe disse?" "Não sei". "Bem, ele lhe disse diretamente?" "Não, mas dava para ver". "Como?" "Ele disse: O que é isso, você pretende se consultar com aquele careca louco?!" Claramente o homem deve ter tido uma noção completamente equivocada de mim quando me chamou de careca![298] William James se refere à névoa que nos cerca como a "franja de consciência" ["*fringe of consciousness*"][299].

Quanto mais distantes de nós as coisas estão, mais objetivos podemos ser. Na esfera das ideias abstratas (III), um modo impessoal e não egoico de ver as coisas existe, que é bastante livre de preconceito subjetivo. É impossível viver inteiramente na atitude pessoal, porque o não pessoal nos pega de algum modo. Precisamos

---

298. Sidler nota aqui: "Como se, por acidente, Jung, virou a parte de trás de sua cabeça para nós, para revelar sua calvície".

299. "Usemos as palavras *sobrecarga, sufusão ou franja psíquica* para designar a influência de um leve processo cerebral em nosso pensamento, pois ele nos torna cientes de relações e objetos só vagamente percebidos" (JAMES, 1890a, p. 258; sobre a "franja de consciência", cf. p. 686).

tanto do ponto de vista pessoal quanto do impessoal. Abordar a divindade tem sempre parecido como uma fuga da futilidade da existência pessoal. Certa vez vi algo muito comovente na tumba recém-escavada de um faraó: um pequeno cesto feito de bambus estava em um canto, e dentro dele havia o corpo de um bebê. Um trabalhador evidentemente o tinha deixado ali no último instante antes de o túmulo ser fechado. Ele próprio estava vivendo sua vida de fadigas, mas esperava que seu bebê entrasse com o faraó no barco de Rá e alcançasse o sol[300].

Mas o elemento pessoal também é necessário na vida. Uma mulher, certa vez, veio até mim absolutamente devastada porque seu cachorro tinha morrido. Ela tinha se afastado de todo contato humano, o cachorro era seu único relacionamento: quando ele se foi, ela ficou aos pedaços. O primitivo não faz nenhuma distinção entre o pessoal e o impessoal. *L'État c'est moi* ["O Estado sou eu"], como disse Luís XIV[301], e é exatamente assim que o rei primitivo encara seu reino.

A natureza simplesmente produz alguma coisa; ela nunca nos diz as suas leis. É a inteligência humana que as descobre e faz abstrações e classificações. Na esfera abstrata (III), as coisas e pessoas são classificadas por seu sexo, idade, família, tribo, raça, povo, língua e área de estabelecimento; e depois por ocupação e pelos tipos psicológicos e antropológicos. Essas chamadas classes naturais que, contudo, também correspondem a uma abstração, assim pertencem à Seção III + no diagrama. As abstrações podem se tornar mais importantes do que a unidade humana; é uma questão, aqui, de "quantos", não de "quem?"

A esfera abstrata também contém grupos puramente ideacionais, que se caracterizam por uma ideia particular, tal como o

---

300. Jung conta a mesma história (embora em uma versão ligeiramente distinta) em 1939b, § 239.

301. "O Estado sou eu", máxima do absolutismo, atribuída (de modo provavelmente falso) a Luís XIV da França (1638-1715).

Estado, a Igreja, partidos políticos, religiões, vários -ismos, sociedades e assim por diante. Eles geralmente possuem um símbolo, por exemplo o grupo ideacional da pátria suíça é simbolizado por uma cruz branca contra um fundo vermelho, ou tomem a cruz como o símbolo cristão, a meia-lua, a estrela soviética e a suástica. Ou os animais totêmicos das noções, tais como a água prussiana, o leão britânico, o galo gaulês. Os reis usam a coroa e o manto, a esfera astral. O antigo imperador germânico segura um *globus cruciger* [também conhecido como "o orbe e a cruz", joia que representa um globo terrestre rematado com uma cruz (N.T.)] na sua mão, o símbolo do poder terreno. Estes são símbolos astrais, cósmicos. Tais grupos ideacionais negam qualquer origem puramente natural, mas sim afirmam que provêm do mais exclusivo e antigo ancestral: o sol. Símbolos como o do sol pertencem à esfera dos ideais superiores (IV +); o sol frequentemente simboliza o pai, o doador de vida. Isto nos leva ao fim do lado direito do diagrama, o lado da consciência.

Lado esquerdo do diagrama

Mas como são as coisas no outro lado, o lado de trás? Já descobrimos ter um lado de sombra, também, um "atrás". Isto é algo que deixamos nas sombras, que preferimos deixar intocado, a não ser, talvez, em circunstâncias particulares, por exemplo quando vamos nos confessar, ou quando alguém "professa" sua adesão ao Exército da Salvação[302].

Certos conteúdos podem vir à tona. Vocês podem, por exemplo, acordar com um humor terrível. "O que está errado com

---

302. Um soldado salvacionista tinha de assinar o *Salvation Army Articles of War* [Artigos de guerra do Exército da Salvação], expressando seu compromisso de viver para Deus, se abster de álcool, tabaco e de qualquer coisa que pudesse viciar seu corpo, alma ou mente, bem como expressar seu compromisso com o ministro e a obra de um grupo local do Exército da Salvação.

você?" Nada!" Dentro da "franja da consciência" fica a província das projeções, dos afetos e dos humores inexplicáveis. Somos também abençoados com ideias ou, se vocês quiserem colocar de modo mais nobre, com inspirações. Os norte-americanos têm uma boa palavra a este respeito: eles têm um *hunch* [palpite, mas que também pode significar a ação de encurvar-se][303], ou seja, uma posição encurvada ou torta. E, obviamente, temos sonhos também.

Vamos um pouco mais longe. Apenas suponhamos, como uma hipótese de trabalho, que as coisas nesta esfera dos pressupostos inconscientes não são exatamente as mesmas que no outro lado. Não é provável que as ideias emerjam do éter, mas elas se baseiam no material psicológico subjacente. Assim também os sonhos: ao analisá-los, descobrimos todos os tipos de material que anteriormente eram inconscientes. Tomemos outra hipótese, ou seja, que estes pressupostos inconscientes distorcem afetos e ideias assim como a névoa distorce percepções no outro lado.

Agora algo análogo deve corresponder às pessoas e coisas no outro lado, ou seja, fantasmas e espectros. São os fantasmas que causam aqueles afetos, ideias ou sonhos, e eles também poderiam explicar por que acordamos em um certo humor. Este é realmente o caso nos primitivos e nos doentes mentais. O primitivo tem uma percepção melhor do que a nossa da autonomia deste lado interior. Ele não fala de ter um humor, mas de ser *possuído* por este. Portanto, ele não diz "Estou furioso (ou triste)", mas sim "Me deixaram furioso (ou triste)" ou "Fui atingido". Assim também, o doente mental exclama "Raios-X dispararam isto através de mim". "Eles", os espíritos e fantasmas, roubam a alma do primitivo e o fazem adoecer, portanto ele sabe que tem de trabalhar dia e noite para permanecer ciente deles em mantê-los a distância. Há uma tribo nativa na Austrália em que que, quando as temperaturas caem para dois graus abaixo de zero, eles ficam nus ao lado

---

303. A expressão está em inglês nas notas alemãs.

do fogo frio, imobilizados. Mas eles nunca imaginariam se cobrir com peles e cobertores! Uma tribo de fato passa dois terços de seu tempo combatendo as influências mágicas de demônios! Mas tentem dizer a um deles que isso não faz sentido! Eu lhes aconselharia a não fazê-lo! Uma vez eu tentei – e o meu sucessor, que também tentou, foi cravado com lanças!

Vimos que o mundo da Vidente era povoado de fantasmas, assim como o mundo externo é habitado por pessoas e objetos reais. Assim, o mundo dos espíritos é o equivalente completo do mundo exterior no outro lado do diagrama. Para nós, isto parece uma história maluca; isto é, algo que nos leva fundo ao mundo primordial. Como as pessoas no mundo exterior, os fantasmas também formam grupos. Por exemplo, a Igreja organiza seus anjos em uma hierarquia celestial de nove ordens e três grupos, e esta hierarquia alcança seu zênite na Divindade[304]. Duzentos anos atrás, o mundo dos demônios ainda estava vivo para nós. Aos olhos de Paracelso, isto era um mundo de realidades. Mas também para muitas pessoas vivendo em nossas montanhas, estas coisas ainda são reais. Assim, quando um fazendeiro montanhês repara, certo dia, que sua vaca está dando menos leite do que habitualmente, ele imediatamente corre ao monge capuchinho para buscar uma estampa de Santo Antônio[305]. No dia seguinte, a vaca podia de fato dar novamente tanto leite quanto antes. O fazendeiro, porém, não conta a ninguém que foi ver o monge; pelo contrário, se alguém perguntar se ele acredita em demônios ou fantasmas, ele irá rir e

---

304. A Igreja Católica distingue nove níveis, ou coros, de anjos (Serafins, Querubins, Tronos, Dominações, Virtudes, Potestades, Principados, Arcanjos e Anjos), organizados em três tríades ou esferas.

305. Isso é conhecido como "Breve" ou "Carta" de Santo Antônio, que ele supostamente deu a uma mulher que queria se afogar, e assim a libertou de sua opressão demoníaca e do desejo suicida. Ele contém o seguinte exorcismo: *Ecce crucem Domini! Fugite partes adversae! Vicit Leo de tribu Juda, radix David. Alleluia!* [Eis a cruz do Senhor! Fugi, potências inimigas! O Leão da Tribo de Judá, a Raiz [filho] de Davi, venceu. Aleluia!]

exclamar: "Oh não, que bobagem!" Mas ele diz isso porque está buscando eleger-se ao conselho local.

Com os primitivos, as coisas são bem diferentes. Discuti essas coisas extensamente com uma tribo da África Central na qual estive certa vez[306]. Nossa discussão me rendeu *insights* altamente interessantes que a literatura pertinente confirmou também para muitos outros povos. Pois aqui nós somos confrontados com um problema peculiar, porque nos primitivos o centro, ou o eu, está obviamente ausente; em seu lugar há uma pluralidade, uma multiplicidade. Isso se deve à identidade inconsciente, à *participation mystique*, dos primitivos entre si e com os objetos[307]. A tribo substitui o "eu". Isso explica a estranha natureza dos seus costumes, como este: um cavalo foi roubado. O curandeiro convoca todos os membros masculinos da tribo, os dispõe em um círculo, cheira todos e por fim diz a um deles que ele é o ladrão; este aquiesce ao procedimento sem protestar, e é levado à morte. Por ser um membro da mesma tribo, ele também poderia ter sido o ladrão, mesmo se fosse inocente neste caso particular.

A própria vida pessoal significa muito pouco para eles, um nativo até mesmo cometerá suicídio para que seu fantasma possa assombrar o ladrão que o roubou, por exemplo: Alguém pode tomar a área de plantação de um homem mais fraco, que então ameaça tirar a própria vida e assombrar o agressor sob a forma de um espírito. Frequentemente, o ladrão devolve a terra.

---

306. Os Elgonyi, no Quênia, em 1925/1926. Cf. as descrições por Jung dessa viagem em *Memórias*, cap. IX, iii, que também dá versões mais detalhadas de algumas das experiências mencionadas nesta palestra.

307. A obra de Jung é abundante em referências à noção de Lévy-Bruhl de *participation mystique*, ou participação mística. "Ela denota um tipo peculiar de conexão psicológica com os objetos, e consiste no fato de que o sujeito não pode claramente se distinguir do objeto, mas é ligado a ele por um relacionamento direto que equivale a uma identidade parcial" (*Tipos*, Definições, n. 40).

Mas, tão frequentemente quanto isto, a avareza se mostra mais forte, de modo que a vítima do roubo sobe em uma árvore alta e se atira para a morte.

Essas pessoas podem prontamente identificar-se entre si e transferir algo para outra pessoa. Assim, o campo dos objetos humanos está de certo modo ausente, pois já está contido na própria pluralidade de eus de cada pessoa. É como se vocês observassem um cardume de peixes negros na água: quando um deles de repente muda de direção, todos os outros fazem o mesmo. Portanto, eles possuem uma verdadeira consciência grupal que reage como se todo o grupo tivesse sido afetado. Daí por que são facilmente propensos ao pânico como as *"stampedes"* ["debandadas"] de rebanhos selvagens. Eles possuem uma pronunciada *"mob psychology"* [psicologia da multidão]"[308].

O indivíduo é apenas o todo. Eles não refletem sobre si mesmos, o que, portanto, torna difícil nos entendermos com eles. Quando um primitivo adotou uma posição como a do "Pensador"[309] de Rodin, perguntaram-lhe: "No que você está pensando?" Ele pulou furiosamente e exclamou: "Mas eu não estou pensando de jeito nenhum!" Os primitivos efetivamente têm sonhos, mas não são realmente conscientes deles[310]. Assim como se eu fosse perguntar se vocês têm quaisquer costumes religiosos; "claro que não!", vocês poderiam exclamar. Mas então acontece de eu lhes visitar na Páscoa e vocês estão escondendo ovos na relva. "Bem, isso é só o que se faz!" Um erudito certa vez observou: "Isso mostra o quão primitivos esses povos [indígenas] são. Eles nem sabem o que estão fazendo!" Mas vocês sabem qual é o significado de um coelhinho da Páscoa

---

308. *"Stampedes"* e *"mob psychology"* em inglês nas notas originais.

309. A famosa escultura de bronze de Auguste Rodin (1840-1917).

310. Jung também menciona esse episódio no semestre de verão de 1934; cf. vol. 2 (a ser publicado).

ou de uma árvore de Natal? Absolutamente não. Nada mais do que: "Bem, sempre foi o que as pessoas fazem!"[311]

Mas uma coisa é certa: estes povos têm um sistema de classificação. Um homem se destaca: o chefe. Os membros da tribo ficam lado a lado, mas o chefe não pertence a este patamar. Ele possui "mana". Ele se põe diante do povo. Um curandeiro de uma tribo da África Central[312] uma vez me contou em uma cerimônia [*palaver*, espécie de assembleia, tradicional em várias aldeias da África Central, que reúne a comunidade para discutir e deliberar as pendências e conflitos da tribo como um todo ou entre determinados querelantes (N.T.)] sobre a posição do chefe, comparada aos outros membros da tribo. Ao fazê-lo, ele usou um feixe de pequenas varas, que sempre acompanha uma cerimônia deste tipo – para cada caso discutido, uma pequena vara é enfiada no chão. "O chefe é assim...", ele disse, e enfiou uma pequena vara no chão, "e os outros são assim..." – e colocou o resto das varas no chão, enfileiradas. "O chefe tem mana"[313]. O chefe assim equivale ao rei.

Os primitivos não são cientes do seu próprio "eu". Há muitas pessoas entre nós, porém, que também não o são. Muitos neuróticos não têm nenhuma consciência de seu eu e estão completamente identificados com seu ambiente. "Oh, o que meus pais diriam?" Ou sua tia ou quem quer que seja. O único critério

---

311. Esses são exemplos favoritos de Jung para mostrar que as imagens arquetípicas "simplesmente eram aceitas sem questionamento e sem reflexão, tal como as pessoas enfeitam árvores de Natal ou escondem ovos de Páscoa sem saberem o que tais costumes significam. O fato é que as imagens arquetípicas são tão repletas de significado, que as pessoas nunca pensam em perguntar o que realmente significam" (JUNG, 1934b, § 22).

312. Isso, segundo Sidler; de acordo com as notas de M.-J. Schmid, é o próprio chefe, e não o curandeiro, que explica essas coisas.

313. Sidler anotou aqui: "Cf. tb. o capítulo 'O homem arcaico' no livro do Dr. Jung *Seelenprobleme der Gegenwart*. Zurique: Verlag Rascher [1931b]"].

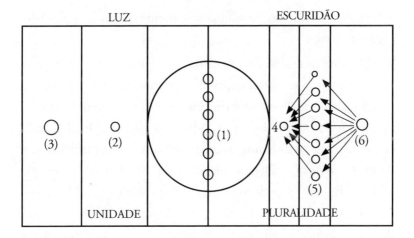

deles é o que as pessoas pensam, mas nunca lhes ocorre o que eles próprios poderiam pensar a respeito. Um jovem advogado certa vez me disse: "Bem, você pode fazer qualquer coisa, desde que ninguém saiba". Mas este homem estava inconsciente de sua própria motivação moral, não tinha absolutamente nenhum conhecimento dela.

Quando voltamos ao lado escuro do diagrama, há novamente um círculo vazio porque o eu está ausente, mas, mais atrás desponta de novo uma determinada figura: o curandeiro, que tem imensa influência como o intérprete do mundo dos espíritos, do qual extrai seu poder. Na verdade, esta esfera escura não tem nenhuma existência definida e separada, porque não conseguimos dizer se o lado direito foi tirado do lado real, ou vice-versa. A realidade está provavelmente antes no *background*, porque este último é muito mais diferenciado. Com os primitivos, nunca é claro se isto é sonho ou realidade. Por exemplo, um nativo teve um terrível pesadelo. Sonhou que foi capturado por seus adversários e queimado vivo. Na manhã seguinte, pediu que seus parentes o queimassem vivo. Eles se recusaram, a princípio; por fim concordaram em amarrá-lo e colocar seus pés numa fogueira. Desde então, ele claudicou por nove meses até que as queimaduras ficassem curadas – e tudo pelo medo do sonho[314].

Há uma multidão de fantasmas, que estão todos conectados com o princípio sombrio. O princípio sombrio é *ayík*[315]. Quando tentei falar deste Deus sombrio com os nativos, como de um segundo Deus, eles protestaram: "Não, só existe um Deus!" Então eu percebi que só um reinava a cada vez: das seis da manhã às seis da tarde, *adhista*, o Deus benigno, o espírito bom e luminoso, reina; e das seis da tarde às seis da manhã reina *ayík*, o Deus estranho, sombrio e mau. O que é verdade durante o dia se reverte durante a noite. A beleza persiste durante o dia, enquanto que o terror prevalece à noite. Isto se deve ao fato de que, quando você desfruta do sol tropical, depois de um tempo se sente como se estivesse ébrio. Quando a temperatura exterior excede a do seu corpo, você sentirá ser incrivelmente difícil imaginar que algo desagradável poderia de fato agitá-lo. Você se torna indiferente a tudo. Eu mesmo experimentei isto na África, quando estava na minha rede, mal encontrando a energia para acender um cachimbo. Pensei muito nos meus problemas mais deprimentes

---

314. Jung tinha lido essa história em Lévy-Bruhl (1910, p. 54), que por sua vez havia citado o missionário jesuíta Père Laul Lejeune e sua *Relations de la Nouvelle France*. Jung contou essa história também em outra ocasião (1928, § 94), mas em ambos os casos a embelezou de alguma forma – não há qualquer menção em Lejeune a parentes, ou que eles a princípio se recusaram a queimar o sonhador, e levou seis meses, e não nove, para que ele se recuperasse: *Un [primitive], ne croyant pas que ce fût assez déférer à son songe que de se faire brûler en effigie, voulut qu'on lui appliquât réellement le feu aux jambes de la même façon qu'on fait aux captifs, quand on commence leur dernier supplice.[...] Il lui fallut six mois pour se guérir des ses brûlures* [Um primitivo que acreditava que, para se colocar em conformidade com seu sonho, não bastava se queimar em efígie, solicitou que suas pernas fossem realmente postas no fogo, da mesma maneira como se começa a queimar prisioneiros até a morte [...] Levou seis meses para que ele se recuperasse de suas queimaduras].

315. Sidler nota: "a palavra expressa uma rajada súbita e fria de vento".

para ver se eles me afetariam, mas permaneci absolutamente indiferente[316]. É só o sol se pôr, contudo, que este otimismo do dia imediatamente despenca no absoluto pessimismo da noite.

---

316. Jung também recontou isso no seminário alemão de 1931: "Os indígenas ficam em torno do sol como se estivessem ébrios. Observei esse efeito intoxicante do sol tropical em mim mesmo: você não é tocado mais por nada desagradável, e é vencido por uma indolência sem limites. (P. ex., pude observar, com o relógio na minha mão, que levei uma hora para chegar à decisão de acender meu cachimbo.) O clima produz um imenso otimismo" [a ser publicado].

Palestra 12

26 de janeiro de 1934

Gostaria de lhes chamar a atenção para uma excelente oportunidade para admirar as obras de um artista recentemente falecido, Otto Meyer[317], incluindo algumas pequenas imagens de mandalas, no *Kunsthaus* em Zurique. Podemos pressupor, creio, que ele não estava familiarizado com tais questões, mas que essas imagens emergiram de suas próprias visões. Alguns destes trabalhos são reproduzidos no catálogo da exibição. Vocês encontrarão formas tipicamente octogonais com uma figura humana no centro[318]. A luz octogonal é um símbolo da fonte simbólica [a redundância símbolo/simbólica está no texto (N.T.)] inconsciente da luz. Fala-se, portanto, de i-luminação[319], uma ocorrência frequente no misticismo. Ora a figura é o próprio visionário, ora uma figura que emerge desta luz. Voltaremos a isso adiante.

Hoje, preferiria me voltar para outro caso, pedindo-lhes que mantenham em mente o esquema introduzido da última vez. Esta apresentação diagramática nunca aparece como um todo em um caso individual; antes, é como se um raio de luz estivesse se movendo ao longo de uma escala alongada escura. Com a Sra. Hauffe, era

---

317. Isso se refere à exibição em homenagem ao pintor e artista gráfico suíço Otto Meyer-Amden (1885-1933), de 22 de dezembro de 1933 a 28 de janeiro de 1934. A exibição também foi apresentada na Basileia e em Berna. O catálogo: *Gedächtnisausstellung* etc., 1933.

318. Cf., p. ex., os números 252, 254 e 257 do catálogo. Sidler foi à exibição dois dias depois, fez esboços daqueles quadros e os adicionou às suas notas.

319. Original: *er-leuchtet*; *lumen* = latim para "luz".

o extremo à esquerda da escala que aparecia na luz brilhante. No presente caso, o raio se move para a direita, daí a imagem psicológica mudar consideravelmente.

Este caso se refere a uma pessoa que teve um papel não desconsiderável na virada do século, uma senhora que viveu em Genebra com o pseudônimo de "Hélène Smith". O Professor Théodore Flournoy publicou um livro sobre ela com o peculiar título *Da Índia ao Planeta Marte: um caso de múltipla personalidade com línguas imaginárias* (Genebra, 1900)[320]. O título principal parece ter sido dado pelo editor, e o subtítulo, pelo autor.

"Hélène Smith" nasceu de um pai húngaro, enquanto que a mãe era possivelmente uma genebrina local. O pai era altamente inteligente e escolarizado, um excelente linguista e falante fluente de alemão, francês, húngaro e inglês; tinha também algum conhecimento de grego e latim.

No que se refere aos fenômenos peculiares que lhe aconteceram, Hélène parece ter puxado à sua mãe. Por conta de várias experiências estranhas que ela própria tivera, sua mãe se tornou uma espiritualista convicta. Quando uma das suas filhas tinha três anos de idade, por exemplo, a mãe viu uma figura branca na beira

---

320. O livro documenta as experiências e sessões de "Hélène Smith" (nome real Catherine-Elise Müller [1861-1929]), uma famosa médium do final do século XIX. Foi publicado no fim de 1899 (no Natal; cf. FLOURNOY, 1914, p. 75), mas datado de 1900, exatamente como *A interpretação dos sonhos*, de Freud. Enquanto que este último levou oito anos para ver esgotada a primeira impressão de 600 cópias (JONES, 1953, p. 360), o livro de Flournoy causou uma sensação, e após apenas três meses chegou à sua terceira edição (SHAMDASANI. In: *Planet Mars*, p. xxvii). Théodore Flournoy (1854-1920), professor de Psicologia na Universidade de Genebra, causou um grande impacto em Jung, que se ofereceu para traduzir o livro para o alemão, mas Flournoy lhe disse que já tinha designado outro tradutor. Nele, Jung descobriu "sobretudo alguém com quem podia falar abertamente [...]. Ele logo representou para mim um tipo de contrapeso a Freud. Com ele pude realmente discutir os problemas que cientificamente me ocupavam (ibid., p. ix). Jung lhe rendeu um tributo que foi anexado à edição alemã das *Memórias*, mas não incluído na edição em inglês. A primeira tradução em inglês apareceu na edição de 1994 de *Planet Mars*.

da cama da menina. A criança adoeceu no dia seguinte e morreu. O irmão de Hélène também relatou eventos peculiares. Ele ouvia passos e experimentava outros fenômenos estranhos. Ao que parece, a família era bem pobre. Isso nos basta quanto às características do meio que tiveram forte influência sobre o caráter de Hélène.

Embora a data exata do seu nascimento seja desconhecida[321], ela foi batizada como católica, porém mais tarde criada como protestante. Tinha excelente caráter, era inteligente e boa aluna, embora por vezes fosse desatenta na escola, pois várias fantasias afetavam a sua concentração. Aos quinze anos, começou um aprendizado num *Grand Magasin* [loja de departamento], onde a tinham em alta conta. Ocupava-se de seus devaneios, entre os quais tinha todos os tipos de favoritos, que tangenciavam as visões. Nenhum sintoma neurótico propriamente dito parece ter ocorrido, porém. Já na infância, ela descreveu seus sonhos em bordados, desenhos e pinturas, mostrando grande talento. Envolveu-se com estas visões realmente como uma forma de entretenimento, como um jogo agradável. Extraía prazer especial do desenho de paisagens, construções e de pinturas, todas em cores brilhantes e róseas.

Aos quatorze ou quinze anos, ou seja, durante a puberdade, teve visões altamente impressionantes. Numa delas viu uma luz brilhante, e nesta luz estranhas letras cujo significado escapava dela. Em várias ocasiões, um homem de algum modo assustador aparecia perto da sua cama, vestido em um estranho manto colorido. Ela também relatou frequentemente que um homem a tinha seguido no caminho de casa, mas a objetividade destes relatos não pôde ser verificada. Então lhe aconteceu de certos distúrbios aparecerem em sua caligrafia: letras eram substituídas por estranhos

---

321. Ou seja, para Jung. Toda a informação que Jung dá sobre a infância e juventude de "Hélène" e sobre sua iniciação ao espiritismo são extraídas dos capítulos 2 e 3 do livro de Flournoy (que não dá a data de nascimento dela). Optei por não sobrecarregar as notas com referências de páginas para todo e qualquer pedaço de informação; elas podem ser facilmente encontradas seguindo-se a narrativa do livro.

sinais. Ela se sentia cada vez mais cercada por um estranho espírito protetor. Quando tinha dez anos, foi atacada por um cão, após o que um monge apareceu e afastou o animal. Ela o descreveu como um homem vestido num hábito longo e marrom, com uma cruz branca no peito. Mais tarde, também, quando um homem avançou sobre ela, por exemplo, a figura do monge reapareceria. Com cerca de doze anos, tinha sobressaltos sempre que a campainha tocava, porque acreditava que o grande evento que ela esperava tinha de fato ocorrido – a saber, a chegada de uma elegante carruagem puxada por quatro cavalos brancos, da qual um nobre cavalheiro vestindo um manto bordado de ouro e prata desceria para pegá-la e levá-la para a terra distante à qual ela verdadeiramente pertencia. Esta é a fantasia infantil familiar da origem nobre, ou seja, que a criança pensa que tem pais apenas substitutos.

Durante aqueles dias, ela tinha um acentuado medo do mundo e do "fora" em geral. Ela mantinha distância das pessoas e evitava ocasiões sociais, concertos, festas e assim por diante. Sofria constantemente de um vago mal-estar e nunca estava verdadeiramente feliz. Seu orgulho e suas ambições se atritavam com seu humilde entorno. Seu gosto pertencia a uma esfera superior; era uma personalidade forte demais para se encaixar no seu meio.

Certa vez, quando estava se sentindo mal e tinha de consultar um médico, ele fez avanços e tentou beijá-la. Nesse momento, o monge reapareceu e "efetivamente interrompeu" a situação, conforme ela recordou. Tinha sido acometida de um medo terrível de tudo na época. Por volta do seu vigésimo ano de idade, sua condição mudou para melhor. O medo diminuiu, e ela era bem-sucedida no trabalho. Era hábil e segura para os negócios, uma colega valiosa e parecia poder seguir em frente fazendo uma carreira. Poder-se-ia esperar que fosse casar mais cedo ou mais tarde. Mas sempre que acontecia alguma situação que poderia suscitar sentimentos agradáveis, este espírito protetor desagradável reaparecia e sussurrava: "Não, este não é o homem certo ainda". O homem certo viria quando o tempo estivesse maduro. Assim, ele afetava todas as situações deste tipo, e na verdade lhe tornou impossível experimentar a vida de uma maneira natural. Desse modo, ela começou a preparar-se para uma carreira de solteirona. Hélène tinha muita vivacidade, porém, e a situação necessariamente iria chegar a um ponto crítico. De algum modo seu temperamento tinha de irromper. Isso também explicava sua insatisfação e sua conduta, que, porém, seu entorno falhou em compreender.

Através da sua mãe, cujo interesse no espiritualismo mencionei acima, Hélène se juntou a um círculo espiritualista em 1892, o grupo de Mme. N. O círculo se reunia em Genebra, e consistia de pessoas de todas as idades, algumas bastante escolarizadas, outras não, e todo o espectro entre elas. Hélène logo se estabeleceu como a principal médium do grupo. Rapidamente ficou claro que ela era muito mais fortemente dirigida pelo inconsciente do que os outros. Como sabemos, as mensagens transmitidas pelos espíritos são, de modo geral, terrivelmente triviais. Em conformidade com isto, Hélène não relatou nada de especial. A princípio, os espíritos transmitiram suas mensagens através da escrita automática. Mas ela logo entrou em um estado de transe sonambulístico, no qual teve visões. Pouco antes, ela tinha visto um balão subir, e agora, um balão que lhe apareceu às vezes era claro, às vezes escuro. Então o balão desapareceu, e fitas claras apareceram no seu lugar, das quais emergiu uma estrela, cuja radiação brilhante preencheu seu campo de visão. Aqui temos uma visão da fonte interna de luz, da luz simbólica. A partir daí a estrela se transformou em uma horrível cabeça que fazia caretas, com um cabelo vermelho flamejante, uma espécie de demônio. O cabelo vermelho da figura se transformou em um buquê de rosas vermelhas, no qual uma pequena serpente se movia. Estas foram as suas primeiras visões naquele círculo espiritualista.

Tais visões são bastante típicas. As coisas que ela vê correspondem obviamente ao espectro de possibilidades internas: todo tipo de fantasias, os espíritos, e finalmente a luz. A princípio ela vê este balão intensamente iluminado, e naturalmente diríamos: Bem, ela assistiu a um balão subir pouco antes da visão, e este espetáculo impressionante foi reproduzido aqui. Na realidade, porém, não há esta causalidade aqui. É meramente a mesma palavra. O que ela realmente vê é a luz, e ela pensa no balão porque acabara de ver um, e esta é a analogia mais próxima daquilo que estava buscando expressão em sua consciência. Se sonhamos com uma locomotiva, então o fazemos porque ela se refere a algo que talvez possa ser comparado a uma locomotiva.

Sempre que uma visão positiva ocorre, podemos esperar que as coisas imediatamente se revertam no seu oposto, de acordo com uma lei psicológica, o princípio de Heráclito da "enantio-dromia"[322]. Ele consiste na reversão dos acontecimentos, ou seja, na sua transformação no oposto. Assim, quando uma visão muito luminosa acontece, logo será sucedida por algo escuro, algo bom por algo ruim, a direita pela esquerda. Portanto o balão fortemente iluminado dá lugar a um escuro, a estrela radiante a uma horrenda cara de demônio. A estrela tem uma qualidade de elevação, é um sinal bonito, que suscita sentimentos positivos; mas de acordo com o princípio do "correr em sentido contrário", ela se transforma em algo horrendo, desprezível e mau. Por sua vez, estas qualidades se modificam para o positivo, se tornando o buquê de rosas. Então, de modo semelhante, este se torna uma perigosa serpente. Uma serpente escondida atrás de flores é uma imagem poética conhecida.

A partir de então, Hélène também teve visões em casa. O homem que a perseguia regularmente aparece agora com um casaco

---

322. Grego, correr no sentido contrário. Esse é um conceito-chave no pensamento de Jung. Ao longo de suas numerosas referências a ele em suas obras, Jung atribui o termo a Heráclito de Éfeso (*ca.* 550-480 a.E.C.). Embora o conceito esteja em concordância com a filosofia deste último, o termo em si não foi usado pelo próprio Heráclito, mas surgiu em um resumo posterior de sua filosofia por Diógenes Laércio.

branco e um turbante. Outros eventos estranhos ocorreram, que puderam também ser verificados. No seu local de trabalho, por exemplo, uma certa estampa sumiu. Embora o colega procurasse por todo lado, não foi capaz de encontrá-lo. Observando o impasse dele, Hélène disse: "Mas a estampa foi dada ao Sr. J., não foi?" O colega olhou para ela, riu e disse: "Mas como é que você saberia disto!" Naquele momento, o número "18" apareceu para ela, e ela disse: "Dezoito dias atrás, esta estampa foi emprestada ao Sr. J.; por favor, confira!" E, de fato, após checar os registros, o que Hélène dissera se mostrou exato. As pessoas sugeriram que esta foi apenas uma ideia [aleatória] que passou por sua cabeça, porque ela não poderia ter tido nenhum conhecimento efetivo da coisa. Mas nunca se sabe!

Nas sessões, ela gradualmente desenvolveu um alto grau de sonambulismo. O espírito guia e sombra entrou em ação. Por volta dessa época ela também conheceu Flournoy, que estava interessado em tais fenômenos. Já nos seus primeiros encontros, ele observou uma anestesia unilateral do lado direito do corpo no começo do sonambulismo, enquanto que o lado esquerdo ficava hipersensível. Quando se infligia dor na sua mão esquerda, ela não sentia nada; após um tempo, ela sentia a dor no ponto correspondente da sua mão esquerda.

Seu espírito ou *"control"*[323] protetor podia ser induzido a falar através dela, se alguém mexesse no lado direito do seu corpo; ela respondia batendo de leve na sua mão esquerda. Enquanto conscientemente conversava com outras pessoas, podia indiretamente estar em contato com esta figura inconsciente que entregava mensagens complicadas. Também se observou que em um estado hipnótico ela mostrava o fenômeno da "aloquiria", isto é, uma confusão entre direita e esquerda. Neste estado, ela insistia firmemente que a ilha Rousseau fica do lado esquerdo do Rio Ródano,

---

323. Esta palavra ["controle" (N.T.)] está em inglês nas notas.

no caminho que desce da estação de Genebra, enquanto que na realidade a ilha fica à direita. Quando alguém levantava o braço esquerdo dela, ela dizia que se tratava do seu braço direito.

Estes acontecimentos ilustram o processo psíquico. Em termos do diagrama, o raio de luz passou para o lado esquerdo, e o direito ficou anestesiado. A personalidade passa para o lado inconsciente. Através desta guinada à esquerda, a imagem se dobra sobre o eixo, assim ativando o espírito ou *control* protetor. O *control* era uma figura masculina, e se comportava "muito pessoalmente". Durante as sessões, ele geralmente tomava o controle da sua mão direita e escrevia com ela, enquanto lhe falava a partir do lado esquerdo. Quando ele escrevia, a caligrafia dele era completamente diferente daquela da médium. Ele também tinha uma voz masculina embora falasse através da boca da médium. Comportava-se inteiramente como senhor de si, e agia de modo totalmente independente das vontades da médium e dos participantes das sessões. Seu caráter era a princípio bem vago, mas logo desenvolveu traços distintivos. Por exemplo, tinha um fraco por poesia, e se autodesignava, com grandiloquência, como Victor Hugo[324]. Escreveu uma grande quantidade de versos, mas infelizmente eles não eram da autoria de um Victor Hugo! Seu verso era exageradamente sentimental e trivial. Após ter predominado por cinco meses, seu antagonista entrou em cena, um homem com sotaque italiano e voz grossa. Chamava-se a si mesmo de Léopold. Era rude, malcriado e interrompia as sessões. Victor Hugo ficava enervado com ele. Léopold desdenhava de todo o grupo, e pretendia em especial expulsar de lá Victor Hugo, cujas poesias ridicularizava. Léopold era ciumento, vingativo e evidentemente apaixonado por Hélèn, a quem cortejava despudoradamente. Tinha uma pronunciada ojeriza à mescla de homens e mulheres no grupo, o qual, é preciso dizer, tomava consideráveis liberdades

---

324. Victor Hugo (1802-1885), o famoso poeta, romancista e dramaturgo francês.

com a médium. Seus modos eram arrogantes e prepotentes, e estava determinado a ser o único mestre de Hélène, a qual ele não queria dividir com mais ninguém.

Flournoy acreditava que Léopold surgira de algum tipo de "autossugestão"[325]. Temos de conceder-lhe que isto acontecia no ano de 1899, no apogeu da autossugestão. Na época, a "autossugestão" ainda era um termo excelente, bem-vindo como uma explicação para todo tipo de coisa. Tais termos, porém, rapidamente atravancam o pensamento. Todo mundo pensa: "Ah, agora alguma coisa aconteceu!" Mas absolutamente nada aconteceu, a não ser a menção ao termo "autossugestão". Assim se presumiu que a médium inconscientemente resolveu inventar um fantasma chamado Léopold.

Na década de 1840, um erudito visitou uma tribo de índios norte-americanos. Ele se dirigiu a um velho chefe, que lhe contou sobre a experiência peculiar de ter visões. Sendo um homem esclarecido, nosso erudito já tinha ouvido falar destas "imaginações", e disse ao chefe: "Na verdade não é assim; você apenas imaginou isso!" Ao que o indígena replicou: "Bem, mas *quem* imaginou isso em mim? Por que é assim que a coisa é, não é, alguém deve ter imaginado isso para mim!" Também nós dizemos "Eu imaginei alguma coisa". Mas estamos sendo apenas cautelosos ao dizer "eu". Seria ameaçador demais se alguma coisa existisse em nossa alma que fosse autônoma, alguma coisa que imaginasse a si mesma em nós; em outras palavras, que há alguma coisa em nossa própria esfera interior que pode agir independentemente de nossas vontades. Este é um pensamento inquietante, tão inquietante quanto acreditar que alguém estivesse debaixo da nossa cama.

Léopold tinha sempre existido. Já existia na figura do monge. Ele era parte da estrutura psíquica de Hélène. É meramente uma

---

325. Cf., p. ex., *Planet Mars*, p. 59.

questão da distribuição da luz. Estas figuras, ou outras semelhantes, se tornam ativas em todos nós; são figuras muito típicas[326]. William James, famoso filósofo e pragmatista e velho amigo de Flournoy, compreendeu bem melhor esse fato. Ele defendia que "o pensamento tende a uma forma pessoal"[327]. Todo conteúdo psíquico tende a se personificar sob certas circunstâncias, desde que a luz se mova para a esquerda, de modo que a consciência passe levemente da direita para a esquerda. Imediatamente os pensamentos tomarão uma forma pessoal e se tornarão autônomos. Isto é precisamente o que acontece quando um médium cai em transe. Tudo se reverte, porque a imagem interna vem à tona e o *control* está no comando. Os médiuns então receberão todo tipo de informação que não poderiam conhecer antes, frequentemente de um caráter sinistro. O termo latim *"sinister"*, afinal de contas, denota tanto "esquerda" quanto "sinistro".

---

326. M.-J. Schmid nota entre parênteses: *Animus*.

327. "Os pensamentos tendem a uma forma pessoal" (JAMES, 1890a, p. 225). Também citado por Flournoy em conexão com a autossugestão (*Planet Mars*, p. 59). Sobre James cf. a nota 179.

Palestra 13

2 de fevereiro de 1934

Questões apresentadas

Recebi algumas reações, provavelmente de alguns dos membros mais jovens do público[328], desejando que eu apresente menos histórias de casos e, ao invés disso, lhes dê mais do meu próprio ponto de vista. Porém eu considero já ter feito isso abundantemente, mas vocês precisam manter em mente que me propus a dar um curso de palestras sobre a psicologia moderna, porém não posso pretender que a psicologia moderna seja idêntica a mim mesmo. Eu seria imodesto se avançasse minhas próprias visões e opiniões mais do que já o fiz. Por outro lado, tal material factual é um componente indispensável destas palestras; temos de lidar com a alma humana como um todo, e devemos permanecer próximos à vida cotidiana para não nos perdermos em frias teorias. Portanto, se discutíssemos apenas o problema da função transcendente[329], por exemplo, estaríamos todos ressecados por excesso de espírito. Comparem com o estudo de anatomia: presumivelmente, devemos

---

328. Cf. nota 162.

329. Um conceito que Jung tinha introduzido em 1916 (1957 [1916], § 166ss.), denotando "a colaboração de dados conscientes e inconscientes" (ibid., § 167), mais tarde denominado de "imaginação ativa" (p. ex., 1968 [1935], § 390s.). Ele descreve a emergência de uma "sequência de fantasias produzidas por uma concentração deliberada" (1936/1937, § 101). Esse método emergiu de sua autoexperimentação, na qual "ele deliberadamente soltou as rédeas do seu pensamento-fantasia e anotou cuidadosamente o que se seguiu" (SHAMDASANI, apud SWANN, 2011, p. xi), entrando em um diálogo com as figuras visionárias que encontrou.

levar em conta todo o corpo humano, ao invés de nos limitarmos a uma opinião sobre ele.

Gostaria de repetir que os casos que estamos discutindo não são únicos nem anormais, como parte do meu público parece pensar, mas sim típicos. Se você disseca um salmão em um laboratório, não está estudando um salmão em particular, mas simplesmente *o* salmão. Portanto estas experiências ficam mais ou menos escondidas no inconsciente das pessoas comuns. Mas é verdade que poucos são capazes de realmente ter estas experiências, e assim é uma tarefa tremendamente difícil torná-las compreensíveis. A minha psicologia compreende, afinal de contas, um bom número de conceitos que se apoiam em experiências que geralmente não são acessíveis. Se se apresenta um postulado geral, que tem sido verificado em muitos casos, sempre se pode ouvir alguém exclamar: "Bem, exatamente o oposto é verdade no meu caso!" Se vocês tentarem explicar a tais pessoas por que o caso delas é diferente, precisarão de metade da história da vida delas. Consequentemente, devo apresentar algum material bem amplo. Este é um pré-requisito necessário para o estudo da psicologia moderna, pois são eventos que tornam visível o que é invisível no caso específico de vocês. Tais coisas realmente acontecem, porém, e devemos levá-las em conta.

***

Retornemos agora ao nosso caso e à figura que comecei a discutir na última palestra. Encontramos uma figura masculina chamada de "Léopold", um tipo de espírito protetor, uma sombra animada, que age por conta própria, e de tempos em tempos intervém em situações críticas, o que é referido como um "automatismo teleológico"[330]. Este é um termo científico, porém, que de

---

330. *Planet Mars*, p. 22, 41ss., 57, 83. Sobre a figura de Léopold em geral, cf. cap. 4, "A personalidade de Léopold", p. 51-86.

certo modo é geral demais. Esta intervenção útil ou perturbadora mostra intenção e inteligência, e assim não pode ser considerada um automatismo.

Esta figura não tinha existido antes de Flournoy começar a observar Hélène. Victor Hugo existia antes, e a figura de Léopold só emergiu depois. Em uma das sessões do Grupo N., Hélène teve uma visão de um conjurador mostrando-lhe um jarro de água e apontando para ele com uma varinha mágica[331]. Um dos membros do círculo interpretou esta figura como "Balsamo" – que é outro nome de "Cagliostro", uma vez que esta mesma *scène de la carafe* [cena do jarro] ocorre em um romance de Alexandre Dumas pai, *Mémoires d'un Médecin, Josef Balsamo* [Memórias de um médico, Joseph Balsamo][332]. O próprio espírito protetor acrescentou que "Léopold" seria apenas seu pseudônimo, e que na realidade ele seria Balsamo ou Cagliostro, sob cujo nome este famoso médico e impostor do século XVIII tinha enganado o mundo. Este episódio deu então origem a todo o romance. Hélène imaginou que em uma existência anterior tinha sido a médium de Balsamo, Lorenza Feliciani, sendo agora sua reencarnação. Veio a se constatar, porém, que tal figura nunca existiu na realidade, mas tinha sido inventada por Dumas. Léopold então explicou que ela teria sido na verdade Marie Antoinette, que novamente se refere à *scène de la carafe*[333]. Este episódio do romance de Dumas descreve um encontro acidental entre Balsamo e Marie Antoinette da Áustria, no castelo de Taverney, onde ela ficara a caminho de Paris. Disseram-lhe que

---

331. Ibid., p. 60-61.

332. Dumas, 1846-1848 [1860]; a cena com o jarro d'água está no cap. 15. Para escrever este romance Dumas inspirou-se na vida e personalidade do Conde Alessandro di Cagliostro (1743-1795), um pseudônimo do ocultista e aventureiro Giuseppe (ou José) Balsamo.

333. Marie Antoinette, nascida Maria Antonia (1755-1793), filha da imperatriz austríaca Maria Theresia, arqueduquesa da Áustria, última delfina da França (1770-1774), e, como esposa de Luís XVI, rainha da França e de Navarro. Na Revolução Francesa, ela e o marido foram executados na guilhotina em 1793.

ele poderia predizer o futuro através de um copo de água. A adivinhação através do cristal é usada em todo o mundo, aliás, também pelos primitivos, para inspirar intuições. Assim, Balsamo observa o jarro e vê o destino de Marie Antoinette, mas se recusa a lhe contar o que tinha visto. Sob sua firme insistência, ele finalmente cede e lhe diz para se ajoelhar diante do vidro e observar o jarro depois de ele tê-lo tocado com sua varinha. Ela tem uma visão horrível: vê sua própria execução e desmaia. Hélène acredita que é uma reencarnação de Marie Antoinette, do que decorre um caso de amor entre Balsamo/Léopold e Marie Antoinette/Hélène; contudo, isto não é corroborado por evidências históricas.

Flournoy se preocupou com o nome de Léopold, e com razão, pois tais nomes frequentemente têm um significado mais profundo. Um colega chamou-lhe a atenção para o fato de que "Léopold" contém três consoantes, LPD, e que as mesmas três letras representavam as iniciais do lema dos *Illuminati*, uma sociedade secreta: *lilia pedibus destrue*, "destrua os lírios com seus pés." No começo do seu romance, Dumas descreve um encontro de Illuminati e franco-maçons de um grande número de países em Mount Donnersberg, um monte perto da cidade alemã de Mainz, em maio de 1770, presidido pelo famoso visionário Emanuel Swedenborg[334]. Um estranho aparece e pede para ser admitido na sociedade. Ele então se lhes revela como *celui qui est*, "aquele que é". O presidente confirma que o estranho é o "Iluminado", já que ele carrega as três letras – "LPD" – em seu peito. Os representantes de todos os países o reconhecem como líder e aguardam suas instruções. Com

---

334. Emanuel Swedenborg (1688-1772), cientista, filósofo, revelador e místico sueco; mais conhecido por seu livro sobre a vida após a morte, *Céu e inferno* (1758). Há repetidas referências a Swedenborg nas obras de Jung; p. ex. a sua visão de um incêndio em Estocolmo, que supostamente se provou corresponder aos fatos (JUNG, 1905b, § 706-707; 1952, § 902). As experiências de Swedenborg instigaram Kant a escrever anonimamente seus *Sonhos de um visionário* (1766), citado por Jung anteriormente (cf. p. 155).

o auxílio deles, ele pretende derrubar a monarquia dentro de vinte anos, e estabelecer uma nova ordem mundial. Para este fim, todos os representantes devem adotar o lema *lilia pedibus destrue* em seus países natais, ou seja, destruir o lírio, emblema da monarquia Bourbon. O próprio Iluminado viaja à França, onde começa a preparar a Revolução[335].

Em termos históricos, isso não é muito preciso. O encontro é antedatado, uma vez que a ordem dos *Illuminati* não foi fundada, até 1º de maio de 1776, por Adam Weishaupt, um ex-jesuíta que mais tarde se tornou um franco-maçom[336]. A sociedade procurou seguir as ideias do Iluminismo e realizar o liberalismo e o livre-pensamento, o que a colocava em conflito com a ordem social vigente, e os *Illuminati* foram objeto de frequente perseguição. Um dos primeiros colaboradores de Weishaupt, a propósito, foi o Barão Knigge, o autor do famoso livro *Sobre as relações humanas*[337]. Por volta do final do século XVII, o movimento declinou até seu *revival* na Alemanha em 1880.

Estes paralelos literários poderiam nos deixar indiferentes, se não fossem psicologicamente significativos, ou seja, simbólicos. Observando-se neste contexto, fica claro que este líder ou mentor espiritual, "Léopold", na verdade é membro de uma ordem secreta, isto é, uma associação de lideranças intelectuais desconhecidas. É significativo que eles fossem *Illuminati*, porque suas listas de membros continham todo tipo de nomes famosos,

---

335. Cf. Dumas, 1860 [1846-1848], cap. 2 e 3, particularmente p. 15, 18, 31.

336. Johann Adam Weishaupt (1748-1830), filósofo e jurista alemão. A sociedade dos *Illuminati* foi banida pelo governo da Baviera em 1784; Weishaupt perdeu sua posição na Universidade de Ingolstadt e fugiu da Baviera.

337. Adolph Freiherr Knigge (1752-1796), escritor e franco-maçon alemão. Em 1780, Knigge se juntou aos *Illuminati* bávaros, mas se retirou em 1784 devido a dissensões com Weishaupt. Seu livro (1788) – na verdade um tratado sobre os princípios fundamentais das relações humanas – desfrutou de imenso sucesso, e em alemão a palavra "*Knigge*" ainda equivale a "boas maneiras" ou (livros sobre) etiqueta.

como Herder[338] e Goethe. Este é um critério psicológico importante, porque Léopold representa não uma unidade, mas uma multiplicidade. Ele não substituiu nem Victor Hugo nem Balsamo, mas representa todos eles: é o poeta, é o mágico e o membro de uma ordem secreta. Quando perguntado sobre a origem do seu nome, ele respondeu que o tirara de um amigo que pertencia à Casa da Áustria[339].

No curso dos acontecimentos subsequentes, ele adquiriu uma técnica particular: controlaria a mão da médium, e enquanto os participantes da sessão estavam falando com ela, ele escrevia com a mão dela. Frequentemente havia uma longa luta pelo controle da mão, porque Léopold segurava o lápis entre o dedão e o indicador enquanto ela o segurava entre o dedo do meio e o indicador[340]. Léopold acabou levando a melhor. Sua escrita também diferia daquela da médium: ele usava uma caligrafia e orografia obsoleta do século XVIII, embora a caligrafia original de Cagliostro não tivesse nenhuma semelhança com a de Léopold. O mesmo ocorria com a voz: embora Léopold não falasse nem entendesse uma palavra de italiano, ele falava com um sotaque italiano grosseiro. A própria voz de Hélène não era profunda, mas ele a ensinou como falar com uma voz profunda.

É interessante que ele sempre dava respostas evasivas para questões precisas, mas se entusiasmava com conversas morais e

---

338. Johann Gottfried (depois de 1802: von) Herder (1744-1803), importante filósofo, teólogo, poeta e crítico literário alemão. Conheceu o jovem Goethe em 1770 e o inspirou a desenvolver seu próprio estilo. Mais tarde, Goethe lhe assegurou uma posição em Weimar como superintendente-geral.

339. Embora a princípio "ele imediatamente aceitou [...] a hipótese de M. Cuendet" (*Planet Mars*, p. 291) sobre a importância de LPD, parece ter esquecido essa explicação quando questionado de novo posteriormente, e explicou "que ele tomou como um pseudônimo o primeiro nome de um dos seus amigos do último século, que lhe era muito caro, e que era parte da casa da Áustria, embora não tivesse nenhum papel histórico" (ibid.).

340. Ibid., p. 100.

filosóficas, e escrevia versos à maneira de um "Victor Hugo *inférieur*". Sua memória era melhor do que a de Hélène, em especial para certos dados e outras questões que geralmente se deixa escapar. Repetidamente, Hélène parecia ser realmente idêntica a ele. Embora se comportasse diferentemente, ela muitas vezes se sentia como se aquela figura tivesse entrado no seu ser e o esmagado, resultando em uma perda da sua identidade, especialmente à noite e nas primeiras horas da manhã. Os dois estados de consciência não eram completamente separados, e Hélène e Léopold compartilhavam certas peculiaridades, por exemplo a animosidade. Hélène era bem nervosa e facilmente irritada. Cagliostro/Léopold tinha um temperamento forte, era colérico, às vezes o mais desagradavelmente brusco e irritável, e também ostensivamente enamorado de si mesmo. Era dotado de uma extrema animosidade, e pretendia ser uma autoridade em todas as áreas possíveis – e, naquelas em que não o era, escamoteava sua incerteza com afirmações ainda mais assertivas. Em particular, na forma de Balsamo ele se orgulhava por ser um médico e alquimista que sabia tudo sobre elixires e remédios secretos. Muitas pessoas o consultavam através de Hélène, embora ele ostentasse um grande desprezo pela medicina moderna, e suas prescrições fossem tão antiquadas quanto sua ortografia. Verificou-se então que a mãe de Hélène era bem versada nos poderes curativos de ervas e plantas.

O terno amor de Léopold por Marie Antoinette, ou seja, por Hélène, desempenhou um grande papel. Ele lhe escreveu cartas e poemas afetuosos. Curiosamente, também sentiu afeto por Flournoy, referindo-se a ele como *mon ami*, meu amigo. Ele e Hélène eram gêmeos siameses em certo sentido, porque também ela tinha sentimentos ternos por seu médico, embora não estivesse consciente disso. Por outro lado, Léopold era terrivelmente ciumento, e fazia a Hélène as cenas mais inacreditáveis caso um membro masculino do grupo prestasse alguma atenção nela. Flournoy diz sobre ele: "*ce mentor austère et rigide, [...] présente, en somme, une donnée psychologique très générale; il n'y a aucune âme féminine bien née qui ne le porte logé dans un de ses recoins*"[341]. As cartas de Hélène também atestam sua peculiar afinidade com esta figura: subitamente, uma palavra ou toda uma sentença aparecia na caligrafia dele, e em francês antiquado. E ele também aparecia nos sonhos dela.

Por ora, não continuarei minha descrição do caráter desta figura. Seguindo os pedidos de vocês, vou ao invés disso apresentar minhas próprias visões. Esta figura não é de modo algum única; pelo contrário, é muito comum, apenas não a vemos frequentemente desta forma definida. A descrição de Flournoy é clássica. Embora ele não tivesse ideia do que estava descrevendo, intuiu alguma coisa, e deu uma descrição bastante clara do caso. É uma figura típica e universal que eu chamei de o "*animus*", e não existe mulher nenhuma que não o possua. Só conheço um caso em que esta figura estava ausente, o de uma militante sufragista, amiga da Sra. Pankhurst[342]. Ela não tinha esta figura porque era a própria! O outro único caso de que me lembro é o de uma hermafrodita que me procurou porque estava em dúvida sobre se devia viver sua vida como um homem ou uma mulher. Contudo, é grande o número daquelas que não têm nenhum conhecimento desta figura. É muito difícil apontá-la em muitas mulheres por não estar claramente dissociado, mas sim permanece totalmente na escuridão, só se manifestando naturalmente de maneira indireta. Devemos nos

---

341. "Este mentor austero e rigoroso [...] representa, de fato, um atributo psicológico muito comum; não há nenhuma alma feminina nobre que não carregue tal mentor em algum de seus recessos" (*Planet Mars*, p. 82; trad. modificada).

342. Emmeline Pankhurst (1858-1928), ativista política britânica e líder do movimento sufragista britânico. Embora muito criticada por seus métodos militantes (quebrar janelas, atacar policiais, causar incêndios etc.), seu trabalho é reconhecido como um elemento crucial para a conquista do direito das mulheres ao voto na Grã-Bretanha.

voltar para a consciência da sombra[343] para provar a existência desta figura. Para fazê-lo, devo desenhar outro diagrama no quadro. Não estou certo de que ele obterá a aprovação de vocês, mas que seja.

I	II	III	IV	V
Inconsciência do sujeito	*Estágio da consciência dos conteúdos complexos*	*Objetos religiosos*	*Objetos absolutos*	*Êxtase*

Podemos distinguir cinco esferas ou estágios. Na primeira esfera a "consciência da sombra" começa a se fazer sentir. Na maioria das pessoas, ela se manifesta como um leve sentimento de que falta alguma coisa, ou de que alguma coisa não é bem o que deveria ser, como um *léger sentiment d'incomplétude*[344], que dá origem à

---

343. "Consciência da sombra" [*Schattenbewusstsein*] não é um termo técnico e não aparece nos outros escritos de Jung. O conceito da "sombra, em si, tem evidentemente um papel proeminente em sua teoria". Ele posteriormente definiu a sombra como a "parte 'negativa' da personalidade, i. é, a soma das qualidades escondidas e desfavoráveis, das funções insuficientemente desenvolvidas, e os conteúdos do inconsciente pessoal" (JUNG, 1917-1942, § 103[5]; nota acrescentada em 1942; trad. modificada).

344. *Grosso modo*, um sentimento de incerteza ou incompletude – uma expressão cunhada por Pierre Janet, à qual Jung repetidamente se referiu, tanto em suas obras como em suas cartas. Com ela, Janet descrevia, no caso de pacientes psicastênicos: *le fait essentiel dont tous les sujets se plaignent, le caractère inachevé, insuffisant, incomplet qu'ils attribuent à tous leurs phénomènes psychologiques* [o fato essencial do qual todos os sujeitos se queixam, o caráter irrealizado, insuficiente, incompleto que atribuem a todos os seus fenômenos psicológicos] (JANET, 1903, I, p. 264). Cf. tb. nota 177 sobre Janet.

autoconsciência e a um sentimento de inferioridade. As pessoas procuram a causa deste sentimento perturbador no mundo exterior; pensam que talvez seu colarinho esteja apertado, ou que sua gravata esteja torta. Ou um erudito tem sentimentos de inferioridade porque sente que seu último livro não é tão bom quanto ele tinha pensado, mas ficará terrivelmente melindrado se alguém o criticar. Um tenor, é claro, terá sintomas na laringe, e um oficial da infantaria, nos pés. Eles localizam a inferioridade onde na verdade não precisam temer críticas; mas em análise, terei de mostrar-lhes que sua inferioridade real está totalmente em outro lugar. O que nos falta nunca é o que pensamos ser, assim como os sentimentos neuróticos nunca emergem de onde afirmamos que eles vêm, mas de uma inferioridade real.

Se a luz da consciência recai no lado direito, só existe uma estranha inconsciência dos motivos subjetivos, um sentimento de certa escuridão e um débil *sentiment d'incomplétude*. Essas pessoas acreditam que tudo está bem em suas vidas, e têm uma fé implícita em suas boas intenções: "Tudo o que sempre quis foi o melhor". Elas me procuram com uma descrição luminosa de seu casamento ideal e circunstâncias felizes; mas eu sei que uma neurose as trouxe, e por que elas seriam neuróticas se as condições da sua vida fossem tão perfeitas? Essas são pessoas que não têm nenhum conhecimento de que este é o lugar onde está escuro.

Nas sessões analíticas, eu lentamente movo a luz da consciência para o lado esquerdo, conforme me empenho em tornar tais esferas sucessivas conscientes. Na primeira hora, por exemplo, a luz da consciência só se move minimamente para o próximo estágio, na hora seguinte um pouco mais, e assim por diante.

Embora a sombra se faça sentir já no estágio I, o foco da atenção ainda está no eu. Quando o campo da consciência é limitado, o corpo desempenha um grande papel. As pessoas enamoradas de si mesmas são extremamente conscientes do seu corpo, atribuem tremenda importância a como comem, dormem, digerem, e que impressão causaram nos outros. Tendem a conectar seus complexos com o corpo; conflitos interiores lhes aparecem na forma de doenças físicas. Elas são egocêntricas e se sentem inferiores; se agarrarem tanto a si mesmas pode ao menos lhes dar alguma ideia de sua sombra, e seu campo de consciência tende assim a se tornar menos restrito.

No segundo estágio, o corpo ainda é importante, mas não encontramos apenas um objeto, como no estágio I, mas vários objetos, a saber, objetos internos. As pessoas percebem a existência de complexos que são independentes do seu próprio eu. Durante o tratamento, a luz da consciência avança mais da direita para a esquerda.

No terceiro estágio, algo estranho acontece. Pessoas com uma margem muito limitada de consciência, ou seja, muito egocêntricas, que na verdade nunca foram interessadas em nada mais do que em si mesmas, estão de fato claramente conscientes de sua sombra. Elas podem oferecer uma excelente descrição de si mesmas – oxalá isso fosse interessante! Neste estágio, ocorre uma percepção dos conteúdos dos complexos, e eles aparecem como conteúdos independentes e autônomos. Um estado alterado do corpo relativiza a objetificação; Léopold, por exemplo, é uma objetivação relativa. Vocês viram como esta figura coincide com a Srta. Smith, e é subjetivamente contaminada pelo seu temperamento, caráter, sua visão da vida etc.

No quarto estágio, acontece uma objetivação absoluta. Na parapsicologia, isso deve ser considerado literalmente. As figuras se descolam e agem autonomamente, como pessoas que existem fora de nós. Tais figuras têm sua própria vontade e intenções, e nos chocam como estranhas. No caso da Vidente de Prevorst, por exemplo, o sacerdote é uma entidade completamente objetiva, e existe por si mesmo, não contaminado pela psicologia da médium.

Aqui encontramos aqueles casos em que as pessoas estão preocupadas com as figuras que elas mantêm em segredo, apenas para subitamente – e inexplicavelmente – cometerem suicídio.

No quinto estágio, a realidade de ser uma pessoa deixa de existir; é o estágio da realidade absoluta, ou do êxtase absoluto. A pessoa se transformou em algo completamente diferente, se absorveu completamente numa certa existência absoluta. A saída da realidade é precisamente o que os místicos descrevem.

Palestra 14

9 de fevereiro de 1934

Hoje eu gostaria de voltar ao diagrama introduzido da última vez para continuar elucidando as figuras do inconsciente. Ele consiste de dez esferas de consciência; as cinco do lado direito pertencem à consciência da realidade externa, as cinco do lado direito, à consciência da realidade interna. Todo mundo é consciente em algumas destas esferas.

Vimos que, na seção III do lado esquerdo, a figura de Léopold mostra aspectos da Srta. Smith, e que é colorida pela subjetividade da médium. Agora, na seção IV do lado esquerdo, encontramos figuras que estão completamente dissociadas, e que são tão autônomas e independentes do sujeito quanto uma outra pessoa, ou seja, alguém que não é sujeito à minha vontade, que me é basicamente um estranho e mantém suas próprias visões. Assim, algo novo e estranho entra em cena aqui.

A princípio, encontramos uma intensificação de alguma coisa que já presente na seção III. No centro, na vizinhança do sujeito, as pessoas estão em larga escala identificadas com seu corpo, e encontramos sentimentos que se ligam ao corpo. Quando os complexos começam a interferir, e distúrbios psicológicos aparecem, esta ligação com o corpo, de certa forma, começa a enfraquecer, e o corpo é negligenciado e esquecido, devido a complicações psicológicas. Aqui as pessoas tendem a se interessar mais pelos aspectos psicológicos dos seus conflitos e, em certos casos, negligenciam a realidade do corpo. Uma paciente minha estava tão preocupada com seus problemas psicológicos que uma vez se sentou em um banco perto de um lago para remoê-los, embora o termômetro mostrasse -6°C. Ela se sentou ali por duas horas, e ficou surpresa por ter de pagar por sua loucura com uma severa gripe, inflamação na bexiga etc. Outra paciente, que tinha estado em análise por muito tempo, chegou certo dia completamente desnorteada. Eu perguntei qual era o problema. Ela então falou de mil e uma coisas até que tive a ideia de lhe perguntar: "Agora me diga, você almoçou?" "Não, eu esqueci!" A fome e a fadiga, particularmente quando não notadas, se vingam, confundindo a mente.

Conforme passamos pelas sessões, o corpo se torna cada vez menos importante. Na seção IV, a realidade do corpo, sua massa, gravidade e inegável existência já foram transferidas para o objeto. Aqui vocês podem ver, como no caso da Vidente, como as figuras que a preocupam assumiram uma realidade concreta. E, finalmente, na seção V, a identidade com o corpo e a realidade de ser uma pessoa deixam de existir completamente. Êxtase significa sair de si mesmo, então estamos fora, não mais no nosso corpo, mas nos transformamos em alguma coisa completamente diferente. Este é o âmbito das experiências místicas, cuja realidade evidentemente não se pode colocar em dúvida, pois as pessoas de fato são tomadas por tais coisas e descrevem suas experiências.

Na primeira esfera, há apenas um objeto da consciência: o eu e o corpo são idênticos, nada mais existe. Na seção II, já há vários objetos, isto é, objetos internos. Estes são complexos que se tornaram elementos físicos objetivos e conscientes. Na terceira esfera, os complexos se personificaram, e a autonomia é cada vez mais pronunciada. O complexo é um animal muito indócil, bastante independente do nosso eu. Os complexos são seres autônomos e desobedientes[345]. Todo mundo que já teve um complexo sabe: algo

---

345. Esse é um ponto que Jung enfatizou repetidamente. Embora não tenha cunhado o termo "complexo", alcançou fama precoce com sua teoria dos "complexos de ideias com tonalidade afetiva" [*gefühlsbetonte Vorstellungskomplexe*] (1906, § 733; cf. 1913 [1911]), ou "complexos emocionalmente carregados" (SHAMDASANI. In: JUNG, 2012 [1912], p. viii), baseada em seus experimentos de associação.

vem à mente embora você não queira pensar nisso, ou, à noite, quando você quer dormir não consegue, porque o complexo está sentado bem ao seu lado. Ou você quer ser particularmente amigável com certas pessoas, e mesmo assim fracassa, por mais que tente, porque o complexo fica colocando palavras na sua boca, as quais você não gostaria de pronunciar. Parte da realidade absoluta se desviou para o complexo psíquico, que se comporta com quase a mesma realidade que um cão desobediente ou uma mosca que fica importunando – ou como Léopold faz com a Srta. Smith.

Na quarta seção, os objetos ficam ainda mais acentuados, mas aqui já se tornaram tão autônomos e tão estranhos que podem nos subjugar inteiramente. Todos estes objetos internos têm a tendência de tirar o eu da sua confortável concha. Aqui, encontramos aqueles casos de "possessão" que são altamente comuns entre os primitivos, e aos quais retornaremos com mais detalhes em uma palestra posterior. Os complexos forçam as pessoas a fazer coisas que não conseguem explicar. Um caso que vocês todos conhecem aconteceu com o Apóstolo Paulo, qual seja, ele era repetidamente possuído pelo anjo de satanás que lhe causava tremendas blasfêmias[346]. Os complexos se convertem em objetos que possuem o indivíduo. Isso também acontece à luz do dia – nenhum transe é necessário para que ocorra.

Tais objetos ou figuras são chamados de arquétipos, ou seja, tipos ou imagens primordiais[347]. Pois ficou patente que estes objetos absolutos sempre coincidem com certos tipos da psicologia primi-

---

346. "Já que essas revelações eram extraordinárias, para eu não me encher de soberba, foi-me dado um aguilhão na carne – um anjo de satanás para me espancar – a fim de que eu não me encha de soberba" (2Cor 12,7).

347. Talvez por razões de uma compreensibilidade mais fácil, Jung está aqui negligenciando sua própria distinção entre arquétipos *stricto sensu* e *imagens* ou *ideias* arquetípicas: "Devemos, em nome da precisão, distinguir entre 'arquétipo' e 'ideias arquetípicas'. O arquétipo como tal é um modelo hipotético e irrepresentável, algo como o 'padrão de comportamento' na biologia" (1934b, § 6, nota 8; cf. *Types*, § 513).

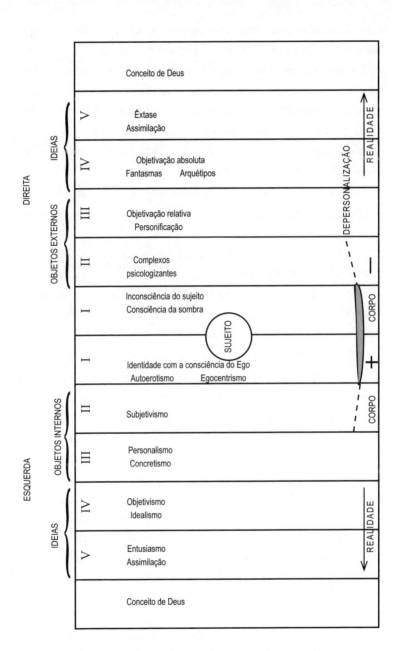

tiva. O homem tem experimentado estas imagens desde tempos imemoriais. Desta perspectiva, Léopold é também uma imagem primordial; apenas está revestido na forma de uma personalidade histórica. Apenas na medida em que aparece em veste histórica, e, portanto, conectado subjetivamente a Hélène, ele obviamente não é mais primordial. Mas o fato de tal figura aparecer é arquetípico e vocês encontrarão este fenômeno repetidamente ao longo da história da humanidade pelo mundo.

Tais arquétipos podem aparecer em grande variedade de maneiras. Por exemplo, podem ser equivalentes a ideias. As ideias podem se apossar de nós como se fossem fantasmas. "Que bicho o mordeu?", dizemos, ou, "Estou agindo neste ou naquele espírito", ou seja, com uma atitude particular que é formulada através de uma ideia. Assim, uma ideia também pode ser um arquétipo. Neste estágio, não se trata mais de ideias filosóficas ou religiosas, mas de tipos primordiais.

Por exemplo, negros primitivos na área do Congo não possuem suas ideias do mesmo modo que nós. Não têm a noção de obediência ou de liberdade, por exemplo, mas para eles estas são propriedades de objetos. Como em qualquer outro lugar, há colinas, rios e florestas nessa região. Mas há certos rios que, simultaneamente, significam uma ideia e a representam. Um certo rio, por exemplo, é sinônimo da liberdade. Vocês também podem encontrar isso muito mais perto de casa. Apenas imaginem que estão assistindo a um *eidgenössisches Schützenfest* [festival suíço de atiradores esportivos][348], ouvindo o porta-voz oficial discursando: "Os Alpes, o *Jungfrau* [em alemão, 'donzela', é uma montanha ao sul do cantão de Berna e que faz parte dos cumes alpinos (N.T.)], esta

---

348. Os *Schützen* (literalmente, artilheiros) são a antiga guarda da cidade, remontando aos tempos medievais; seus festivais anuais continuaram até os dias de hoje na forma de uma tradição patriótica regional na Suíça e em partes da Alemanha. Recrutas suíços conservam suas armas pessoais de serviço após o treinamento básico.

montanha magnífica, a cruz branca em um fundo vermelho"[349] etc., e essas referências são exatamente tais identidades, significando isso e aquilo. Alguém apresenta uma vista panorâmica dos Alpes, por exemplo, e isso então denota a "liberdade política", ou a "pátria", ou a "democracia".

As coisas são semelhantes entre os nativos, apenas muito mais claras. Há uma colina, por exemplo, que significa a "lealdade para com o rei", e certas plantas ou animais também são referidas a ela. Certa vez, um rei tinha de fazer um discurso sobre sua ascensão ao cargo, e ele tinha de expressar sua alegria porque seus chefes lhe deviam obediência, que ele não lhes desrespeitaria os direitos, e assim por diante. Mas ele expressou isso simplesmente enumerando os nomes dos rios, colinas, florestas etc.; e todo mundo sabia o que ele queria dizer. Ela tinha expresso a ideia. As ideias são, portanto, sempre um *sous-entendu*[350] dos objetos em questão.

Isso é obviamente bem irritante para missionários. Um missionário tentou traduzir o hino "Jesus, meu Redentor" para a língua nativa. Infelizmente, ele não reparou que o acento tônico cai na penúltima sílaba. Os nativos amam cantar esse hino. Um dia, o bispo visitou a área. Ele era fluente na língua nativa, e descobriu que, na verdade, eles estavam cantando "Jesus, nosso Gafanhoto". Isso fazia total sentido, pois, para eles, a ideia era muito melhor ilustrada, assim, do que por "Jesus, nosso Redentor"[351].

---

349. Referindo-se, é claro, à bandeira nacional suíça.

350. Francês: insinuação, implicação.

351. Jung deu uma versão ligeiramente diferente disso em uma sessão de perguntas e respostas no Congresso Médico Internacional de Psicoterapia em Oxford, em 1938: "Por anos, eles [uma tribo primitiva] cantaram um hino no qual há uma palavra que significa 'esperança' ou 'confiança'. Um missionário que ouviu aquele hino não conhecia adequadamente o acento daquela palavra: se você coloca o acento na última sílaba, ela significa esperança, e se o coloca na primeira, significa gafanhoto. Portanto, eles cantavam 'Jesus, nosso gafanhoto' e estava tudo bem, porque o gafanhoto é uma figura religiosa na África" (*Jung Speaking*, p. 112-113).

Portanto, os arquétipos eram originalmente objetos ou atividades. Ainda podemos encontrar evidências disso em nossa língua. Quando dizemos *einen Kranken behandeln* [tratar um paciente][352], isso significa que eu peço que meu paciente se deite para que eu o "trate" com as minhas mãos. O *traitement* francês e o *treatment* inglês significam "puxar" ou "arrastar", em outras palavras, extrair a doença ou o mau espírito que a causou. Nesse contexto, permitam-me mencionar um velho costume interessante na Inglaterra: Há uma laje com um buraco no centro, pelo qual eu quase podia passar. Pilares de pedra ficam à sua direita e à sua esquerda, simbolizando o começo e o fim[353]. Pode-se rastejar pelo buraco na pedra em uma certa direção. Até hoje, crianças doentes são puxadas por este buraco com finalidades de cura. O homem "renasce", por assim dizer, porque "não se saiu bem" originalmente. Então ele é vestido em uma nova camisa e novas roupas, e possivelmente recebe um bom nome, de modo que a doença não mais o conheça. Daí a palavra "treatment", do latim *trahere*, "puxar." Em última instância, essas coisas se baseiam em fatos primordiais, eventos primordiais e ações primordiais.

Voltando ao meu diagrama, o centro atua como um magneto. Quem se aproxima dele é atraído e tomado. As pessoas que aparentemente são totalmente concentradas de um modo abstrato se veem, de uma hora para outra, chamadas de volta ao corpo, por uma ligeira dor. Em um grau ainda maior isso ocorre na doença. Quando as pessoas ficam doentes por um longo tempo pode-se ver claramente o quão completamente o interesse delas se tornou focalizado em si mesmas.

Encontramos um ponto semelhante de atração na seção V, mas que funciona na direção oposta. Aqui há um magneto que tira as

---

352. Jung se refere à raiz etimológica da palavra *be-handeln* = pegar algo com as mãos, "manejar" algo.

353. Trata-se do monumento Mên-an-Tol, perto de Madron, no oeste da Cornualha (o nome significa "pedra com um buraco" na Cornualha). Há várias teorias sobre a idade e o arranjo e propósito originais das pedras.

pessoas de si mesmas, induzindo assim os fenômenos de êxtase. Aqui encontramos "o totalmente outro", o *totaliter aliter*, em latim [alusão ao conceito de "sagrado" de Rudolf Otto (N.T.)]. Já nas seções II e III, temos algum pressentimento de algo "outro". Se alguém descobre algo sobre si mesmo, por exemplo, que ele é um malandro, o que evidentemente pode acontecer aos melhores dentre nós, dizemos: mas isso não pode ser, não é possível. Mas obtemos um primeiro indício tênue de algo muito bizarro em nós mesmos, algo muito diferente do retrato que tínhamos feito de nós mesmos. Naturalmente, tentamos nos desviar de uma ideia tão desagradável, mas o pressentimento estava em ação, e somos forçados a ver que, por mais inacreditável que isso possa parecer, a pessoa de menor reputação é também eu mesmo. Na seção V este trabalho está completo, e então aparece algo totalmente diferente e sobre-humano. Quando este "outro" começa a nos arrastar para si, nos esquecemos de nós mesmos, levando a um estado de personalização, que é sentido como sendo o "totalmente outro", o *totaliter aliter*. Esta é a esfera do êxtase e da experiência mística, na qual o homem é dissolvido em um *self* absoluto. As experiências contadas pelos místicos descrevem precisamente esta saída da realidade.

Vamos agora ao lado direito. Este é o lado da consciência, da plena luz do dia, do familiar e do conhecido. É a consciência do eu empírico e imanente, que geralmente está identificado com o corpo. Na primeira esfera do lado direito encontramos primeiramente a certeza do eu corpóreo. Geralmente, é como se o corpo não pudesse ser consciente de si mesmo, como se não possuísse nenhuma consciência do eu. A consciência do lado negativo também existe. Os primitivos, por exemplo, tendo uma faixa muito limitada de consciência, são naturalmente tão cientes de seu lado negativo quanto o somos da nossa consciência. Eles consideram autoevidente que uma pessoa pode por vezes se comportar de um modo e, em outras vezes, de modo totalmente diferente, ou seja, oscular entre os lados direito e esquerdo da esfera I. Eles não têm nenhum conhecimento de como estavam um instante atrás; imediatamente esquecem e não têm a menor ideia de como estarão no momento seguinte. Há pessoas assim entre nós também, isto é, pessoas que primeiro dão um chute na barriga de vocês e depois ficam espantados por vocês reagirem: "Ei, que houve, não foi por mal, qual o problema?"

Na segunda esfera, passamos para a área de objetos. O objeto externo já fica ativo aqui. Contudo, ainda é visto conforme o próprio ponto de vista da pessoa; ela é incapaz de ver o objeto como ele realmente é. Este é o estágio do subjetivismo. O subjetivismo psicológico é um tipo de "autoerotismo"[354], um tipo de egocentrismo. Surgem conflitos, uma vez que há um choque com a realidade. Não se veem os objetos e pessoas como são, e não dá a palavra ao "outro". Se vejo meus companheiros humanos de um ponto de vista subjetivo, sempre os vejo pelo véu da minha consciência. Muitas pessoas afundam nisso, porque simplesmente não conseguem escapar desta esfera.

A terceira esfera é a do personalismo, em que o fator objetivo se torna manifesto, e percebemos que as outras pessoas têm um valor próprio. O véu do subjetivismo é levantado, e nós descobrimos que os outros não são o que pensávamos que fossem. Nossas *"bêtes noires"* e nossos estimados heróis se tornam pessoas muito ordinárias. O personalismo é um estágio no qual percebo que as outras pessoas são diferentes de uma maneira válida; pois não mais pressupomos que é errado para elas serem diferentes de nós. Quando alguém percebe que não deve nunca contrariar seu superior, precisamente porque é seu superior, que em caso contrário o demitirá, já descobriu o personalismo. Mas já nesta seção, quando as outras pessoas se tornam reais para nós, uma certa dúvida está

---

354. Um termo popularizado pelo sexologista britânico Havelock Ellis (1859-1939) e também adotado por Freud. Na psicanálise, refere-se "seja à atividade prazerosa em que o eu é usado como um objeto [...] ou a uma atitude, orientação ou estágio de desenvolvimento libidinal" (RYCROFT, p. 1968, 10).

começando a se formar com relação à realidade absoluta da pura concreticidade, e estamos começando a deixá-la para trás conforme lentamente nos movemos para outro tipo de realidade.

Na quarta esfera, o objetivismo, superamos o nível do personalismo banal. Na terceira esfera, tínhamos lidado com várias pessoas que eram reconhecidamente diferentes de nós; por exemplo, mais poderosas, mais inteligentes, mais estúpidas ou mais fracas etc., mas elas apareciam-nos como indivíduos singulares e não relacionados. Naquele mundo existia um Sr. X, um Sr. Y etc., e a sociedade era formada apenas com a presença de companheiros. A sociedade era simplesmente uma reunião de parentes, de conhecidos ou de estranhos. Você jogava boliche, assistia a funerais e a casamentos e assim por diante, uma vez que havia pessoas que você simplesmente "tinha de" encontrar lá.

Aqui, porém, esta perspectiva pessoal desaparece e é substituída pelo idealismo impessoal. O que se torna importante não são mais os clubes e sociedades, compostos por tais ou quais membros, mas sim as ideias que criaram essas associações. A "pátria" deixou de consistir de indivíduos, e se tornou, ao invés disso, uma ideia. Um partido político não é mais uma questão pessoal. Ao invés disso, ele assume as qualidades de uma obrigação superior, de um imperativo; é um dever fazer parte, um dever, isto é, tanto no sentido mais sublime quanto no mais ridículo. Aqui os ideais mais sublimes podem ser vestidos assim como se veste casaco, daí o significado efetivo ser distorcido. No sentido mais nobre, as virtudes superiores prevalecem nesta esfera; mas ao mesmo tempo também encontramos os maiores vícios aqui. Sobretudo, a *diabolica fraus*[355] pode distorcer tudo. Não devemos nunca perder de vista o fato de que todas essas ideias humanas gerais podem ser abusadas – pois não há nada no céu ou na terra de que o animal humano não abusará, porém ideias reais de fato existem nesta esfera, e são essas

---

355. Latim, uma trapaça diabólica.

ideias que dão origem ao Estado, à sociedade, à Igreja, à religião etc. Aqui já tocamos em algo como uma ideia religiosa.

Na seção V do lado direito, assim como na seção V do outro lado, o "totalmente outro" começa a fazer efeito, puxando as pessoas para fora de si mesmas e de sua esfera pessoal, e acarretando um estado de despersonalização. Na verdade, está além da minha competência falar sobre isso. Estes polos estão realmente além do entendimento humano. Um místico ou um poeta ocasionalmente os alcançam, e falam para nós a partir desse estado de êxtase, mas qualquer experiência parcial deles em nossas próprias vidas nos é tão estranha que podemos começar a duvidar da nossa sanidade mental. Esses estados não podem, porém, ser ignorados, e é absurdo descartá-los como sendo "nada mais do que" isso ou aquilo, ou dizer: "Bem, ele só quis fazer um teatro". Quando alguém paga com a própria vida por suas convicções políticas, isso não pode ser minimizado como "nada mais do quê". Essas coisas simplesmente acontecem, mas por que é assim eu não sou capaz de explicar, assim como não consigo explicar a existência de elefantes. Eles existem, ponto-final. É simplesmente um fato que as pessoas são arrancadas de si mesmas por um poder que não compreendemos. Devemos reconhecer no ser humano vivo o crédito de ser um fenômeno incrível.

Senhoras e senhores, este diagrama é o resultado de muita ponderação e comparação. É o fruto de encontros com pessoas de todos os quadrantes, de muitos países e continentes, e se refere não só ao presente, mas também ao passado. É um diagrama em que podemos pensar muito, e por muito tempo. Mostra-nos uma coisa muito claramente, isto é, que o eu humano está colocado, por assim dizer, entre dois polos. É como se fôssemos um núcleo de ferro situado entre dois polos magnéticos. Cada um deles puxa numa direção, e há sempre o perigo de que esta unidade que chamamos de o "eu" possa ser cortada e despedaçada. Se for cindido por um corte limitado, por assim dizer, segue-se uma dissociação psíquica ou histeria. Se for despedaçado, falamos em esquizofrenia.

Palestra 15

16 de fevereiro de 1934

Questões apresentadas

Recebi algumas questões sobre a posição do homem entre os dois polos[356]. Minha audiência está claramente interessada nas minhas próprias visões sobre o diagrama discutido da última vez. O diagrama ilustra uma escala de atitudes e de formas psicológicas básicas, que representam os fundamentos respectivos para as mudanças de consciência. Mas a questão da tensão polar, ou da oposição entre os dois polos, é muito difícil. Preferiria não lhes dizer o que penso destes polos, mas sim explicar como se chega, antes de mais nada, a tal raciocínio.

Obviamente, a consciência não pode se expandir infinitamente, mas por fim alcança um limite em que a psicologia humana e pessoal acaba, e algo completamente diferente começa, que não mais podemos entender. Se alguém se retira completamente da esfera humana, nossos meios de compreensão se esgotam. Não conseguem oferecer nenhuma explicação, e mesmo se pudessem,

---

356. P. ex.: "14 de fevereiro de 34. / Caro Doutor, / Como podemos explicar que a Vidente de Prevorst, que vivia tão completamente no lado esquerdo, parecesse ter tido uma conexão tão íntima com o polo do lado direito? Essa é uma ilusão, ou o polo esquerdo pode ser visto como o lado de baixo, por assim dizer, do lado direito, como em uma folha de papel? (Não sei o quão literalmente sua analogia física deve ser tomada.) Seria então possível alcançar um polo através do outro, ou isso só seria possível – falando psicologicamente – ao se passar pelo centro? / Com muitos agradecimentos, atenciosamente, / Rita Harrvey, / ávida ouvinte das horas das sextas-feiras" (Arquivos ETH).

não seríamos capazes de entendê-la. Em todo caso, seria impossível fazer quaisquer afirmações gerais a respeito. Ela poderia até enlouquecer, e nós seríamos igualmente incapazes de entender o que lhe aconteceu. Por esta razão, eu preferiria não comentar esses dois polos, a não ser afirmando que tais estados extremos de consciência existem. Eles são desfechos ou alvos da tensão polar. Simbolizam, por assim dizer, as realidades últimas que somos capazes de apreender, e são conceitos limítrofes negativos, como a coisa-em-si kantiana. São marcos erigidos onde alguém partiu da esfera humana. Também temos os testemunhos dos místicos e poetas, proclamados nos momentos mais elevados de entusiasmo, de miséria e desespero, e de êxtase.

***

Como este diagrama funciona na prática? Não se trata meramente de uma invenção especulativa, mas surgiu da experiência prática, e se tornou uma base necessária para o peneiramento e ordenação de um material empírico tremendamente complexo. O que me compeliu a divisar este diagrama foi minha experiência prática direta com pessoas e como elas pensam e sentem. Eu tinha percebido o quão incrivelmente diferentes são as pessoas, embora, de fora, todas pareçam semelhantes, como um grande rebanho. Cada paciente é uma nova experiência para mim, pois, em última instância, os seres humanos são todos inteiramente diferentes se os sondamos com profundidade. Naturalmente, essa diversidade leva a uma enorme variedade de concepções, intenções, convicções e assim por diante, e por isso é tão difícil alcançar um consenso.

Esse fato é particularmente patente na história das teorias psicológicas. Hoje, somos confrontados com enorme diversidade de opiniões. Temos, à nossa disposição, amplo leque de possibilidades para explicar um mesmo fato, a cada vez de um ponto de vista diferente. Embora esta diversidade mostre o quão vivas estão as ciências, também traz as maiores dificuldades para a clarificação do material empírico. Esta é uma das razões para o problema dos tipos psicológicos, por exemplo, ser tão difícil. Devemos constantemente debater as palavras que usamos. Considerem, por exemplo, o termo alemão bastante comum *Gefühl* [sentimento] – apenas imaginem o leque de significados potenciais! Ele abrange todo um labirinto de significados, todo mundo o entende de um jeito diferente, e mesmo autores clássicos o confundiram com "sensação". A maioria dos termos psicológicos têm significados bastante arbitrários, e dificilmente há qualquer consenso claro sobre algum deles. Basta para levar ao desespero saber que, quando uso a palavra *Gefühl*, por exemplo, todo mundo acha que o entende exatamente do mesmo modo que eu. Isso leva a um número considerável de armadilhas que matam quase toda discussão, como frequentemente se vê em congressos de psicólogos.

O reconhecimento desse fato é uma das razões para esta tentativa de clarificação. Permitam-nos ver como nossas experiências podem ser incorporadas neste diagrama.

	DIREITA					ESQUERDA			
V Entu- siasmo	IV Ideias objetivas	III Persona- lismo	II Subjeti- vismo	I	I Egocentricidade CORPO	II Com- plexos	III Objetos reais	IV Objetos absolutos	V Êxtase
Seherin X Gráfico I	Vidente de Prevorst								
Hélène Smith Gráfico II									
Sigmund Freud Gráfico III									
Rockefeller Gráfico IV									
Pessoa normal Gráfico V									
Nicolau de Flue Gráfico VI									
Goethe Gráfico VII									
Nietzsche Gráfico VIII	I				II				III

Vamos primeiro aplicar este esquema à "Vidente de Prevorst" (Esquerda V), e tentar determinar os limites da sua atitude consciente. Ela fica muito do lado esquerdo. A principal característica da sua experiência é, sem dúvida, que ela vive em uma realidade distinta da nossa, a saber, uma realidade composta inteiramente de objetos internos e absolutos, ou seja, os chamados fantasmas. Assim ela alcança seu ponto mais alto na Esquerda IV. Isso levanta a questão do que se passa na quinta categoria; em outras palavras, em que medida a sua fantasia é influenciada por algo que está realmente além do alcance humano? Isso se refere a um único ponto: seu relato da esfera do sol. Eu teria de levá-los para tão longe quanto a Índia, a China ou o Tibet para provar que as experiências dela ainda estão dentro do alcance humano e que essas coisas de fato existem. Se posso demonstrar a um louco que suas ideias não vão além da esfera da mente humana, ele ainda se sentirá parte da sociedade humana, e ainda há esperança. Enquanto você puder se fazer entender para uma única pessoa, ainda não está louco. E mesmo se não conseguisse encontrar essa pessoa, poderia procurar certos velhos livros, e talvez ali descobrisse algo que lhe soasse familiar. Só quando você não puder mais se fazer compreender é que estará louco e excluído. Faço todos os esforços, portanto, ao lidar com tais casos, para manter aberta a ponte da compreensão. Se consigo, por assim dizer, acenar a uma experiência estranha como faria a uma pessoa conhecida, o paciente se relacionará com a realidade e se sentirá tranquilizado. Se eu dissesse, contudo, "Não, nunca se ouviu falar disso, isso não existe a não ser na sua imaginação", então tudo estaria acabado para o paciente, e a última ponte para o relacionamento humano estaria rompida. O paciente estaria isolado na sua experiência, e a única porta ainda aberta levaria à loucura.

Não encontramos a Vidente em V, a esfera do êxtase e da fusão final com o que não mais é humano. Para ela, só existe um símbolo disso, a esfera do sol. Ela era capaz de fazer uma boa descrição dela para seu médico, Kerner, que estava realmente interessado, e desse modo relacionou sua experiência com o mundo. Ela própria não fica na Esquerda V, só o símbolo está lá, e o livro deixa evidente que este símbolo não era muito expressivo, e tinha um efeito menos profundo nela do que suas experiências na quarta categoria. Por isso a linha cai em V.

Mas o quão longe ela vai no lado direito? Ela é muito focada no seu corpo, e propensa a um sofrimento constante; tudo deve girar em torno dela, e tudo o que ela faz é pensar na sua condição. Sua consciência, porém, se estende muito pouco para o mundo da realidade, e seu relacionamento com as pessoas – por exemplo, com seu filho – é singularmente subjetivo, bastante instável, e largamente dependente dos seus humores. Assim, ela fala a seu filho como se a uma categoria subjetiva, e também vê seu amado Kerner da perspectiva do lado esquerdo.

Estas considerações não seriam mais do que um jogo ocioso, não fosse o fato de que podemos extrair do diagrama certas conclusões práticas. Não podemos senão julgar com base no nosso estado de consciência. Qualquer outra pessoa, exatamente na mesma posição no gráfico que a Vidente, pensará e reagirá da mesma maneira, em grande medida. Ela nunca encontrará a realidade absoluta do lado direito, mas sim em seu mundo de espíritos. Terá pouco interesse no mundo da consciência. Transmitirá julgamentos inteiramente subjetivos às coisas exteriores, relacionará tudo à sua personalidade subjetiva, e não se preocupará mais com o mundo exterior, mesmo que ele esteja em chamas.

A curva também mostra que a ênfase passou para a esquerda. Se esta situação se mantiver estável, então permanecerá desse modo; se, porém, mudar, como em um processo desenvolvimental, então a atitude consciente passará ainda mais para o lado esquerdo. Esse caso exibe um traço particular, porém: eu conectei as categorias simplesmente desenhando uma linha reta. Isso significaria que uma percepção consciente da sua personalidade existe em todas aquelas categorias. Contudo, isso não corresponde aos fatos, pois não há nenhuma consciência contínua, nem, por exemplo, nenhuma personificação forte. Antes, o que ocorre é um eclipse da consciência, um vácuo psicológico, seguido por um estado sonambulístico. A linha assim cai na Esquerda II, e só se levanta de novo, abruptamente, na Esquerda IV. Isso sempre indica uma cisão da consciência e mostra que ela é um caso anormal.

Vamos agora dar uma olhada no caso de Hélène Smith. Aqui, as coisas são consideravelmente diferentes. Sua figura de Léopold/Balsamo/Cagliostro se situa no lado direito e é colorida de muita subjetividade, assim representando uma objetivação relativa. Há um momento psicológico por trás desta figura, qual seja, um *animus*, que está intimamente conectado com seu médico e observador, o Professor Flournoy. Eles até se envolveram em um flerte secreto, embora naturalmente sob o manto protetor de símbolos secretos. Assim que sabemos disso, percebemos que deve haver uma ênfase marcada no lado direito, e que não podemos explicar esses casos em termos do lado esquerdo. Devemos admitir a realidade das suas experiências. Se tentássemos lhe explicar que isso não é "nada mais do que" seus complexos subjetivos, falharíamos e cometeríamos um erro profissional.

Como sabemos, Hélène Smith era bem-adaptada à vida, eficiente no seu trabalho, uma valiosa assistente de vendas em uma loja de departamentos, bem sociável etc. Fora muito bem-sucedida em conseguir interessar um norte-americano, que a presenteou com dólares o bastante para lhe garantir uma velhice confortável; assim podemos concluir que ela era esperta em questões mundanas.

Também vimos que os fantasmas dela nada tinham em comum com aqueles vistos pela "Vidente de Prevorst". Os dela eram todos de caráter relativo e muito subjetivo; são objetivações relativas de complexos. Evidentemente, isso tem de ser explicado a partir do lado direito. Ela não produzia mandalas nem outras manifestações desse tipo. Com ela, as coisas eram apenas relativamente genuínas, embora quisesse fazê-las parecer genuínas. Elas eram manipuladas com tremenda sutileza, mas não ocorreram realmente. Enquanto que a Vidente nos dá um retrato objetivo do lado esquerdo, a informação de Hélène só é válida relativamente; ela na verdade fala do lado direito, sob o disfarce do esquerdo.

Ela gostava dos seus espíritos, eles lhe renderam fama, mas permaneceram muito subjetivos. Ela teria ficado muito perturbada se eles se tornassem objetivos e autônomos demais. No caso dela, o eclipse da consciência começa imediatamente atrás do I e recobre a maior parte do I e II do lado esquerdo. Ela não tinha nenhum conhecimento de quais complexos estão por trás do seu amado Léopold, nem está minimamente aberta a críticas, e assim permanece inconsciente da sombra. Se lhe mostrássemos todas as coisas escondidas na objetivação de seu Léopold, ela ficaria furiosa conosco! De acordo com a regra que estabelecemos, se nenhuma condição estável subsiste, a consciência tende a passar para o lado direito, isto é, para os ideais objetivos. Esta passagem, no caso dela, porém, é inibida pelo estímulo de conteúdos inconscientes, que naturalmente buscam o outro lado.

As duas mulheres também oferecerão histórias muito diferentes. A Vidente falará ao mundo sobre seus fantasmas. Já Hélène Smith falará, por trás de sua máscara, de realidades muito tangíveis. Se for sincera, terá muito a dizer sobre seus conhecidos, e sobre seu Professor Flournoy; ela gosta de ser famosa, e se orgulha das recepções dadas a sua eminência em tal ou qual castelo etc.

Não apenas pessoas, mas também teorias podem ser vistas com a ajuda deste diagrama, inclusive a teoria de Freud, que nos leva ao nosso terceiro caso. O ponto superior de Freud está na esfera dos ideais objetivos, ou seja, na Direita IV. De fato, sua ideia é a única verdadeira. Quando atingimos a esfera de uma verdade assim absoluta, contudo, abandonamos a esfera humana, e entramos nos domínios dos deuses. Se uma ideia vem a possuir alguém tão poderosamente, esse alguém já não mais possui a ideia, mas é possuído por ela, então alcançou a Direita V, o nível do entusiasmo.

Freud é o psicólogo dos complexos, portanto sua curva é relativamente alta na Esquerda II. Se fosse ainda mais alta, isso já seria neurótico, e teríamos de concluir que seu pensamento provém apenas dos seus complexos. Mas nos refrearemos de presumir tanto, somos educados demais para isso. Já que não temos conhecimento disso, devemos presumir que sua linha é ininterrupta. Freud é agudamente ciente do lado negativo do inconsciente. É o psicólogo do lado escuro, e revelou suas descobertas nesta esfera para uma Europa atônita e chocada.

O personalismo ocupa uma forte posição no seu pensamento. Ele foi realmente o primeiro a descobrir que os histéricos são de fato seres humanos, e não apenas doenças. Ensinou aos médicos que os neuróticos são indivíduos, não meramente "casos". Temos de abordar os pacientes como um ser subjetivo. Pesquisadores como Freud devem poder ser subjetivos; caso contrário, nunca conseguirão induzir uma outra pessoa a se abrir. Você só pode induzir o paciente a declarar seu ponto de vista quando pode lhe dizer o que você próprio pensa dele.

Esse é um gráfico no qual a curva da consciência é ininterrupta; ela vai continuamente para o lado direito, passando pelo centro, mas a luz termina na Esquerda II. Isso explica toda a sua atitude. Ele então explicará tudo o que há do lado esquerdo em termos do direito, e manejará tudo o que há no lado esquerdo para além da esfera dos complexos, ou seja, de III a V, negativamente, por razões supostamente científicas. O fenômeno religioso o eludirá inteiramente, e toda a sua ideia de religião será distorcida pelo personalismo e subjetivismo. Seu livro *O futuro de uma ilusão* (1927) ilustra o quão pouco Freud, apesar do seu gênio, compreendeu o fenômeno da religião. Então, quando uma pessoa lhe conta que um sonho transmitiu uma mensagem ou trouxe uma visão para ela, ou quando ele lê sobre as experiências de místicos e artistas, inevitavelmente dirá: "Bem, isso não é nada mais do que um complexo!" Não lhe atribuirá nenhuma realidade. IV e V do lado esquerdo não existem para ele. Deus é apenas um complexo.

Vamos concluir com o caso do velho Rockefeller[357]. Aqui temos uma curva muito simplificada, com uma consciência extremamente estreita, alcançando seu ponto mais alto em I. Eu certa vez tive a oportunidade de falar com ele, e pude dar uma olhada em profundidade em sua personalidade, que de fato é muito complicada. Rockefeller é realmente apenas uma montanha de ouro, e vocês poderiam se indagar se eu lhe perguntei como ele conseguia acumular tantas riquezas. Mas não sou mais curioso sobre isso, pois vi que este ouro é comprado a um preço muito alto. O pobre velho cavalheiro é terrivelmente hipocondríaco, e exclusivamente interessado em sua saúde. Ele se inquieta todos os dias com seu bem-estar físico, pensando em diferentes remédios, se deveria ir a termas e, se sim, a qual delas, pensando em experimentar diferentes dietas – ou também médicos! Claramente, ele tinha uma má consciência. Sua secretária me contou que ele sempre levava uns trocados nos bolsos para poder dar gorjetas aos garotos que pegavam as bolas nos cursos de golfe, ou, aliás, a qualquer criança que encontrasse, de modo a parecer gentil. Porque ele é terrivelmente solitário.

Lamento dizer-lhes que este caro velho cavalheiro não vai além da esfera II da direita, e nunca chegou além de uma atitude subjetiva. O seguinte diálogo pode servir para ilustrar isso. Eu fui um ouvinte atencioso, apesar do seu lento discurso e das suas longas pausas artísticas.

Rockefeller: Certo, então o senhor é um europeu. Eu amo os europeus, mas há algumas pessoas muito más entre eles.

Jung: Sim, as pessoas são muito como em outros lugares, boas e más.

---

357. John D. Rockefeller sênior (1839-1937), industrial e filantropo norte-americano; fundador da Standard Oil Company, que dominou a indústria do petróleo e foi o primeiro grande truste empresarial dos Estados Unidos. Sua filha Edith, e seu igualmente rico marido Harold McCormick, foram pacientes de Jung, bem como patrocinadores fundamentais dele e do movimento junguiano. Jung conheceu Rockefeller em 1912, quando teve conversas com a filha dele sobre uma possível análise em Zurique.

R.: Os austríacos são pessoas muito más.

J.: Não, realmente, nunca soube disso.

(Ele me olha piedosamente.)

R.: Bem, o senhor não sabe tudo, doutor, mas espero que perceba que sou um idealista. Por muitos anos tenho lutado para fazer algo grande pela humanidade, e para estabelecer um preço padrão de petróleo para o mundo inteiro. Todos os países concordaram, a não ser a Áustria, cujo governo acabou de assinar um acordo à parte com a Romênia. Os austríacos devem ser pessoas muito más![358]

---

358. "De 1910 a 1912, [...] a Standard Oil Trust e [...] a Áustria-Hungria se envolveram em uma disputa amarga e demorada, que o principal jornal da Áustria apelidou de uma 'Guerra do Petróleo'" (FRANK, 2009, p. 16-17; cf. *Neue Freie Presse*, 24 de setembro de 1910). A Áustria-Hungria era então o terceiro maior país produtor de petróleo do mundo, depois dos Estados Unidos e da Rússia. O relato sobre Rockefeller e os austríacos também pode ser encontrado no seminário de Jung sobre o *Zaratustra* de Nietzsche (seminário de 26 de junho de 1935; 1988, p. 583).

Palestra 16

23 de fevereiro de 1934

O diagrama discutido da última vez suscitou tantas questões que decidi ilustrar como ele funciona, com mais exemplos.

Vamos dar uma olhada na curva média da pessoa "normal". Vocês ficariam envergonhados de serem uma pessoa normal! Schopenhauer defende que seu egoísmo é tão grande que ele até mesmo mataria seu irmão para engraxar suas botas com a gordura dele[359]. Portanto, a pessoa normal é primeiramente muito egoísta e obstinada e, em segundo lugar, primitiva. É um fato que os homens das cavernas ainda estão entre nós; vocês o encontrarão no bonde! Assim também, os homens do neolítico e dos habitantes de sítios palafíticos pré-históricos. Hoje, poderíamos chamá-los de imbecis, e assim por diante. Pelo menos 70, senão 80% da população ainda pertencem à Idade Média, de modo que, de fato, muito poucas pessoas estão verdadeiramente ajustadas ao ano de 1934. E desses poucos, a maioria esqueceu o que está por trás deles: ou seja, esqueceram a própria sombra, que carregam vida afora por trás de suas *personae* ou papéis bem-ajustados. Assim, o ponto

---

359. Tentando encontrar uma "hipérbole muito enfática" para a magnitude do egoísmo humano, Schopenhauer se saiu com esta: "Muitos homens seriam capazes de matar outrem simplesmente para engraxar suas botas com a gordura da vítima" [*mancher Mensch wäre im Stande, einen andern todtzuschlagen, bloss um mit dessen Fette sich die Stiefel zu schmieren*]; não sem acrescentar, contudo: "Eu só fico em dúvida se, afinal de contas, isso é uma hipérbole" [*Aber dabei blieb mir doch der Skrupel, ob es auch wirklich eine Hyperbel sei*] (1840 [1903], p. 154; 1840 [1977], p. 238).

mais alto da curva reside em I. O homem normal vive ali com seu corpo, que é um animal.

Podemos também presumir que a Direita II, ou seja, o subjetivismo, tem uma alta posição, pois a pessoa média é extremamente subjetiva.

Na Direita III, personalismo, encontramos submissão e obediência a uma autoridade, talvez ao *Führer*[360]. Aqui a curva cai de algum modo, mas em tempos recentes uma intensificação parece ter ocorrido.

Na Direita IV, o campo das ideias objetivas, a curva cai, e a consciência desaparece quase completamente; é de fato difícil ser objetivo. As ideias pressupõem uma independência da mente e uma autodisciplina, algo que só poucas pessoas possuem.

A Direita V é de fato muito fraca.

Do lado esquerdo, na Seção I, encontramos uma ideia tênue das coisas escuras, mas não muita, e deixa de se estender, e nada mais acontece.

Essa curva mostra simplesmente o perfil da pessoa comum, mas não nos diz nada sobre o tipo. O campo do extrovertido fica mais à direita, e o do introvertido, mais à esquerda. Este último é mais consciente da sua sombra, e de acordo com isso se sente de algum modo inferior. Ele não consegue ir diretamente ao encontro da realidade, mas, antes, tem de refletir sobre ela. Por esse mecanismo ele evita muitas armadilhas, mas também perde um enorme número de oportunidades. O extrovertido, pelo contrário, erra pela total ignorância da sua sombra, e sofre profundas dificuldades quando levado a descobrir seu mundo interior.

---

360. Registrou-se que Jung falou *do* "Führer", não de *um* Führer (= líder). Hitler havia sido designado chanceler no ano anterior (30 de janeiro de 1933).

A curva da pessoa normal muda, porém, como as épocas, pois a consciência coletiva pode se mover para a direita. Com a ascensão de certos movimentos religiosos, quando a consciência geral aumenta, a curva pode atingir a Direita V. Para citar um exemplo histórico, remeto à onda de êxtase que tomou o mundo antigo com a ascensão do Islã. O grito fanático de "il Allah" é um clamor extático, que arranca o homem de sua condição instintiva e animalesca. Em épocas mais introvertidas, a consciência se desloca mais para a esquerda, como ilustrado, por exemplo, por um interesse na psicologia. Tal interesse mostra que as pessoas começaram a se sentir perturbadas nesta direção (Esquerda III) e, portanto, querem saber mais sobre isso.

Vamos agora para a curva de um homem medieval, Nicolau de Flue ou Irmão Klaus[361]. Sua curva começa muito alta na Direita V. Em contraste com o homem moderno, a vida desse místico gira em torno da religião, que para ele era uma realidade poderosa. Ele era governado por uma experiência central, por um poder espiritual. Para ele, esse é um motivo consciente, não uma ilusão, mas simplesmente um fato. Quando trato alguém assim, devo aceitar como a pessoa é, e não como acredito que deveria ser. Se ele fosse egoístico, então certamente suprimiria seu egoísmo. Se eu tentasse lhe explicar que ele pertencia à esfera I, ele acreditaria que sou um representante do demônio. Afora isso, o Irmão Klaus, é claro, jamais me consultaria para tratamento em nenhum caso!

A curva cai ligeiramente na Direita IV. As ideias não desempenham grande papel em seu caso; ele não era um homem educado.

---

361. Nicolau de Flue, ou Irmão Klaus (1417-1487), eremita, asceta e visionário suíço; canonizado e declarado santo padroeiro da Suíça pelo Papa Pio XII em 1947. Cf. Nicolau de Flue, 1587. No ano anterior, Jung tinha publicado um curto tratado sobre ele e sobre sua "chamada Visão da Trindade, que foi da maior importância para a vida interior do eremita" (1933, § 477).

Na Direita III a curva afunda totalmente, indicando um notável impulso à independência. Ele até mesmo deixou sua família, e também não temeu dar um puxão de orelhas nos mais elevados representantes dos cantões confederados na Dieta de Stans[362].

A Direita I e a II são praticamente obliteradas, como era sua intenção e propósito.

O lado esquerdo escuro não existe para ele. Ele seguiu seu próprio caminho, desafogado de problemas psicológicos e sem remoer o *background* deles. Na Esquerda V, porém, ele teve uma poderosa experiência de uma natureza interior e não ortodoxa: uma visão da Santíssima Trindade. Isso o marcou pelo resto da vida. Na visão, um rosto poderoso, cheio de ira, lhe apareceu em uma poderosa manifestação de luz. A visão assustou profundamente o Irmão Klaus, e esse pavor impregnou tão nitidamente seu rosto que as pessoas começaram a evitá-lo, sentindo-se assustadas com ele. Então ele tentou lidar com essas experiências em um pequeno livro, e o resultado de seus esforços pode ser visto na Igreja de Stans: uma pintura da visão da Santíssima Trindade. Ele a chamou de uma visão da Trindade, porque tentou encará-la como uma visão de Deus, de modo que pudesse se alinhar com sua fé ortodoxa na Direita V. Mas o rosto terrível e distorcido que tinha se lhe manifestado era na verdade o de um *Deus absconditus*[363].

---

362. Em 1467, ele abandonou sua esposa e dez filhos para levar uma vida de eremita. Mais tarde retornou, porém, e habitou em um eremitério perto da antiga casa. Na Dieta de Stans em 1481, uma grave controvérsia surgiu entre os cinco cantões rurais e os três cantões urbanos, que ameaçou romper a confederação. Nicolau de Flue, que era também um militar, foi chamado para mediar. Sob seu conselho, todos os oito cantões chegaram ao entendimento de que não deveriam fazer quaisquer alianças em separado sem a aprovação da maioria dentre os oito, o que resultou em um decisivo fortalecimento da união federal.

363. Latim, Deus Escondido, o Deus incognoscível pela mente humana, em oposição ao *Deus revelatus*, o Deus revelado; a partir de Is 45,15: "Tu és um Deus que se esconde, ó Deus de Israel, o salvador". Este é um conceito que desempenhou um papel importante no pensamento de Nicolau de Flue, João Calvino e Martinho Lutero; também Jung se referiu repetidamente a ele.

Vamos voar alto desta vez e falar de Goethe. Em seu caso, estamos enrascados. Com Fausto, queremos exclamar: "Como posso apreender-te, Natureza infinita?"[364] Aqui na verdade não sabemos onde encontrar o ponto mais alto. Sua luz brilhou em todo o *orbis terrarum*. Na Direita V, para ele, a face de Deus se revelou na natureza[365]. Na Esquerda V, ele se desvanece em uma visão totalmente não ortodoxa e altamente original, no final do *Fausto*. Aqueles que pensam que Goethe estava apenas fabulando erram totalmente. Ele atravessou o limiar na "Dedicatória": "Tornais vós, trêmulas figuras"[366]. Aqui estamos na terra da sombra. Raramente alguém compreendeu a natureza tão bem, e raramente alguém viu tanto do mundo escuro quanto ele. Por outro lado, ele podia se sentir tão feliz quanto um porco na lama e, ainda assim, sofrer como um cão ao mesmo tempo![367] Portanto, podemos presumir com segurança que ele também estava à vontade na esfera I. Nada de humano lhe era alheio: *Nihil humanum [ei] alienum erat*[368].

Assim, podemos ter de desenhar uma linha reta no seu caso. Se isso é realmente válido para Sua Excelência, Conselheiro Particular Goethe, eu não sei, mas ele era sem dúvida um homem

---

364. *Wo fass' ich dich, unendliche Natur?* (GOETHE. *Fausto I*, linha 455).

365. Como no "Prólogo no Céu" (ibid.).

366. *Ihr naht euch wieder, schwankende Gestalten* (ibid., a linha inicial da peça). Nos escritos de Goethe, *schwankend* (literalmente trêmula, instável, vacilante) descreve uma figura que ainda não assumiu uma forma definida (nota editorial em Goethe, 1996, p. 505).

367. *Dass es einem so sauwohl und so sauwehe zugleich sein könne.* Provavelmente uma alusão ao registro de Goethe em seu diário suíço de verão, 1775: *Dass es der Erde so sauwohl und so weh ist zugleich!* [Essa terra deve se sentir tão feliz quanto um porco na lama e tão infeliz no mesmo momento!] Cf. tb. *Fausto*: "Canibalmente bem estamos / Que nem quinhentos suínos!" [*Uns ist ganz kannibalisch wohl, / Als wie fünfhundert Säuen!*] (linhas 2.293-2.294).

368. Latim, nada do que é humano lhe era alheio. Uma variação da máxima de Terêncio (195/185-159 a.E.C): *Humani nihil a me alienum puto* (em *Heauton Timorumenos*) (citado frequentemente também como *nihil humanum mihi alienum [esse] puto*).

incomumente universal. E se vocês se derem ao trabalho de se aventurar em sua cópia do *Fausto* em um domingo, descobrirão a tensão polar de Goethe: "Apenas tens consciência de um instinto" – isso é Direita V – e: "A conhecer o outro, oh, nunca aprendas!" – Esquerda V[369].

Antes de discutir a última curva, a de Nietzsche, talvez eu deva mencionar que essas curvas nem sempre permanecem válidas ao longo de toda a vida de uma pessoa. A consciência perambula ora para a direita, ora para a esquerda. Assim, seria impossível considerar como estático o caso de Nietzsche; ele é movimento. Podemos distinguir três fases: Primeiro, ele era um homem de intensa espiritualidade e ideias poderosas, portanto sua curva atinge o ponto mais alto na Direita IV e V.

Depois, uma disposição neurótica começa a emergir, com seu ponto alto em I. Isso é mostrado pelo fato de que sua subjetividade, embora apenas leve a princípio, se torna cada vez mais pronunciada. Isso já é observável na Direita III e Direita II através da forte emergência do eu. Sua subjetividade emerge de modo cada vez mais proeminente. A Esquerda II também é muito pronunciada. Sua neurose tendeu a elevar ainda mais a curva, mesmo em uma tendência peculiar a uma psicologia dos complexos. Nietzsche foi assim um precursor da psicologia analítica, uma vez que se preocupava muito com complexos. Não encontramos nada na Esquerda III.

Não é senão a partir da Esquerda IV que de novo um súbito aumento acontece. Um ponto alto é alcançado na Esquerda IV e V. Vindo do lado do homem medieval, ele alcançou, passando

---

369. Wagner, discípulo de Fausto, entoa louvores ao aprendizado por livros, ao que Fausto replica: "Apenas tens consciência de um instinto; / A conhecer o outro, oh! nunca aprendas! Vivem-me duas almas, ah, no seio, / Querem trilhar em tudo opostas sendas" [*Du bist dir nur des einen Triebs bewusst; / O lerne nie den andern kennen! / Zwei Seelen wohnen ach in meiner Brust, / Die eine will sich von der andern trennen*] (linhas 1.110-1.117).

por uma incrível fase de conflito, o lado do homem moderno, em cujo processo uma tremenda experiência dionisíaca ocorreu em V: "Eu, o último discípulo e iniciado do Deus Dionísio"[370]. Se ele fosse estático, isso teria levado ao sonambulismo, a um eclipse da consciência. Ao invés disso, ele teve sua experiência dionisíaca, uma experiência não ortodoxa, autóctone, que então se tornou eficaz na figura de Zaratustra. "Então um se tornou dois, e Zaratustra passou junto a mim"[371]. Nietzsche não está fazendo algum truque literário aqui. Alguém *realmente* o confrontou, e ele realmente o experienciou.

O que temos aqui é uma tremenda tensão entre os dois polos. Para dizê-lo com uma metáfora: olhando pelo lado direito, vemos uma casa de fora, e olhando pelo lado esquerdo, vemos a mesma casa, de dentro. O mesmo vale para pessoas; há uma discrepância incrível no aspecto delas, vistas de fora e de dentro, e é uma verdadeira arte adivinhar do lado de fora como as coisas estão do lado de dentro. Muitas histórias altamente interessantes poderiam ser contadas a esse respeito, mas infelizmente a falta de tempo me impede de fazê-lo agora.

Voltemos de novo ao diagrama original, no qual os últimos oito gráficos se basearam. Essa escala é melhor imaginada espacialmente, como um plano no qual círculos são desenhados para

---

370. *[I]ch, der letzte Jünger und Eingeweihte des Gottes Dionysos* (NIETZSCHE, 1886, p. 238).

371. Nietzsche descreveu a aparição de Zaratustra em um pequeno poema, escrito em Sils-Maria na Engadina: "Aqui sentei, à espera – à espera de nada: além do bem e do mal, saboreando ora a luz, ora a sombra; tudo era jogo, lago, meio-dia, tempo sem objetivo. Então, subitamente, amiga, um se tornou dois, e Zaratustra passou junto a mim" [*Hier sass ich, wartend, wartend – doch auf Nichts, / Jenseits von Gut und Böse, bald des Lichts / Geniessend, bald des Schattens, ganz nur Spiel, / Ganz See, ganz Mittag, ganz Zeit ohne Ziel. // Da, plötzlich, Freundin! wurde Eins zu Zwei – / Und Zarathustra gieng an mir vorbei...*] (In: NIETZSCHE, 1882, apêndice; KSA 3, p. 649). Cf. Jung, 1988 [1934-1939], p. 744; 2014 [1936-1941], p. 174-175; e 1934b, § 77-78, onde ele também cita as últimas linhas e novamente enfatiza: "Zaratustra é para Nietzsche mais do que uma figura poética; é uma confissão involuntária, um testamento".

as seções. Agora se coloquem no centro desses círculos, assim definindo o atrás, a frente, a direita e a esquerda. Imaginem que o ar está muito espesso, enevoado, de modo que vocês não conseguem ver muito longe. A visibilidade vai até certo ponto, e vocês devem avançar para ver o que há ali.

Ao longo do caminho, o centro permanece o ponto fixo ou inicial, ou seja, a consciência primitiva do corpo da pessoa, da sua instintividade. Depois vem a segunda esfera do lado direito, na qual estamos ainda sob o feitiço da nossa própria subjetividade. Em III, encontramos pessoas que são diferentes de nós, e que podem nos causar uma profunda impressão, e em relação às quais podemos nos sentir inferiores ou superiores. Então vem uma região, IV, onde as pessoas se tornam o que representam e são de algum modo elevadas a um nível mais ou menos sobre-humano por suas funções. Não se é mais o Sr. Jones, por exemplo, mas sim o General Jones.

Vemos a mesma situação do lado esquerdo. Encontramos, porém, a grande dificuldade de que nossa consciência contemporânea é orientada unilateralmente, ou seja, para o lado direito. Pouquíssimas pessoas são conscientes do lado esquerdo, porque para a maioria esse é um território fora do mapa. É como se acreditássemos que só a Europa existisse. Agora imaginem um visitante dos Estados Unidos, que nos conta sobre o país e seus costumes, sobre Nova York e seus arranha-céus: acreditaríamos que ele tinha sonhado ou apenas nos contado uma história engraçada – ou até que ele estava louco.

É extremamente raro que alguém queira abandonar a posição presente da sua consciência. Uma vez que a consciência tenha reclamado um certo ponto de descanso, mal pode ser removida de seu lugar. Ela cria convicções, nas quais as pessoas ficam tão presas que qualquer coisa diferente é vista como má. Por isso há sempre assassinatos em massa quando uma nova ideia vem ao mundo.

Quando alguém alcança seu ponto alto na Direita III, isto é, onde a humanidade é vista como um conjunto de indivíduos mais ou menos distintos, com os quais tem relações, então ele estará inclinado a presumir que este é o modo do mundo, e que nada mais existe. Ou se fico perto do centro, em I ou II, estarei tão convencido da minha realidade que nenhum outro argumento pode superar a minha experiência de, por exemplo, "Isso dói!", e nada mais me alcançará. O sol está brilhando lá fora, os pássaros estão cantando, e é um mundo maravilhoso – mas, infelizmente, "eu tenho uma dor de cabeça!" Ou alguém está tão fascinado por suas próprias ideias que tudo o que não se encaixa nesse mundo particular é considerado inferior, ou foi especialmente inventado pelo demônio para atormentar os bons; e tudo o mais será exterminado no fogo e na lança. Ou se alguém é complexado, então perceberá também os outros coloridos desse modo.

Tais pontos de vista gravados na pedra exacerbam enormemente as coisas. Quem quer que esteja na extrema-direita e contemple todo o mundo à sua esquerda pensará que este é um lamentável engano. Um tenente-coronel no corpo médico uma vez me disse: "Todos os psicanalistas deveriam ter seus crânios quebrados!" Se alguém vem com uma nova ideia, ele deve temer consequências catastróficas e o esmagamento do seu crânio. Daí todas as dificuldades nos congressos psicológicos – precisamente por conta de tais pontos de vista inamovíveis. É preciso realmente uma catástrofe ou uma grave neurose para tirar as pessoas do lugar.

Ao se estudar uma pessoa assim, contudo, fica claro que, vista do seu próprio ponto de partida, ela está certa. Senta-se no seu trono, e escolhe não descer dali até entrar em colapso. Geralmente, isso é experienciado como uma catástrofe. Cada ponto de vista tem uma lógica interna, e é uma realidade. O que podemos fazer é persuadir o outro, com maior ou menor astúcia, a descer do seu trono e a ver o mundo daquela pequena colina logo ali, para variar. Devemos ser capazes de abandonar nosso ponto de vista, fazer um *sacrificium intellectus*[372], e também um sacrifício de nossas morais, de nossa noção do certo e errado, uma vez que há um consenso de que o "outro" também existe. Todos aqueles países que ainda não descobrimos existem, apesar de não os termos descoberto!

Um tipo intuitivo, é verdade, vê dezenas de possibilidades em outras esferas, mas não vai realmente lá para experienciá-las. Por exemplo, vê uma pessoa vivendo na Direita IV tal como esta lhe aparece do seu ponto de vista na Esquerda III. Consequentemente, o intuitivo pode ver muito daquilo que o homem na Direita IV não percebe, mas o que o intuitivo diz é ininteligível para o outro homem [na Direita IV], porque ele não sabe que a Esquerda III sequer existe. Assim como a América existia antes de que fosse descoberta, assim também é com as áreas escuras da alma humana. Elas estão sempre presentes e em funcionamento; é só uma questão de repararmos nisso. Há um grande número de mecanismos "protetores" que nos impedem de perceber nosso lado escuro. Mas outros podem tê-lo percebido. As pessoas às vezes se movem para outro ponto de vista por um curto período, e então voltam para sua antiga pequena colina. Se você sugere, "mas você disse que viu isso e aquilo", eles respondem: "Eu disse isso?... esqueci... que estranho!" É como se você tivesse cometido uma gafe.

O progresso contínuo nesse círculo marca um desenvolvimento do leque da consciência. Constitui uma mudança de ponto de vista, o que como tal se associa intimamente com o amadurecimento da personalidade. Não sabemos por que a consciência se move às vezes para a direita ou para a esquerda. Não o faz sempre. A Sra. Hauffe, por exemplo, tinha permanecido no mesmo lado desde a infância; era seu temperamento congênito. Há disposições que *a priori* localizam a consciência, como um magneto. Às vezes é uma questão de golpes do destino, como grandes catástrofes ou

---

372. Latim, sacrifício do intelecto; o terceiro sacrifício exigido pelo fundador dos jesuítas, Santo Inácio de Loyola.

decepções importantes, e as lendas dos santos nos oferecem alguns exemplos excelentes.

Uma questão, então, seria: E se a Sra. Hauffe, cuja relação com o polo esquerdo era particularmente íntima, tivesse também contatado o polo direito? Deve ser respondida afirmativamente a questão sobre se há uma conexão misteriosa entre os dois polos. É como se estivéssemos olhando para a casa ao mesmo tempo de dentro e de fora. Que uma pessoa possa ser capaz de perceber ambos os polos, é uma possibilidade em teoria, mas eu duvidaria muito disso ser possível na prática. Como vimos no caso de Nietzsche, por exemplo, essa é uma transição dolorosa, de um lado a outro. Os polos exercem uma pressão esmagadora, de modo que é impossível se situar nos dois polos simultaneamente. Ou você está dentro da casa, ou está fora.

Quanto ao uso prático do diagrama para classificar escritores, e assim por diante, isso é certamente possível, mas só naqueles casos que foram submetidos a um estudo psicológico exaustivo. Acima de tudo, devemos saber do que esses indivíduos são conscientes e do que não o são. Não devemos cometer tolices com esse diagrama!

Bem, após ter impressionado vocês com essa descrição da poderosa tensão na alma humana, poder-se-ia quase dizer que acredito em um dualismo secreto, como se as almas fossem distendidas entre dois polos incansáveis que nunca são capazes de se reunir. Esse é o caso, é verdade, e, porém, não o é: pois onde há uma força que separa, uma força que une surgirá. Porém, esse diagrama se refere exclusivamente às mudanças da consciência, a sua localização. Mas isso nada nos diz sobre a qualidade da personalidade que é a portadora dessa consciência.

O caso de Hélène Smith daria algumas pistas, com a ajuda das quais eu poderia lhes explicar como a consciência pode se alterar sem mudar sua localização, por assim dizer. É como se, em meio à tensão polar, uma nova consciência subitamente emergisse no centro deste eu animalesco, que, por assim dizer, se desdobra em ciclos, e desenvolve um tipo diferente de consciência. Chamamos esta função característica, que ocorre naturalmente em toda tensão polar e busca unificar os opostos da nossa natureza, de a função transcendente[373].

---

373. Sobre o conceito da função transcendente, cf. nota 329.

Referências

ANQUETIL-DUPERRON, A.H. (1801/1802). *Oupnek'hat (id est, Secretum tegendum): opus ipsa in India rarissimum, continens antiquam et arcanam, seu theologicam et philosophicam, doctrinam, e quatuor sacris Indorum Libris, Rak Beid, Djedjr Beid, Sam Beid, Athrban Beid, excerptam; ad verbum, è Persico idiomate, Samskreticis vocabulis intermixto, in Latinum conversum; dissertationibus et annotationibus, difficiliora explanantibus, illustratum* – Studio et opera Anquetil-Duperron. Vol. 1 e 2. Estrasburgo: Levrault, p. 9, 10.

BALDWIN, J.M. (1913). *History of Psychology*: A Sketch and an Interpretation. Londres: Watts.

BENOIT, P. (1919). *L'Atlantide*. Paris: Albin Michel [Uma tradução em inglês (*Atlandida*) está disponível em vários sites. P. ex., o do Project Gutenberg].

BERGSON, H. (1915). "La philosophie française". In: *Revue de Paris*, 15/05, p. 236-256.

BERKELEY, G. (1710). *A Treatise concerning the Principles of Human Knowledge*. Dublin: Jeremy Pepyat.

BÉROALDE DE VERVILLE; cf. COLONNA, F.

BINET, A. (1892). *Les Alterations de la Personnalité*. Paris: Librairie Félix Alcan [Bibliothèque Scientifique Internationale, publiée sous la direction de M.É. Alglave] [*Alterations of Personality*. Trad. de Helen Green Baldwin, com notas e prefácio de Mark Baldwin. Nova York: D. Appleton & Company, 1896].

BISHOP, P. (1997). "The Descent of Zarathustra and the Rabbits: Jung's Correspondence with Elisabeth Förster-Nietzsche". In: *Harvest* – Journal for Jungian Studies, 43 (1), p. 108-123.

BONNET, C. (1760). *Essai analytique sur les facultés de l'âme*. Copenhague: C. Philibert & A. Philibert.

BORING, E.G. (1929). *A History of Experimental Psychology*. Nova York: Century.

BRACHFELD, O. (1954). "Gelenkte Tagträume als Hilfsmittel der Psychotherapie". In: *Zeitschrift für Psychotherapie*, 4, p. 79-93.

BÜCHNER, L. (1855). *Kraft und Stoff; Empirisch-naturphilosophische Studien* – In allgemein-verständlicher Darstellung. Frankfurt a. Main: Meidinger [6. ed., Frankfurt a. Main: Meidinger, 1859] [19. ed., Leipzig: Theodor Thomas, 1898] [*Force and Matter*: Empirico-Philosophical Studies, Intelligibly Rendered. Ed. de J. Frederick Collingwood. Londres: Trübner, 1864].

BURCKHARDT, J. (1860). *Die cultur der Renaissance in Italien* – Ein Versuch. 2. ed. Leipzig: E.A. Seeman, 1869 [*The civilisation of the Renaissance in Italy*. Trad. de S.G.C. Middlemore. Londres/Nova York: S. Sonnenschein/Macmillan & Co., 1904].

BURNHAM, J. (ed.) (2012). *After Freud Left*: centennial Reflections on His 1909 Visit to the United States. Chicago: University of Chicago Press.

CARUS, C.G. (1866). *Vergleichende Psychologie oder Geschichte der Seele in der Reihenfolge der Thierwelt*. Viena: Wilhelm Braumüller.

_____ (1846). *Psyche* – Zur Entwicklungsgeschichte der Seele. Pforzheim: Flammer und Hoffmann [*Psyche*: On the Development of the Soul. Intr. de James Hillman. Trad. de R. Welch. Zurique: Spring, 1970] [2. ed., Dallas: Spring, 1989].

COLONNA, F. [?] (1499 [1467]). *Poliphili hypnerotomachia, ubi humana omnia non nisi somnium esse ostendit, atque obiter plurima scitu sanequam digna commemorat*. Veneza: Aldus Manutius] [*The Strife of Love in a Dream* (1592)] [Béroalde de Verville (1600)]. [*Le tableau des riches inventions, couvertes du voile des feintes amoureuses, qui sont representees dans le Songe de Poliphile* – Desvoilees des ombres du Songe, & subtilement exposees par Beroalde de Verville. Paris: Matthieu Guillemot] [*Hypnerotomachia Poliphili*: The Strife of Love in a Dream. Trad. de Jocelyn Godwin. Londres: Thames & Hudson, 1999].

CONDILLAC, É.B. (1754). *Traité des sensations*. 2 vols. Londres/Paris: De Bure, 1754 [Ed. rev. e ampl., 2 vols. Londres/Paris: Barrois Aîné, 1788] ["Traité des sensations". In: *Oeuvres philosophiques de L'abbé de Condillac*. Parma/Paris: Gallimard, 1792] ["Traité des sensations". In *Oeuvres de Condillac*. Vol. 3. Paris: C. Houel, 1798 – Periódicos corrigidos e autografados pelo autor; Obra póstuma] [*Des Herrn Abbt's* [sic] *condillac Abhandlung über die Empfindungen*. Trad. de Joseph Maria Weissegger von Weisseneck. Viena: Johann David Hörling, 1791 – Pode ser baixada em arquivo PDF do site da Bayerische Staatsbibliothek] [*Condillac's Abhandlung über die Empfindungen* – Aus dem Französischen übersetzt mit Erläuterungen und einem Excurs über das binoculare Sehen von Dr. Eduard Johnson. Leipzig: Dürr'schen Buchhandlung, 1870] [*Abhandlung über die Empfindungen*. Ed. de Lothar Kreimendahl. Hamburgo: Meiner, 1983].

D'ALEMBERT, J.-B.R. (1751). *Discours préliminaire de l'Encyclopédie*. Paris: Chez Briasson/David/Le Breton/Durant. [*Preliminary Discourse to the Encyclopedia of Diderot*. Trad. de Richard N. Schwab. Chicago: The University of Chicago Press, 1995].

DESCARTES, R. (1641). *Meditationes de prima philosophia, in qua Dei existentia et animae immortalitas demonstratur*. Paris [Apud SOLY, M. *Meditations on First Philosophy*. Ed. de John Cottingham. Cambridge: Cambridge University Press, 1986] [Ed. rev., 1996].

DESSOIR, M. (1911). *Abriss einer Geschichte der Psychologie*. Heidelberg: Carl Winter's Universitätsbuchhandlung.

_____ (1902). *Geschichte der neueren deutschen Psychologie*. Vol. 2. Ed. rev. Berlim: Carl Duncker.

DUMAS, A. (1846-1848). "Mémoires d'un Médecin, Joseph Balsamo". In: *La Presse*, 31/05/1846-04/01/1848 [*Mémoires d'un Médecin, Joseph Balsamo*. Paris: Michel Lévy Frères, 1860] ["Joseph Balsamo" e "The Memoirs of a Physician". 2 vols. In: *The Works of Alexandre Dumas in Thirty Volumes*. Vol. 6 e 7. Nova York: P.F. Collier, 1902].

DUNNE, J.W. (1927). *An Experiment with Time*. Londres: A. & C. Black.

ELLENBERGER, H. (1970). *The Discovery of the Unconscious*. Nova York: Basic Books.

FALZEDER, E. (2016). "Types of Truth: Jung's Philosophical Roots". In: *Jung Journal, Culture & Psyche*, 10 (3), p. 14-30.

FAUST, J. (1501). *D. Faustus Magus Maximus Kundlingensis Original Dreyfacher Höllenzwang* [Reimpr.: *Faust's dreifacher Höllenzwang*: Dr. Faust's Magia naturalis et innaturalis. Berlim: Schikowski, 2002].

FECHNER, G.T. (1879). *Die Tagesansicht gegenüber der Nachtansicht*. Leipzig: Breitkopf und Härtel [2. ed., 1904] [Karben: Petra Wald, 1994].

_____ (1861). *Über die Seelenfrage* – Ein Gang durch die sichtbare Welt, um die unsichtbare zu finden. Leipzig: C.F. Amelang's Verlag.

_____ (1860). *Elemente der Psychophysik*. 2 vols. Leipzig: Breitkopf & Härtel [*Elements of Psychophysics*. de Ed. David H. Howes e Edwin G. Boring. Trad. de Helmut E. Adler. Nova York: Holt, Rinehart and Winston, 1966].

_____ (1851). *Zend-Avesta oder Über die Dinge des Himmels und des Jenseits vom Standpunkt der Naturbetrachtung*. 3 vols. Leipzig: Leopold Voss [Reimpr: Karben: Petra Wald, 1992].

_____ (1848). *Nanna oder das Seelenleben der Pflanzen* [*Nanna, or the Soul-Life of Plants*]. Leipzig: Leopold Voss.

FECHNER, G.T. [escrito sob o pseudônimo de DR. MISES] (1836). *Das Büchlein vom Leben nach dem Tode*. Leipzig: Insel-Verlag [*On Life After Death*. Londres: Sampson Low, Marston, Searle & Rivington, 1882] [*The Little Book of Life After Death*. Trad. De Mary C. Wadsworth. Prefácio de William James. Boston: Little, Brown and Company, 1904; 1912] [*On Life After Death*. Trad. de Hugo Wernekke. Chicago: The Open Court Publishing, 1906] [*Life After Death*. Nova York: Pantheon, 1943] ["The Little Book of Life after Death". In: *Journal of Pastoral counseling*: An Annual, 27, 1992, p. 7-31].

FIERZ-DAVID, L. (1947). *Der Liebestraum des Poliphilo* – Ein Beitrag zur Psychologie der Renaissance und der Moderne. Zurique: Rhein Verlag [*The Dream of Poliphilo*. Trad. de Mary Hottinger. Nova York: Pantheon, 1950].

FLOURNOY, T. (1900 [1899]). *Des Indes à la planète Mars* – Étude sur un cas de somnambulisme avec glossolalie. Paris/Genebra: F. Alcan/C. Eggimann [*Die Seherin von Genf*. Prefácio de Max Dessoir. Leipzig: Felix

Meiner Verlag, 1914] [*From India to the Planet Mars*: A case of Multiple Personality with Imaginary Languages. Pref. de C.G. Jung. Comentário de Mireille Cifali. Trad. de Daniel B. Vermilye. Org. e intr. de Sonu Shamdasani. Princeton: Princeton University Press, 1994].

FRANCE, A. (1908). *L'Île des Pingouins*. Paris: Calmann-Lévy [*Penguin Island*. Trad. de A.W. Evans. Nova York: Blue Ribbon Books, 1909 [Reimpr.: Nova York/Berlim: Mondial, 2005].

FRANCKE, K.B. (1878). *Die Psychologie und Erkenntnislehre des Arnobius*. Leipzig [Dissertação].

FRANK, A. (2009). "The Petroleum War of 1910: Standard Oil, Austria, and the Limits of the Multinational Corporation". In: *The American Historical Review*, 114 (1), p. 16-41.

FREUD, S. (1927). "The Future of an Illusion". In: *The Standard Edition of the complete Psychological Works of Sigmund Freud* [= SE], vol. 21. Londres: The Hogarth Press/The Institute of Psycho-Analysis, 1953ss.].

_____ (1914). "On the History of the Psycho-Analytic Movement". In: SE, vol. 14.

_____ (1900 [1899]). *Die Traumdeutung*. Viena/Leipzig: Franz Deuticke. In *Gesammelte Werke*. Vol. 2 e 3. Frankfurt a. Main: S. Fischer, 1942ss. ["The Interpretation of Dreams". In: SE, vol. 4 e 5.].

FROBENIUS, L. (1904). *Das Zeitalter des Sonnengottes*. Berlim: Georg Reimer.

Gedächtnisausstellung Otto Meyer(-Amden) – Kunsthaus Zürich, 22. Dez. 1933 bis 28. Jan. 1934. Vollst. Verzeichnis m. 16 Abb. (1933). Zurique: Kunsthaus.

GOETHE, J.W. (1996). *Werke* – Vol. 3: Dramatische Dichtungen I. Hamburger Ausgabe. Org. de Erich Trunz. 16. ed. rev. Munique: Deutscher Taschenbuch.

GRAU, K.J. (1922). *Bewusstsein, Unbewusstes, Unterbewusstes*. Munique: Rösl.

GULYGA, A.V. (1987). *Immanuel Kant*: His Life and Thought. Basileia/Boston: Birkhäuser.

HALL, G.S. (1912). *Founders of Modern Psychology*. Nova York: Appleton.

HARTLEY, D. (1749). *Observations on Man, his Frame, his Duty, and his Expectations*. Londres: S. Richardson.

HARTMANN, E. (1901). *Die moderne Psychologie* – Eine kritische Geschichte der deutschen Psychologie in der zweiten Hälfte des neunzehnten Jahrhunderts. Leipzig: Hermann Haacke.

_____ (1869). *Philosophie des Unbewussten* – Versuch einer Weltanschauung; Speculative Resultate nach inductiv-naturwissenschaftlicher Methode. Berlim: Carl Duncker [*The Philosophy of the Unconscious*: *Speculative Results According to the Inductive Method of Physical Science*. Trad. de William C. Coupland. Londres: Kegan Paul, Trench & Trübner, 1931].

HEIDELBERGER, M. (2010). "Gustav Theodor Fechner and the Unconscious". In: NICHOLLS & LIEBSCHER, 2010, p. 200-240.

_____ (1993). *Die innere Seite der Natur* – Gustav Theodor Fechners wissenschaftlich-philosophische Weltauffassung. Frankfurt a. Main: Vittorio Klostermann GmbH [*Nature from Within* – Gustav Theodor Fechner and His Psychophysical Worldview. Trad. de Cynthia Klohr. Pitesburgo: University of Pittsburgh Press, 2004].

HERBART, J.F. (1887-1912). *Joh. Fr. Herbart's sämtliche Werke in chronologischer Reihenfolge* – Vols. 1-11, ed. de Karl Kehrbach; vol. 12-19, ed. de Karl Kehrbach e Otto Flügel [Vol. 1 e 2, Leipzig: Veit; vol. 3-19: Langensalza: Hermann Beyer und Söhne] [2. reimpr. da ed. de 1887-1912: Aalen: Scientia-Verlag, 1989].

_____ (1839-1840). *Psychologische Untersuchungen*. 2 vol. Gottingen: Druck/Dieterichschen Buchhandlung.

_____ (1824-1825). *Psychologie als Wissenschaft, neu gegründet auf Erfahrung, Metaphysik und Mathematik*. Konigsberg: August Wilhelm Unzer. Apud *Joh. Fr. Herbart's sämtliche Werke in chronologischer Reihenfolge (1887-1912)*, parte 1, vol. 5, p. 177-434; parte 2, vol. 6, p. 1-340.

_____ (1816). *Lehrbuch zur Psychologie*. Konigsberg: August Wilhelm Unzer. Apud *Joh. Fr. Herbart's sämtliche Werke in chronologischer Reihen-*

folge (1887-1912). Vol. 4: A Textbook in Psychology. Trad. de M.K. Smith. Nova York: Appleton, 1891.

HESSE, H. (2006 [1916-1944). "Die dunkle und wilde Seite der Seele". In: *Briefwechsel mit seinem Psychoanalytiker Josef Bernhard Lang 1916-1944*. Ed. de Thomas Feitknecht. Frankfurt a. Main: Suhrkamp.

HUME, D. (1748). *An Enquiry concerning Human Understanding* [Reimpressões, entre outras: *An Enquiry concerning Human Understanding, with A Letter from a Gentleman to His Friend in Edinburgh and Hume's Abstract of A Treatise of Human Nature*. Ed. de Eric Steinberg. 2. ed. Indianápolis: Hackett, 1993. • *An Enquiry concerning Human Understanding*. Mineola, NY: Dover Publications, 2004; Ed. de Peter Millican. Oxford: Oxford University Press: 2008].

_____ (1739-1740). *A Treatise of Human Nature, Being an Attempt to Introduce the Experimental Method of Reasoning into Moral Subjects*. Ed. de L.A. Selby-Bigge. 2. ed. rev. por P.H. Nidditch. Oxford: Clarendon Press, 1975.

HYSLOP, J.H. (1905). *Science and a Future Life*. Boston: H.B. Turner & Co., 1905 [Londres: G.P. Putnam's Sons, 1906] [Disponível em várias reimpressões e em formatos e-book].

JAMES, W. (1909). "Report on Mrs. Piper's Hodgson Control". In: *Proceedings of the American Society for Psychical Research*, 3, p. 470-589.

_____ (1890a). *The Principles of Psychology*. 2 vols. Nova York/Londres: Henry Holt/Macmillan.

_____ (1890b). "A Record of Observations of Certain Phenomena of Trance: Part III". In: *Proceedings of the Society for Psychical Research*, 6, p. 651-659.

_____ (1886). "Report of the Committee on Mediumistic Phenomena". In: *Proceedings of the American Society for Psychical Research*, 1, p. 102-106.

JANET, P. (1930). "Autobiography of Pierre Janet". In: MURCHISON, C. (ed.). *History of Psychology in Autobiography*. Vol. 1. Worcester, MA: Clark University Press, p. 123-133.

_____ (1919). *Les médications psychologiques*. Paris: Alcan [*Psychological Healing*: A Historical and clinical Study. Londres: Allen and Unwin, 1925].

_____ (1903). *Les obsessions et la psychasthénie*. 2 vols. Paris: Félix Alcan.

_____ (1889). *L'Automatisme psychologique*: Essai de psychologie expérimentale sur les formes inférieures de la vie mentale. Paris: Félix Alcan [Reimpr., Société Pierre-Janet, 1973].

JANZ, C.P. (1978). *Friedrich Nietzsche* – Biographie. Vol. 1. Munique: Deutscher Taschenbuch, 1981.

JARRETT, J.L. (1981). "Schopenhauer and Jung". In: *Spring*: An Annual of Archetypal Psychology, p. 193-204.

JONES, E. (1953). *The Life and Work of Sigmund Freud* – Vol. 1: The Formative Years and the Great Discoveries, 1856-1900. Nova York: Basic Books.

JUNG, C.G. (2014 [1936-1941]). *Dream Interpretation Ancient & Modern*: Notes from the Seminar Given in 1936-1941. Org. de John Peck, Lorenz Jung e Maria Meyer-Grass. Trad. de Ernst Falzeder. Princeton: Princeton University Press [Philemon Series].

_____ (2012 [1925]). *Introduction to Jungian Psychology*: Notes of the Seminar Given by Jung on Analytical Psychology in 1925. Org. de Sonu Shamdasani. Princeton: Princeton University Press [Philemon Series] [*Seminários sobre psicologia analítica*. Trad. de Gentil Avelino Titton. Petrópolis: Vozes, 2014].

_____ (2012 [1912]). *Jung contra Freud*: The 1912 Nova York Lectures on the Theory of Psychoanalysis. Introd. de Sonu Shamdasani. Trad. de R.F.C. Hull. Princeton: Princeton University Press [Bollingen Series].

_____ (1988 [1934-1939]). *Nietzsche's Zarathustra*: Notes of the Seminar Given in 1934-1939. Org. de James L. Jarrett. 2 vol. Princeton: Princeton University Press.

_____ (1987 [2008]). *Children's Dreams*: Notes from the Seminar Given in 1936-1940. Ed. de Lorenz Jung e Maria Meyer-Grass. Trad. de Ernst Falzeder. Princeton: Princeton University Press, 2008 [Philemon Series] [*Seminários sobre sonhos de crianças*. Trad. de Lorena Kim Richter. Petrópolis: Vozes, 2011].

_____ (1984). *Dream Analysis*: Notes of the Seminar Given in 1928-1930. Org. de William McGuire. Princeton: Princeton University Press

[*Seminários sobre análises de sonhos*. Trad. de Caio Liudvik. Petrópolis: Vozes, 2014].

_____ (1983 [2000]). *The Zofingia Lectures*. Intr. de Marie-Louise von Franz. Ed. de William McGuire. Trad. de Jan van Heurck. Princeton: Princeton University Press [Reimpr.: Londres: Routledge, 2000].

_____ (1975). *Letters II, 1951-1961*. Org. de Gerhard Adler em colab. com Aniela Jaffé. Trad. de R.F.C. Hull. Princeton: Princeton University Press [Bollingen Series, XCV] [*Cartas*. Trad. de Edgard Orth. Petrópolis: Vozes – vol. I, 2001; vol. II, 2002; vol. III, 2003].

_____ (1973). *Letters I, 1906-1950*. Org. de Gerhard Adler em colab. com Aniela Jaffé. Trad. de R.F.C. Hull. Princeton: Princeton University Press [Bollingen Series XCV].

_____ (1964 [1961]). "Symbols and the Interpretation of Dreams". In: *CW* 18, p. 183-264 ["Símbolos e interpretação dos sonhos". In: *OC* 18/1].

_____ (1963 [1959]). "Foreword to Brunner, 'Die Anima als Schicksalsproblem des Mannes'". In: *CW* 18, p. 543-547 ["Prefácio ao livro de Brunner, 'Die Anima als Schicksalsproblem des Mannes'". In: *OC* 18/2].

_____ (1962). *Memories, Dreams, Reflections*. Gravado e organizado por Aniela Jaffé. Trad. de Richard e Clara Winston. Londres: Fontana Press, 1995 [*Memórias, sonhos, reflexões*. Trad. de Dora Ferreira da Silva. Rio de Janeiro: Nova Fronteira, 2015].

_____ (1959). "Introduction to Toni Wolff's 'Studies in Jungian Psychology'". In: *CW* 10, p. 469-476 ["Prólogo aos *Estudos sobre a Psicologia de C.G. Jung*, de Toni Wolff". In: *OC* 10/3].

_____ (1957 [1916]). "The Transcendent Function". In: *CW* 8, p. 67-91 ["A função transcendente". In: *OC*, 8/2].

_____ (1955/1956). "Mysterium Coniunctionis – An Inquiry Into the Separation and Synthesis of Psychic Opposites in Alchemy". In: *CW* 14 ["Mysterium Coniunctionis". In: *OC* 14].

_____ (1955). "Appendix: Mandalas". In: *CW* 9/1, p. 387-390 ["Anexo: Mandalas". In: *OC* 9/1].

_____ (1954 [1939]). "Psychological commentary on *The Tibetan Book of the Great Liberation*". In: *CW* 11, p. 475-508 ["Comentário psicológico sobre o *Livro tibetano da grande libertação*". In: *OC* 11/5].

_____ (1952). "Synchronicity: An Acausal Connecting Principle". In: *CW* 8, p. 417-531 [*Sincronicidade*. In: *OC* 8/3].

_____ (1951). "Aion – Researches into the Phenomenology of the Self". In: *CW* 9/2 ["Aion – Estudo sobre o simbolismo do si-mesmo". In: *OC* 9/2].

_____ (1950 [1929]). "Freud and Jung: Contrasts". In: *CW* 4, p. 333-340 ["A divergência entre Freud e Jung". In: *OC* 4].

_____ (1950a). "Foreword to Moser, 'Spuk: Irrglaube oder Wahrglaube?'" In: *CW* 18, p. 317-320 ["Prefácio e contribuição ao livro de Moser: 'Spuk: Irrglaube oder Wahrglaube?'" In: *OC* 18/1].

_____ (1950b). "Concerning Mandala Symbolism". In: *CW* 9/1, p. 355-384 ["Simbolismo do mandala". In: *OC* 9/1].

_____ (1947 [1946]). "Foreword to Fierz-David, 'Der Liebestraum des Poliphilo'". In: *CW* 18, p. 780-781 ["Prefácio ao livro de Fierz-David, 'Der Liebestraum des Poliphilo'"].

_____ (1946a). "The Psychology of the Transference". In: *CW* 16, p. 163-326 ["A psicologia da transferência". In: *OC* 16/2].

_____ (1946b). "On the Nature of the Psyche". In: *CW* 8, p. 159-234 ["Considerações teóricas sobre a natureza do psíquico". In: *OC* 8/2].

_____ (1945a). "The Phenomenology of the Spirit in Fairytales". In: *CW* 9/1, p. 207-253 ["A fenomenologia do espírito no conto de fadas". In: *OC* 9/1].

_____ (1945b). "The Philosophical Tree". In: *CW* 13, p. 251-350 ["A árvore filosófica". In: *OC* 13].

_____ (1943 [1942]). "Psychotherapy and a Philosophy of Life". In: *CW* 16, p. 76-83 ["Psicoterapia e visão de mundo". In: *OC* 16/1].

_____ (1941). "Transformation Symbolism in the Mass". In: *CW* 11, p. 201-296 ["O símbolo da transformação na missa. In: *OC* 11/3].

_____ (1940). "The Psychology of the Child Archetype". In: *CW* 9/1, p. 151-181 ["A psicologia do arquétipo da criança". In: *OC* 9/1].

_____ (1939 [1937]). "Psychology and Religion – The Terry Lectures". In: *CW* 11, p. 3-105 [Psicologia e religião. In: *OC* 11/1].

_____ (1939a). "Conscious, Unconscious, and Individuation". In: *CW* 9/1, p. 275-289 ["Consciência, inconsciente e individuação". In: *OC* 9/1].

_____ (1939b). "Concerning Rebirth". In: *CW* 9/1, p. 113-147 ["Sobre o renascimento". In: *OC* 9/1].

_____ (1938 [1954]). "Psychological Aspects of the Mother Archetype". In: *CW* 9/1, p. 75-110 ["Aspectos psicológicos do arquétipo materno". In: *OC* 9/1].

_____ (1936 [1937]). "Psychological Factors Determining Human Behavior". In: *CW* 8, p. 114-125 ["Determinantes psicológicas do comportamento humano". In: *OC* 8/2].

_____ (1936/1937). "The Concept of the Collective Unconscious". In: *CW* 9/1, p. 42-53 ["O conceito de inconsciente coletivo". In: *OC* 9/1].

_____ (1935/1936 [1943]). "Psychology and Alchemy". In: *CW* 12 ["Psicologia e Alquimia". In: *OC* 12].

_____ (1935a). "Foreword to Mehlich, 'I.H. Fichtes Seelenlehre und ihre Beziehung zur Gegenwart'". In: *CW* 18, p. 770-772 ["Prefácio ao livro de Mehlich, 'I.H. Fichtes Seelenlehre und ihre Beziehung zur Gegenwart'". In: *OC* 18/2].

_____ (1935b). "Psychological Commentary on *The Tibetan Book of the Dead*". In: *CW* 11, p. 509-528 ["Comentário psicológico ao Bardo Thödol". In: *OC* 11/5].

_____ (1934 [1968]). "Letter to *Neue Zürcher Zeitung*, 15/03/1934". In: *CW* 10, § 1.934, n. 544 ["Atualidades". In: *OC* 11/6].

_____ (1934a). "A Review of the Complex Theory". In: *CW* 8, p. 92-104 ["Considerações gerais sobre a Teoria dos Complexos". In: *OC* 8/2].

_____ (1934b). "Archetypes of the Collective Unconscious". In: *CW* 9/1, p. 3-41 ["Sobre os arquétipos do inconsciente coletivo". In: *OC* 9/1].

_____ (1933). "Brother Klaus". In: *CW* 11, p. 316-323 ["Bruder Klaus". In: *OC* 11/6].

_____ (1932). "The Hypothesis of the Collective Unconscious". In: *CW* 18, p. 515-516 ["A hipótese do inconsciente coletivo". In: *OC* 18/2].

_____ (1931a). "Basic Postulates of Analytical Psychology". In: *CW* 8, p. 338-357.

_____ (1931b). "Archaic Man". In: *CW* 10, p. 50-73 ["O homem arcaico". In: *OC* 10/3].

_____ (1930a). "Introduction to Kranefeldt's 'Secret Ways of the Mind'". In: *CW* 4, p. 324-332 ["Introdução a 'A psicanálise'". In: *OC* 4].

_____ (1930b). "Psychology and Literature". In: *OC* 15, p. 84-108.

_____ (1929). "Commentary on 'The Secret of the Golden Flower'". In: *CW* 13, p. 1-56 ["Comentário a 'O segredo da flor de ouro'". In: *OC* 13].

_____ (1928). "On Psychic Energy". In: *CW* 8, p. 3-66 ["A energia psíquica". In: *OC* 8/1].

_____ (1927 [1931]). "The Structure of the Psyche". In: *CW* 8, p. 139-158 ["A estrutura da alma". In: *OC* 8/2].

_____ (1926). "Spirit and Life". In: *CW* 8, p. 319-337 ["Espírito e vida". In: *OC* 8/2].

_____ (1926 [1924]). "Analytical Psychology and Education: Three Lectures". In: *CW* 17, p. 63-132 ["A importância da Psicologia Analítica para a Educação". In: *OC* 17].

_____ (1921). "Psychological Types". In: *CW* 6 ["Tipos psicológicos". In: *OC* 6].

_____ (1919). "Instinct and the Unconscious". In: *CW* 8, p. 129-138 ["Instinto e inconsciente". In: *OC* 8/2].

_____ (1917-1942). *Die Psychologie der unbewussten Prozesse* – Ein Überblick über die moderne Theorie und Methode der analytischen Psychologie. Zurique: Rascher [Em forma revista e sob novo título: "On the Psychology of the Unconscious". In: *CW* 7, p. 3-122 ["Psicologia do Inconsciente". In: *OC* 7/1].

_____ (1913 [1911]). "On the Doctrine of Complexes". In: *CW* 2, p. 598-604 ["Exposição sumária da Teoria dos Complexos". In: *OC* 2].

_____ (1911/1912). "Wandlungen und Symbole der Libido". In: *Jahrbuch für psychoanalytische und psychopathologische Forschungen*, 3 (1), 1911, p. 120-227; 4 (1), 1912, p. 162-464 [Em formato de livro: Leipzig: Deuticke, 1912] [Reimpr.: Munique: Deutscher Taschenbuch Verlag, 1991] [Em forma revista (1950) e sob novo título: "Symbole der Wandlung". In: *GW* 5. • "Symbols of Transformation". In: *CW* 5. • "Símbolos da transformação". In: *OC* 5].

_____ (1906). "The Psychological Diagnosis of Evidence". In: *CW* 2, p. 318-352 ["O diagnóstico psicológico da ocorrência". In: *OC* 2].

_____ (1905a). "Cryptomnesia". In: *CW* 1, p. 95-108 ["Criptomnésia". In: *OC* 1].

_____ (1905b). "On Spiritualistic Phenomena". In: *CW* 18, p. 293-308 ["Sobre fenômenos espíritas". In: *OC* 18/1].

_____ (1902). "On the Psychology and Pathology of So-called Occult Phenomena". In: *CW* 1, p. 3-88 ["Sobre a psicologia e patologia dos fenômenos chamados ocultos". In: *OC* 1].

_____ (a ser publicado). *The German Seminar of 1931* [Philemon Series}.

JUNG, C.G. & SCHMID-GUISAN, H. (2013). *The Question of Psychological Types*: The Correspondence of C.G. Jung and Hans Schmid--Guisan, 1915-1916. Org. de John Beebe e Ernst Falzeder. Trad. de Ernst Falzeder. Princeton: Princeton University Press [Philemon Series].

KANT, I. (1902/1910ss.). *Kants gesammelte Schriften*. Ed. Königlich Preussische Akademie der Wissenschaften, vol. 1-22; ed. Deutsche Akademie der Wissenschaften, vol. 22-31. Berlim.

_____ (1798). *Anthropologie in pragmatischer Hinsicht*. Konigsberg: Friedrich Nicolovius [*Anthropology from a Pragmatic Point of View*.

Trad. e org. de Robert B. Louden. Cambridge: Cambridge University Press, 2006].

_____ (1786). *Metaphysische Anfangsgründe der Naturwissenschaft.* Riga: Johann Friedrich Hartknoch [*Metaphysical Foundations of Natural Science*. Trad. de Ernest Belfort Bax. 2. ed. rev. Londres: George Bell and Sons, 1891].

_____ (1783). *Prolegomena zu einer jeden künftigen Metaphysik die als Wissenschaft wird auftreten können*. Riga: Johann Friedrich Hartknoch [Reimpr: Stuttgart: Philipp Reclam, jun./1989] [*Kant's Prolegomena to Any Future Metaphysics*. Trad. de Paul Carus. Chicago: Open Court, 1902 [3. ed., 1912].

_____ (1781/1787). *Critik der reinen Vernunft*. Riga: Johann Friedrich Hartknoch [*The Critique of Pure Reason*. Trad. de Paul Guyer e Allen Wood. Cambridge: Cambridge University Press, 1998].

_____ (1766). *Träume eines Geistersehers, erläutert durch Träume der Metaphysik*. Konigsberg: Johann Jacob Kanter. Apud *Immanuel Kants Sämmtliche Werke*. Org. de Karl Rosenkranz e Fried. Wilh. Schubert. Parte 7, seção 1 [*Kleine anthropologisch-praktische Schriften*. Org. de Friedrich Wilhelm Schubert. Leipzig: Leopold Voss, 1838. • Reimpr.: ed. crítico-textual com appendices de Rudolf Malter. Stuttgart: Philipp Reclam, jun./1976, 2008] [*Dreams of a Spirit-Seer, Illustrated by Dreams of Metaphysics*. Org. de Frank Sewall. Trad. de F. Goerwitz. Londres/Nova York: Swan Sonnenschein/Macmillan, 1900].

KERNER, J.A.C. (1856). *Franz Anton Mesmer aus Schwaben, Entdecker des thierischen Magnetismus* – Erinnerungen an denselben, nebst Nachrichten von den letzten Jahren seines Lebens zu Meersburg am Bodensee. Frankfurt: Literarische Anstalt.

_____ (1831-1839). *Blätter aus Prevorst* – Originalien und Lesefrüchte für Freunde des innern Lebens [Comunicada pelo organizador de *Die Seherin von Prevorst. 1-12. Sammlung*. Vol. 1-7: Karlsruhe: Gottlieb Braun; vol. 8-12. Stuttgart: Fr. Brodhag'sche Buchhandlung].

_____ (1829). *Die Seherin von Prevorst* – Eröffnungen über das innere Leben und über das Hineinragen einer Geisterwelt in die unsere. 2 vol. Stuttgart/Tubingen: J.G. Cotta'sche Buchhandlung [Reimpr.: Kiel: J.F.

Steinkopf, 2012] [*The Seeress of Prevorst, Being Revelations concerning the Inner-Life of Man, and the Inter-Diffusion of a World of Spirits in the One We Inhabit*. Trad. de Catherine Crowe. Londres: J.C. Moore, 1845 – Ed. digital: Cambridge: Cambridge University Press, 2011].

KIPLING, R. (1902). *Just So Stories for Little children*. Londres: Macmillan.

_____ (1895). *The Second Jungle Book*. Londres: Macmillan.

_____ (1894). *The Jungle Book*. Londres: Macmillan.

KITCHER, P. (1990). *Kant's Transcendental Psychology*. Nova York: Oxford University Press.

KLEMM, O. (org.) (1934). *Bericht über den XIII. Kongress der Deutschen Gesellschaft für Psychologie in Leipzig vom 16.-19. Oktober 1933*. Jena: Gustav Fischer.

KNIGGE, A.F. (1788). *Über den Umgang mit Menschen*. 2 vol. Hannover: Schmidt'sche Buchhandlung [*Practical Philosophy of Social Life, or The Art of conversing with Men*. Trad. de P. Will. Lansingburgh, NY: Penniman & Bliss, 1805].

LA METTRIE, J.O. (1748). *L'homme machine*. Leiden: Elie Luzac Fils.

LAMPRECHT, K.G. (1905). *What Is History?* – Five Lectures on the Modern Science of History. Trad. de Ethan Allen Andrews. Nova York/ Londres: Macmillan.

LAVATER, J.C. (1775-1778). *Physiognomische Fragmente zur Beförderung der Menschenkenntnis und Menschenliebe*. 4 vol. Leipzig/Winterthur: Weidmanns Erben und Reich/Heinrich Steiner und Compagnie.

LEIBNIZ, G.W. (1981 [1704-1706]). *New Essays on Human Understanding*. Trad. de Peter Remnant e Jonathan Bennett. Cambridge: Cambridge University Press.

_____ (1684). *Meditations on Knowledge, Truth and Ideas*. Trad. de Jonathan Bennett [Disponível em http://ebookbrowse.com/leibniz-meditations-on-knowledge-truth-and-ideas-pdf-d84731352]. Apud GERHARDT, C.I. (ed.). *Die philosophischen Schriften von Gottfried Wilhelm Leibniz (1875-1890)*. 7 vol. Berlim: Weidmannsche Buchhandlung, vol. 4, p. 422-426.

LEIBNIZ, G.W. & WOLFF, C. (1860). *Briefwechsel zwischen Leibniz und christian Wolff*: Aus den Handschriften der Koeniglichen Bibliothek zu Hannover. Ed. de Carl Immanuel Gerhardt. Halle: H.W. Schmidt.

LÉVY-BRUHL (1910). *Les fonctions mentales dans les sociétés inférieures.* Paris: F. Alcan.

LIEBSCHER, M. (2018). "Schopenhauer und Carl Gustav Jung". In: SCHUBBE, D. & KOSSLER, M. (eds.). *Schopenhauer-Handbuch*: Leben - Werk - Wirkung. Stuttgart: J.B. Metzler, p. 325-329.

LÜTKEHAUS, L. (ed.) (2005). *Dieses wahre innere Afrika* – Texte zur Entdeckung des Unbewussten vor Freud. Giessen: Psychosozial Verlag.

MAINE DE BIRAN (1859). *Oeuvres inédites de Maine de Biran.* Ed. de Ernest Naville, com a colab. de Marc Debrit. Paris: Dezobry, E. Magdeleine.

_____ (1834-1841). *Oeuvres philosophiques de Maine de Biran.* Ed. de Victor Cousin. Paris: Librairie de Ladrange.

MAURY, L.F.A. (1861). *Le sommeil et les rêves* – Études psychologiques sur ces phénomènes et les divers états qui s'y rattachent, suivies de recherches sur le développement de l'instinct et de l'intelligence avec le phénomène du sommeil. Paris: Didier.

McGUIRE, W. & HULL, R.F.C. (orgs.) (1977). *C.G. Jung Speaking* – Interviews and Encounters. Princeton: Princeton University Press [Bollingen Series XCVII].

MEAD, G.R.S. (1919). *The Doctrine of the Subtle Body in Western Tradition*: An Outline of what the Philosophers Thought and christians Taught on the Subject. Londres: J.M. Watkins.

MORGENSTERN, C. (1905). *Galgenlieder.* Berlim: Cassirer [Ed. de Joseph Kiermeier-Debre. Munique: Deutscher Taschenbuch-Verlag, 1998 (DTV Bibliothek der Erstausgaben] [*Gallows Songs*. Trad. de W.D. Snodgrass e Lore Segal. Ann Arbor: University of Michigan Press, 1967] [*Songs from the Gallows*: Galgenlieder. Trad. de Walter Arndt. New Haven: Yale University Press, 1993].

MORRIS, E.H. (1931). *The Temple of the Warriors*: The Adventure of Exploring and Restoring a Masterpiece of Native American Architecture in the Ruined Maya city of chichen Itzá, Yucatan. 2 vol. Nova York/ Washington: C. Scribner's Sons/Carnegie Institution of Washington [Reimpr.: Nova York: AMS Press, 1980].

MURCHISON, C. (ed.) (1925). *Psychologies of 1925*. Worcester, MA: Clark University Press.

NAGY, M. (1991). *Philosophical Issues in the Psychology of C.G. Jung*. Albânia: State University of New York Press.

NICHOLLS, A. & LIEBSCHER, M. (eds.) (2010). *Thinking the Unconscious*: Nineteenth-century German Thought. Cambridge: Cambridge University Press.

NIETZSCHE, F. (1886). *Jenseits von Gut und Böse* – Vorspiel einer Philosophie der Zukunft. Leipzig: Constantin Georg Naumann [KSA, vol. 5] [*Beyond Good and Evil*: Prelude to a Philosophy of the Future. Org. de Rolf-Peter Horstmann e Judith Norman. Trad. de Judith Norman. Cambridge: Cambridge University Press, 2002].

_____ (1883-1885). *Also sprach Zarathustra* – Ein Buch für alle und keinen [Chemnitz: Ernst Schmeitzner, 1883, partes 1 e 2. • Chemnitz: Ernst Schmeitzner, 1884, parte 3. • Impressão privada, 1885, parte 4 • Leipzig: Constantin Georg Naumann, 1892, primeira edição completa org. por Peter Gast, pseudônimo de Heinrich Köselitz] [*Thus Spoke Zarathustra*: A Book for Everyone and No One. Trad. de R.J. Hollingdale. Vol. 4. Londres: Penguin Classics, 2003].

_____ (1882). *Die fröhliche Wissenschaft*. Chemnitz: Ernst Schmeitzner [*Kritische Studienausgabe in 15 Bänden*. Ed. de Gorgio Colli e Mazzino Montinari. Berlim/Nova York: De Gruyter, 1980, 1988] [*The Gay Science*: With a Prelude in Rhymes and an Appendix of Songs. Vol. 3. Trad. e comentários de Walter Kaufmann. Nova York: Vintage Books, 1974].

NIKLAUS VON (DER) FLÜE (1587). *Zwey-und-neuntzig Betrachtung und Gebett dess Gottseligen fast andächtigen Einsidels Bruder clausen von Underwalden: sambt seinen Lehren, Sprüchen und Weissagungen, von seinem Thun und Wesen: neben angehängtem kurtzen Bericht, was von ihme einmal zuhalten sey; auch von zweyen andern namhafften und seligen Einsideln S. Beat und S. Meynrat: Durch den Ehrwürdigen und Hochgelehr-*

ten Herrn D. Petrum canisium d. Societes Jesu Theologum, von newem corrigiert und gebessert – An jetzo zum andern mal im Truck aussgangen. Ingolstatt, 1587.

PLATNER, E. (1776). *Philosophische Aphorismen nebst einigen Anleitungen zur philosophischen Geschichte.* Leipzig: Schwickertscher.

PROCLUS LYCAEUS (s.d.). *Proclus' commentary on the "Timaeus" of Plato.* Trad. de Thomas Taylor. Frome, Somerset: Prometheus Trust, 1988, 1998.

REID, T. (1846). *The Works of Thomas Reid, D.D., Now Fully collected, with Selections from His Unpublished Letters.* Prefácio, notas e dissertações suplementares por Sir William Hamilton. Edimburgo/Londres: MacLachlan, Stewart/Longman, Brown, Green & Longmans.

RIBOT, T. (1879). *La psychologie allemande contemporaine (École expérimentale).* Paris: Librairie Germer Baillière.

_____ (1870). *La psychologie anglaise contemporaine (École expérimentale).* Paris: Librairie Philosophique de Ladrange.

RIDER HAGGARD, H. (1886-1887). "She: A History of Adventure". In: *The Graphic*: 20/10/1886-08/01/1887 [2 partes]. [Versão em livro: Londres: Longmans, Green & Co., 1887].

RÖHRICHT, A. (1893). *Die Seelenlehre des Arnobius, nach ihren Quellen und ihrer Entstehung untersucht* – Ein Beitrag zum Verständnis der späteren Apologetik der alten Kirche. Hamburgo: Agentur des Rauhen Hauses.

ROSENZWEIG, S. (1992). *Freud, Jung and Hall the King-Maker* – The Historic Expedition to America (1909), with G. Stanley Hall as Host and William James as Guest. St. Louis: Rana House Press.

ROUSSEAU, J.-J. (1782-1789). *Les confessions.* Genebra: [s.ed.].

_____ (1762a). *Du contrat social ou Principes du droit politique.* Amsterdã: Marc Michel Rey.

_____ (1762b). *Émile, ou De l'éducation.* The Hague: Jean Néaulme.

_____ (1761). *Julie, ou la nouvelle Héloïse.* Amsterdã: Marc Michael Rey.

_____ (1755 [1754]). *Discours sur l'origine et les fondements de l'inéga-lité parmi les hommes*. Amsterdã: Marc Michel Rey[374].

RYCROFT, C. (1968). *A Critical Dictionary of Psychoanalysis*. Harmondsworth: Penguin, 1972.

RYKWERT, J. (1988). *The Idea of a Town*: The Anthropology of Urban Form in Rome, Italy and the Ancient World. Cambridge: MIT Press.

SAGE, M. (1904). *Mrs. Piper and the Society for Psychical Research*. Trad. ligeiramente abreviada, de Noralie Robertson. Prefácio de Sir Oliver Lodge. Nova York: Scott-Thaw.

SCHELLING, F.W.J. (1800). *System des transcendentalen Idealismus*. Tubingen: J.G. Cotta'sche Buchhandlung [*System of Transcendental Idealism*. Trad. de Peter Heath. Introd. de Michael Vater. Charlottesville: University of Virginia Press, 1993].

SCHOPENHAUER, A. (1966-1975[1985]). *Der handschriftliche Nachlass* – Vol. 3: Berlimer Manuskripte (1818-1830). Ed. de Arthur Hübscher. Munique: Deutscher Taschenbuch, 1985.

_____ (1851). *Parerga und Paralipomena*: kleine philosophische Schriften. 2 vols. Berlim: A.W. Hayn [*Zürcher Ausgabe, Werke in zehn Bänden*. Vol. 9 e 10. Zurique: Diogenes, 1977] [*Parerga and Paralipomena*. Trad. de E.F.J. Payne. Oxford: Clarendon Press, 2000] [*Parerga and Paralipomena*: A collection of Philosophical Essays. Trad. de T. Bailey Saunders. Nova York: Cosimo, 2007].

_____ (1844). *Die Welt als Wille und Vorstellung*. Vol. 2. Leipzig/Zurique: Bibliographisches Institut F.A. Brockhaus/Diogenes, 1977. • *The World as Will and Idea*. Vol. 3 e 4. • *Containing Supplements to Part of the Second Book and to the Third and Fourth Books*. Vol. 3. Trad. de R.B. Haldane e J. Kemp. 6. ed. Londres: Kegan Paul/Trench, Trübner & Co., 1909 [*The World as Will and Representation*. Vol. 1 e 2. Trad. E.F.J. Payne. Nova York: Dover, 1969].

---

374. Para edições em inglês das obras de Rousseau, cf. KELLEY, C.; MASTERS, R. & STILLMAN, P. (orgs.). *The Collected Writings of Rousseau*. Londres: University of New England Press, 1990ss.

_____ (1840). *Preisschrift über die Grundlage der Moral.* Vol. 6. Zurique: Diogenes, 1977 [*The Basis of Morality.* Trad. de Arthur Brodrick Bullock. Londres: Swan Sonnenschein, 1903].

_____ (1836). *Ueber den Willen in der Natur* – Eine Erörterung der Bestätigungen, welche die Philosophie des Verfassers, seit ihrem Auftreten, durch die empirischen Wissenschaften erhalten hat. Frankfurt a. Main: Siegmund Schmeber [3. ed. rev. e ampl. Org. de Julius Frauenstädt. Leipzig: F.A. Brockhaus, 1867] [Em 10 vol. Zurique: Diogenes, 1977] [*On the Will in Nature.* Vol. 5. Trad. de Karl Hillebrand. Scotts Valley, CA: CreateSpace, 2010.

_____ (1819). *Die Welt als Wille und Vorstellung.* Vol. 1. Leipzig: Bibliographisches Institut F.A. Brockhaus [2. ed. ampl., 1844] [3. ed. rev. e ampl., 1859 [*Zürcher Ausgabe* – Werke in zehn Bänden. Zurique: Diogenes, 1977] [*The World as Will and Idea.* Vol. 1 e 2. Trad. de R.B. Haldane e J. Kemp. 3. ed. Boston: Ticknor, 1887] [7. ed. Londres: Kegan Paul/ Trench, Trübner & Co., *ca.* 1909] [*The World as Will and Representation.* Vol. 1 e 2. Trad. de E.F.J. Payne. Nova York: Dover, 1969].

Sechzig Upanishad's des Veda (1897). Trad. Paul Deussen. Leipzig: F.A. Brockhaus [2. ed. 1905] [*Upanishaden*: Die Geheimlehre des Veda. Org. de Peter Michel. Trad. de Paul Deussen. 2. ed. Wiesbaden: Marixverlag, 2006].

SHAMDASANI, S. (2015). "'S.W.' and C.G. Jung: Mediumship, Psychiatry and Serial Exemplarity". In: *History of Psychiatry*, 26, p. 288-302.

_____ (2012). *C.G. Jung*: A Biography in Books. Nova York/Londres: W.W. Norton & Company [*C.G. Jung* – Uma biografia em livros. Trad. de Gentil A. Titton. Petrópolis: Vozes, 2014].

_____ (2003). *Jung and the Making of Modern Psychology*: The Dream of a Science. Cambridge: Cambridge University Press.

_____ (2000). *Notas inéditas para uma apresentação feita em São Francisco.*

STEWART, D. (1792). "Elements of the Philosophy of the Human Mind. Vol. 1". In: *The Works of Dugal Stewart in Seven Volumes.* Cambridge: Hilliard and Brown, 1829.

STURM, T. (2001). "How not to Investigate the Human Mind: Kant and the Impossibility of Empirical Psychology". In: WATKINS, E. (ed.). *Kant and the Sciences*. Nova York/Oxford: Oxford University Press.

SWEDENBORG, E. (1758). *De coelo et ejus mirabilibus et de inferno, ex auditis et visis*. Londres: [s.n.] [*Heaven and Its Wonders and Hell from Things Heard and Seen*. Trad. de George F. Dole. West Chester, PA: Swedenborg Foundation, 2001].

TAYLOR, E. (1980). "Jung and William James". In: *Spring* – A Journal of Archetype and culture, 20, p. 157-169.

TETENS, J.N. (1777). *Philosophische Versuche über die menschliche Natur und ihre Entwickelung*. Leipzig: M.G. Weidmanns Erben und Reich.

THOMAS AQUINAS (1256-1259). *Quaestiones disputatae de veritate*. Ed. de A. Dondaine. Roma: San Tommaso, 1972-1976.

WEHR, G. (1972). *C.G. Jung und Rudolf Steiner, Konfrontation und Synopse*. Stuttgart: Klett-Cotta [Várias ed. e reimpr. P. ex., Zurique: Diogenes, 1996].

WOLFF, C. (1962ss.). *Gesammelte Werke*. Org. de Jean École et al. Hildesheim/Zurique/Nova York: Olms.

_____ (1733). *Der vernünftigen Gedancken von Gott, der Welt und der Seele des Menschen, auch allen Dingen überhaupt, anderer Teil, bestehend in ausführlichen Anmerckungen, zu besserem Verstande und bequemerem Gebrauche derselben heraus gegeben von christian Wolffen*. Frankfurt a. Main: Joh. Benj. Andreä & Heinr. Hort.

_____ (1732). *Psychologia empirica methodo scientifica pertractata*. Frankfurt a. M./Leipzig: Renger.

_____ (1728). *Philosophia rationalis sive logica methodo scientifica pertractata et ad usum scientiarum atque vitae aptata* – Discursus praeliminaris de philosophia in genere [Reimpr. da 3. ed., 1740, apud GAWLICK, G. & KREIMENDAHL, L. (orgs.). *Einleitende Abhandlung über Philosophie im allgemeinen (Discursus praeliminaris)*. Stuttgart: Frommann-Holzboog, 2006].

_____ (1721). *Oratorio de Sinarum philosophia practica* – Rede über die praktische Philosophie der chinesen [Sobre a filosofia prática dos chineses] [Reimpr. org. por Michael Albrecht. Hamburgo: Felix Meiner, 1985].

_____ (1719-1720). *Vernünftige Gedancken von Gott, der Welt und der Seele des Menschen, auch allen Dingen überhaupt, den Liebhabern der Wahrheit mitgetheilet von christian Wolffen*. Frankfurt a. Main/Leipzig.

ZWEIG, A. (1967). "Gustav Theodor Fechner". In: EISENSTEIN, P.E. (org.). *The Encyclopedia of Philosophy*. Vol. 3. Nova York: Macmillan.

Índice

Abernethian Society 88
Abreviaturas 69s.
Absoluta
  objetivação 248, 250, 255
Abstrata
  esfera 220
Abstrato
  pensamento 160
*A coerção do inferno do Doutor
  Fausto* (Fausto) 203
Acta sanctorum 149
Adhísta 228
Adler, A. 28s., 89
Adler, G. 69, 80
A filosofia do inconsciente
  (Hartmann) 146n. 171
Africanus, A. 128, 128n. 123
Akasha 132
Akáshicos
  registros 132
Albigenses 178, 178n. 232
Alemão
  idealismo 25, 42
Aliança franco-russa 81
Alma humana
  concepção 136
Aloquiria
  fenômeno da 236
Alucinações 170
Amitâyur-dhyâna-sûtra 32
Analítica
  psicologia 17
Analytical Psychology Club 87

Anel onírico
  círculo da vida 176s.
  círculo peculiar 202-210
  visão de 175-180, 181-186
  cf. tb. Mandala(s)
Anel solar 176
An Experiment with Time (Dunne)
  198
Animus 247
Anquetil-Duperron, A.H. 131,
  131n. 129, 143n. 162, 145s.
*Antropologia de um ponto de vista
  pragmático* (Kant) 113, 116
Antiga
  mitologia 184
Antigos
  psique dos 201s.
Antoinette, M. [Maria Antonia]
  242s., 242n. 333, 246
Aristóteles 13
Arquétipos 254-248
Arquivos
  de Zurique 66
  do Clube Psicológico 66
Arquivos da Família Jung 66
Asceticismo 172
Associações 120-123
Astral
  corpo 131
Ativa
  imaginação 240n. 329
Auf der Maur, R. 66
Autoconsciência 166, 249

Autoerotismo 255, 260
Automanifestação 139s.
Autoscopia 171
Avalon, A. (pseudônimo) 32; cf. Woodroffe, J.
A Vidente de Prevorst (Kerner) 25, 37s., 42, 70, 149, 151
Ayík
  princípio escuro 228

Bain, A. 112n. 79
Baldwin, J.M. 43, 147n. 176
Bally, G. 77
Bandel, S. 65
Barth, K. 79
Batismo 129, 136
Baumgartner, I. 65
Bauvaud, M. 94
Baynes, C. 38
Benoit, P. 134, 134n. 139, 134n. 141
Bergson, H. 133, 133n. 136, 133n. 138, 141n. 157, 147n. 173, 147n. 174
Berkeley, G. 119s., 119n. 95, 120n. 97, 121n. 102
Bernoulli, D. 13
Berzelius, J. 13
Biano, O. 160n. 195
Binet, A. 147s., 147n. 174, 147n. 175, 147n. 176
Binswanger, K. 23s.
Blätter aus Prevorst (Kerner) 163
Bleuler, B. 35, 66
Bleuler, E. 46
Böhler, E. 7, 18
Bollingen Foundation (BF) 19s.
Bonnet, C. 130-134, 130n. 127
Boring, E. 43s., 48
Brahman 208s.
Büchner, L. 135, 135n. 144, 135n. 145

Budismo 104, 107, 187n. 254
  Mahayana 187, 187n. 254
  Vajrayana 187n. 254
Burckhardt, J. 11, 105, 105n. 62, 106n. 67
Burghölzli
  Hospital Psiquiátrico Universitário 16

Cãibra do coração 169
Calvino, J. 276n. 363
Canibalismo 132
Carpenter, W.B. 112n. 79
Cartas sobre a educação estética do homem (Schiller) 30
Carus, C.G. 41s., 46, 141s., 144, 146, 141n. 156, 141n. 158, 142n. 159, 146n. 172
Cátaros 178n. 232
Católica 104, 107
  ambiente 179
  concepção 136n. 146
  doutrina da Igreja 136
  hierarquia de anjos 223n. 304
Catolicismo 114
C.G. Jung Educational Center of Houston 65
C.G. Jung Institute 17, 19
Chinês
  mandala 206
Ciência cristã 41, 107
Círculo(s)
  da estrela 176, 182
  da vida 177
  ou anéis 175n. 227
  solar 176s.
Circumambulação 205
Clarividência 164, 188-190, 193
  fantasma 199-202
Clark University 102, 102n. 58.
CLM (Countway Library of Medicine) 39

Cobb, G.S. 86
Cohen, B. 77
Colonna, F. 105, 105n. 63
Comentário sobre *O segredo da flor de ouro* (Jung) 32, 205n. 281
Comitê secreto 47
Complexa
  psicologia 28
Complexos 253-255, 269s.
Comum
  senso 121s.
Conceito de Deus 255
Condillac, E.B. 44, 125-130, 125n. 112, 126n. 113, 126n. 117, 127n. 119, 147n. 173
Conexão psíquica supraordenada 140
Confucionismo 104
Consciência 118s., 142s., 181
  da sombra 248, 248n. 343, 255
  descrição da 164-169
  diagrama da 165, 279-284
  êxtase 248, 251, 255
  franja da 217, 219-222
  lado direito da 259
  limiar da 200
  objetivação absoluta 248, 250, 255
  personalismo 255, 260s.
  psicologia da 27
  sonambulismo 170
Conselho nacional 10
Corpo 252, 255, 259
  sutil 131
Corrente bloqueadora 206
Correr na direção contrária, princípio do 235
Criptomnésia 181
Cristais
  adivinhação por 173
Cristão
  símbolo da cruz 221
  tetramorfo 206

Cristianismo 29, 105, 128, 136
Crítica da razão pura (Kant) 195n. 263
Cronologia (1933-1941) 71-98
  dos eventos mundiais 71-98
Crowe, C. 70, 149n. 183
Cruz; cf. Cristão
Cura
  religião e 115
Curti, A. 203n. 277, 218n. 297
Cuvier, G. 13
CW (*The Collected Works of C.G. Jung*) [Obras Completas de C.G. Jung] 69

Dadaian, A. 67
Daily Mail (jornal) 198
Da Índia ao Planeta Marte (Flournoy) 26, 42, 231
d'Alembert, J.R. 145n. 169
Da Vinci, L. 13
Décimo Congresso Médico Internacional de Psicoterapia 93
Décimo Terceiro Congresso da Sociedade Psicológica Alemã 17
Decomposição 188
De Fiori, A. 67
Descartes, R. 44, 61, 103, 103n. 61, 109
Desnutrição 172
Despersonalização 255, 262
Dessoir, M. 43
Deus
  absconditus (escondido) 276, 276n. 363
  conceito de 255
  divindade 140, 223
  nomes de 204
Deuses hebreus 204
Deussen, P. 207
Dez (10) 188

309

Dezessete (17) 188
Dharmakaya 187, 187n. 253
Diabolica fraus 261
Diagrama 217, 227, 255, 279-283
   caso da "Vidente de Prevorst"
   266-269
   caso de Hélène Smith 268s.
   dois polos do 263s.
   lado direito do 218-221
   lado escuro do 227
   lado esquerdo do 221-227
   na prática 264
   para a pessoa normal 273-275
   para o homem medieval 273-275
   ponto central 217
Diderot, D. 124, 145n. 169
Dieta de Stans 276, 276n. 362
Dilthey, W. 149n. 180
Dinâmica
   psicologia 46
Diógenes Laércio 235n. 322
Dionísio 279
Dirac, P.A.M. 75
Divindade 220
Dollfuss, E. 72, 79
Domenici, G. 67
Dumas, A. 174, 242s., 242n. 332
Dunne, J.W. 198s., 198n. 272,
   199n. 273
Duperron; cf. Anquetil-Duperron,
   A.H.
Duração criadora 133
Dürer, A. 13
Dwight Harrington Terry
   Foundation 90

Editoriais
   diretrizes 35-38
Edward VIII 88
Egito 206
Egner, H. 66

Eidgenössische Technische
   Hochschule (ETH) 7
   contexto 9s.
   cursos 10-12
   departamento de matérias
   eletivas 11
   desenvolvimento da
   politécnica 13
   docência de Jung 41s.
   e a universidade 16s.
   novo prédio 11s.
   psicologia no 14s.
Einstein, A. 13
Elementos de psicofísica (Fechner) 138
Elgonyi no Quênia 224n. 306
Ellis, H. 260n. 354
Enantiodromia 235
Enderle-Burcel, G. 67
Entusiasmo 255
Era do Iluminismo 103
Escorbuto 172
Esfera da vida 182
   ilustração da 186s.
   Vidente 186s.
Esfera do sol 186, 190, 212
Espaço
   conceitos do 194s., 212
   no diagrama 217
Espíritos malignos
   círculo protetor contra 207
Espiritualismo 25, 33, 42, 147n. 173,
   234
Esquizofrenia 262
Essai analytique (Bonnet) 130
ETH; cf. Eidgenössische
   Technische Hochschule
Excitação
   sonhos de 196
Exercitia Spiritualia (Ignatius of
   Loyola) 32s.
Exército da Salvação 221
Êxtase 248, 251, 255, 264
Extroversão 212, 215

Faculdade de psicologia 111

Falzeder, E. 21

Fantasmagórico
afetos, ideias ou sonhos 222-224
aparição de 213
background psíquico 199-201
diagrama 217
espíritos protetores, Léopold e
Hélène 237s.
fantasma(s) 153-155, 193
figuras autônomas 212s.
histórias de duas mulheres 269
invocação 204
mundo 183s.
palavra seletteni 154n. 188
primitivos e 222-224
princípio escuro *ayík* 228
visões 189s.
Fausto (Goethe) 56s., 277,
277n. 367

Fausto, J.G. 203n. 279, 278n. 369

Fay, C. 65

Fechner, G.T. 44s., 138-141,
138n. 150, 138n. 151, 139n.
154, 140n., 155

Fechner-Weber
lei 138s.

Ferenczi, S. 74

Fierz, H.E. 72

Fierz, H.K. 18, 106n. 67

Fierz-David, L. 106n. 67

Filosofia
Hegel e a 118, 146

Fischer, T. 66

Flournoy, T. 25s., 42, 59, 68, 231,
231n. 320, 232n. 321, 236, 239,
239n. 327, 242, 246s., 268s.

Flue, N. 26, 43, 275, 275n. 361,
276n. 362

Foote, M. 38

Força e matéria (Büchner) 135

Förster-Nietzsche, E. 134, 163n. 201,
163n. 202

France, A. 129, 130n. 124

Franco-maçons 243

Franz, M.-L. 66, 77

Frederico o Grande 124

Freud, S. 26, 28s., 41, 43, 45-47,
61, 93, 96, 269
Interpretação dos sonhos
231n. 320
teorias 269s.

Fritz, P. 66

Frobenius, L.V. 205, 205n. 284

Führer
princípio 76

Fundação das Obras de C.G. Jung 66

Fundação Philemon 21, 65-67

*Fundamentos metafísicos da ciência
natural* (Kant) 113n. 81

Fundus 205

Furlotti Family Foundation 65

Furlotti, N. 65

Galilei, G. 13

Gasser, M. 66

Germanização 10

Gessner, C. 13

Gestapo 73

Glaus, B. 20, 65

Globus cruciger
antigo poder 221

Gnosticismo 29

Goethe, J.W. 26, 43, 57, 245, 277s.,
277n. 366, 277n. 367

Goldschmid, H.R. 181n. 236

Gonsa, E. 67

Göring, H. 75, 97

Göring, M. 75, 80, 85

Graf-Nold, A. 21, 66

Guerra 196

Gurdjieff, G.I. 179n. 233

Guyer, P. 195n. 263

Hall, G.S. 43, 45
Hamilton, W. 121, 122n. 103
Hannah, B. 19, 35-38, 66, 69,
126n. 114, 179n. 233, 181n.
237, 188n. 258, 211n. 293,
217n. 295
Harding, E. 76
Harris, J. 65
Harrvey, R. 263n. 356
Hartley, D. 112, 112n. 79, 121,
121n. 101, 137
Hauffe, F. 59s., 149n. 183, 150,
156, 175n. 227, 188, 200,
230, 282s.
cf. tb. "Vidente de Prevorst"
Health Humanities Centre 66
Hegel, G.W.F. 51, 61, 118, 118n.
91, 118n. 92, 118n. 93, 146,
146n. 171
Heim, A. 197, 197n. 271
Heimsoth, K.-G. 79
Helmholtz, H. 14, 44s.
Heráclito 133n. 136, 235, 235n. 322
Herbart, J.F. 137, 138n. 148
Herder, J.G. 245, 245n. 338
Hesse, H. 23
Hesychastes, J. 186n. 249
Heyer, G.R. 76, 88
Hindenburg, P. 71, 80
Histeria 262
História do movimento psicanalítico
(Freud) 46
Hitler, A. 71, 75, 83, 89
Hoerni, U. 7, 65s.
Hórus
quatro filhos de 206
Huber, C. 66
Hugo, V. 237, 237n. 324, 242, 245s.
Hume, D. 120s., 137
Husserl, E. 93
Hypnerotomachia Poliphili
(Colonna) 105s.

Iagher, M. 67
I Ching 31
Igreja
anjos 223
fenômeno da alma 103s.
símbolos 221
Illuminati 243s.
Iluminismo 107, 124
Imagens internas
conteúdos autônomos 200
Imago 199n. 275
Inácio (Santo) de Loyola 19n. 31,
32, 282n. 372
Inconsciência
coletiva 87s.
do sujeito 141n. 158, 249
Inconsciente(s)
Carus sobre 141
coletivo 27
percepções 114
psicologia do 30s.
Indiana
filosofia 131
Indian Science Congress
Association 90s.
Instinto
conceito de 121
Instituto de Arqueologia 89
Instituto para a História da
Medicina 66
Instituto para Pesquisadores
Especialistas em Matemática e
Ciência 13
Institute of Medical Psychology
82, 87
Instituto Federal de Tecnologia (ETH)
cursos no 10-12
departamento de matérias
eletivas 11
desenvolvimento da politécnica
13s.
importância do ETH para C.G.
Jung 16-18

palestras de Jung no 23-25
psicologia no 14-16
cf. tb. Eidgenössische Technische
Hochschule (ETH)
Inteligência humana
esfera abstrata 219s.
International Association for
Analytical Psychology 65
International General Medical
Society for Psychotherapy
(IGMSP) 73s., 78-83, 95s.
International Medical Congress for
Psychotherapy 257n. 351
International Psycho-Analytical
Association 85
Interpretação dos sonhos (A) (Freud)
231n. 320
Introdução ao zen-budismo (Suzuki)
96
Introversão 212
Intuição 195
Irmão Klaus 275s., 275n. 361
cf. tb. Flue, N.
Islã 104, 275

Jacobi, J. 97
James, W. 133n. 138, 148, 148n. 179,
174, 174n. 224, 214n. 294,
214n. 294, 239
Janet, P. 43, 46, 147n. 174, 148,
248n. 344
Jejum 172
Jones, E. 85
Joseph Balsamo (Dumas) 174, 242
Joyce, J. 97
Jung, A. 66
Jung, C.G. 7s.
    Collected Works [Obra Completa]
    (OC) 19
    conceito de imago 199n. 275
    conteúdos das palestras 24-34
    cronologia dos eventos da
    carreira 71-98

distinção entre arquétipos *stricto
sensu* 254n. 347
Gesammelte Werke (GW) 20
histórias nas palestras 60-62
importância do ETH para 16-19
impossível na psicologia 51
interpretação dos sonhos
196n. 268
linguagem nas palestras 24
notas sobre as palestras 18-20
professor titular 8, 81
psicologia como ciência
consciente 54s.
psicologia moderna 48-50
publicação das palestras 19-22
seminários 8
si-mesmo e personalidade 58
Jung, E. 77
Jung, F. 66
Jung, P. 65
Jung Speaking 59, 69, 137n. 147,
141n. 156, 146n. 172, 148n. 179,
257n. 351
Just So Stories [Histórias assim]
(Kipling) 122

Kant, I. 42, 46, 49, 53, 61, 110n.
72, 112s., 112n. 80, 116s.,
119, 120n. 97, 142, 143n. 162,
146n. 172
antropologia de um ponto de
vista pragmático 113n. 82
*Fundamentos metafísicos da
ciência natural* 113n. 81
ponto de referência 126
Sistema A/B 195n. 264
Sonhos de um visionário 155,
155n. 189, 243n. 334
tempo e espaço 195, 195n. 263
Kantismo 110n. 72
Karthaus, O. 18, 35
Katz, F.B. 17
Kaufmann, B. 66
Kena Upanishad 208

Kerner, J. 25, 41s., 149s., 149n. 183, 151-154, 151n. 185, 152n. 186, 155n. 189, 162s., 163n. 202, 172-175, 171n. 213, 175n. 227, 178, 182s., 267
Kipling, R. 122, 122n. 104
Kirsch, J. 79
Klages, L. 141
Kluger-Nash, N. 66
Knickerbocker, H.L. 94
Knigge, A.F. 244, 244n. 337
Kosumi, G. 67
Kranefeldt, W.M. 77
Kretschmer, E. 73
Krüger, F. 117, 117n. 90
Kundalini
seminário 20
Yoga 32
Kyburz, M. 67

Laber, G. 67
La Mettrie, J.O. 124s., 124n. 107, 124n. 108, 130
La Rosa, L. 66
L'Atlantide (Benoit) 134
L'Homme machine (La Mettrie) 125
L'Île des Pingouins (*Penguin Island*) (France) 129
Lamprecht, K.G. 149n. 180
Lang, J. 23
Laplace, S. 13
Lay, W. 57
Leibniz, G.W. 42, 61, 108s., 108n. 68, 110n. 72, 111n. 77, 113s., 114n. 83, 116, 142n. 158
Lei de Concessão de Plenos Poderes 72
Lei sobre a Ordem do Trabalho 76
Leitner, M. 67
Lejeune, P.L. 228n. 314
Liébeault, A.-A. 41, 148, 148n. 178

Liebscher, M. 21, 67
Liga das Nações 93
Lilia pedibus destrue (destrua os lírios com seus pés) 243
Locarno Treaties 84
Locke, J. 61, 120n. 96, 120n. 97
Luís XIV 220, 220n. 301
Luís XVI 242n. 333
Lunar
anel 176-178
ciclo 182
Lutero, M. 276n. 363
Luz octogonal
como símbolo 230

Madeira
Idade da 205
Mãe-terra 140
Mágica 191
Mágico
círculo 183, 203-206
Magnético
sono 170, 170n. 208
Maillard, C. 67
Maine de Biran, M.F.P.G. 147, 147n. 173
Mandala(s) 205n. 281, 206, 218, 230
egípcias 218n. 297
maya e indiano 218n. 297
princípio do oito 207n. 287
termo para círculo 190
turquesas 206
Maniqueísmo 178
Martin, S. 66
McCormick, H. 271n. 357
McCormick, H.F. 90
Medicus, F. 7
Meditação 186n. 249
psicologia da 31
Mediúnico
fenômeno 171

Meier, C.A. 15, 65
Melancolia 172
Memória 213
Memories (Jung) 56, 69, 224n. 306
Mentalidade positiva 214, 214n. 294
Mesmer, F.A. 171n. 213
Mesmerismo 41
Meyer-Amden, O. 230, 230n. 317
Michelangelo 13
Mill, J.S. 112n. 79
Mística
    participação 224, 224n. 307
Mitologia 184
Morgan, C. 77
Morgenstern, C. 128, 128n. 122
Morris, E.H. 207n. 287
MSST Foundation 65
Müller, C.-E. 59s., 231n. 320
    cf. tb. Smith, H. (pseudônimo)
Müller, J. 44
Multidão
    psicologia da 225
Munchhausen
    psicologia de 54
Mysterium coniunctionis 34

Nacional-socialismo 79, 81, 102
Nacional-socialistas 72, 81
Näf, H. 94
Nagy, M. 55
Nanjing
    massacre de 90
Nazista
    Alemanha 71, 93
Neumann, E. 79
Neurose 214, 278
Newton, I. 13, 44
Niehus, D. 66
Nietzsche, F. 26, 41, 43, 49, 54,
    61, 134, 134n. 142, 162-164,
    162n. 199, 163n. 202, 181,
    272n. 358, 278s.

Nono Congresso Médico
    Internacional de Psicoterapia 89
Normalidade 202
    conceito de 214
Números 10 e 17 188
    concepção dos 180
Nuremberg
    leis de 82
Nyingi 180
    sana 180

Objetivismo 255
Obras Completas de C.G. Jung;
    cf. *CW*
Obscuras
    representações 116
O futuro de uma ilusão (Freud) 270
O homem máquina (La Mettrie) 130
Olimpíadas de Verão em Berlim 86
O mundo como vontade e representação
    (Schopenhauer) 143
Onfaloscopia 186n. 249
Orbis terrarum 277
Ossietzky, C. 83

Palestras
    conteúdos das 25-34
    Exercícios espirituais de Santo
        Inácio de Loyola (vol. 7)
        32-34
    História da psicologia moderna
        (vol. 1) 25-28
    Psicologia da alquimia (vol. 8) 33s.
    *Psicologia da consciência e psicologia
        dos sonhos* (vol. 2) 27-30
    Psicologia da Yoga e da meditação
        (vol. 6) 31s.
    Psicologia do inconsciente (vol. 5)
        30s.
    Psicologia moderna e os sonhos
        (vol. 3) 28-30
    Tipologia psicológica (vol. 4) 29s.
Pankhurst, E. 247, 247n. 342

Paracelso 98, 223
Paramahansa Upanishad 207, 207n. 290
Parapsicologia 170, 198n. 272, 250
Participation mystique 224, 224n. 307
Paul & Peter Fritz Agency 66
Pauli, W. 18, 28, 87
Pavlov, I. 84
Peck, J. 67
Pequenas percepções 109
Percepções 175, 180
    clarividentes 188-191
    como oportunidades 109
    como representações 108-110
    extrassensoriais 193s.
    inconscientes 114
    insensíveis 108, 114
    pequenas 109
    tempo e espaço 194-196
Péricles 13
Perry, J.W. 86
Personalismo 255, 260s., 270, 274
Petites perceptions 108, 114
Phanês
    grupo 67
Philp, H. 95
Pio XII 275n. 361
Piper, L. 174s., 174n. 224, 185, 185n. 247
Plágio 133s.
Planeta Marte; cf. *Da Índia ao Planeta Marte* (Flournoy)
Plexo solar 185n. 248
Ponto de referência (*point de repère*) 126
Prāna 132
Prática
    filosofia 111n. 76
Preiswerk, H. 56, 56n. 55, 149n. 183, 203n. 278
Priestley, J. 112n. 79, 121, 121n. 101

Primeira Guerra Mundial 178, 180
Primitivos 220
    afetos, ideias ou sonhos 222
    costumes dos 224s.
    curandeiro da tribo 226s.
    negros no Congo 256
    próprio "eu" 226
    sistema de classificação 226
Princeton University Press 67
Princípio de Heráclito 235
Principium individuationis 49
Princípios de psicologia (James) 148
Priviero, T. 67
Proclo 133, 133n. 137
Protestante 107
Protocolos das entrevistas de Aniela Jaffé com Jung 70
Psicofísica 138
Psicologia
    campo da 101
    consistindo de boas histórias 215
    da alquimia 33s.
    definição de Wolff 110n. 73
    do inconsciente 30
    primitiva 203, 254, 256
    sequência de desenvolvimento da 124
    termo 115
    yoga e meditação 31-33
Psicologia moderna 41, 48, 240
    história da 25s.
    palestras 102
    sonhos e a 28s.
Psicológica
    tipologia 29s.
Psicológico
    clube 19-21, 23
    fundo 15
Psicoterapia 17, 46s., 73
Psique
    consciente 200-202
    estado neurótico 200
    humana 193

qualidade da 201
tempo e 196
Psiquiatria 212
Psíquica
dissociação 262
Psíquico
exemplo da "Vidente de
Prevorst" 198
símbolos da 212
Psyche 141, 141n. 157
Psychologies of 1933 (Clark
University) 102
Puységur, A. 170n. 208

Queda
do homem 184
dos anjos 184
Quimby, P. 41

Receptaculum animarum 178, 184
Reforma 41
Reichstag, incêndio do 71
Reichstein, T. 18
Reid, T. 121-123, 121n. 102,
123n. 105
Relativa
objetivação 255
Renascimento 105s., 105n. 62
representações, sensações e
119-121
Revogação da proibição nos
Estados Unidos 75
Revolução Francesa 134s., 137, 145,
145n. 168
Ribi, A. 66
Ribot, T.A. 43, 147, 147n. 174,
147n. 176, 148n. 177
Rider Haggard, H. 134, 134n. 140
Rockefeller, E. 271n. 357
Rockefeller, J.D. 26, 43, 89, 271,
271n. 357, 272n. 358
Rodas solares 205

Rodin
"O pensador" de 225
Rohn, A. 7n. 1
Roosevelt, F.D. 72, 88
Rosarium Philosophorum 34
Rosenthal, H. 77
Roubo de pensamento 213
Rousseau, J.-J. 130, 130n. 125,
145n. 169

Sachs, H. 44
Sacrificium intellectus 282
Salvação 137
Salvationista
soldado 221n. 302
Santíssima Trindade 134
Santo Antônio 223, 223n. 305
Sanzio, R. 13
Schaller, Q. 67
Schärf, R. 18, 35, 66, 211n. 293,
218n. 296
Schelling, F.W.J.R. 42, 118s.,
118n. 93, 119n. 94, 141,
142n. 158
Schlumpf, D. 192n. 261
Schmid, K. 18
Schmid, M.-J. 18, 35, 38
Schmidgall, J. 152n. 186
Schopenhauer, A. 41, 46, 49, 52,
61, 131n. 129, 143s., 143n. 162,
146n. 171, 146n. 172
ciência natural 145n. 165
comparando a condição
humana à árvore 53s.
egoísmo humano 273n. 359
eventos em sonhos 144n. 164
sobre o intelecto 145n. 166
Schrödinger, E. 75
Schuschnigg, K. 80
Seel, G. 66
Segunda visão 154s., 167

Seminário alemão de 1931 229n. 316

Semper, G. 12

Sensação(ões)
de gosto 127
representações e 120s.
transformada 127

Sentiment d'incomplétude 248s.

Serina, F. 67

Sessões 236s.

Sete (7) 182

Shamdasani, S. 20, 55, 66

She (Rider Haggard) 134

Shrî-chakra-Sambhâra Tantra 32

Sidler, E. 18, 35, 37, 126n. 114, 202n. 276, 203n. 277, 203n. 278, 207n. 290, 208n. 291, 211n. 293, 219n. 298, 226n. 312, 226n. 313, 228n. 315, 230n. 318

Skues, R. 65

Smith, H. (pseudônimo) 59
background 231-233
caso 268s., 283
espírito protetor Léopold 237, 242, 244-247, 252-254
espiritualismo 234
livro de Flournoy 231
medo do mundo 233
sessões 236s.
sucesso na vida 233
visões 232-235, 238

Sobre a história do movimento psicanalítico (Freud) 43

Sobre as relações humanas (Knigge) 244

Sociedade austríaca pela pesquisa histórica 67

Sociedade dos Herdeiros de C.G. Jung 65s.

Sonambulismo 170, 234-236, 268, 270

Sonho(s) 194, 215
Análise de sonhos, seminário 38
anel 176
exemplos 196-198
premonitórios 198
psicologia 27s.
Seminário dos 90
cf. tb. Visões

Sonhos de um visionário (Kant) 155

Stadler, A. 14

Steiner, R. 127, 127n. 120, 128n. 121, 128n. 122, 131, 131n. 128

Stewart, D. 123, 122n. 103, 123n. 105, 123n. 106

Stifter, A. 169, 169n. 207

Stutz-Meyer, L. 18, 35, 66

Suástica 177, 221

Subjetivismo 255, 260, 278

Sujeito
consciência do 249s.

Sulcus primigenius 205

Suzuki, D.T. 96

Swedenborg, E. 243, 243n. 334

Tabula
rasa 126, 129, 159
smaragdina 34

Talavâkara Upanishad 208

Tanner, L. 18

Taxa de Mil Marcos 74

Telegraph (jornal) 198

Templo
de Chac Mool 207n. 287
dos Guerreiros 206

Tempo
conceitos de 194-196, 212
em diagrama 217

Tetens, J.N. 111s., 11n. 77, 112n. 78

Tetramorfo 206

Tipos psicológicos (Jung) 63, 70